ŒUVRES COMPLÈTES
DE
EUGÈNE SCRIBE

DE L'ACADÉMIE FRANÇAISE

COMÉDIES
VAUDEVILLES

LE LUTHIER DE LISBONNE
LA VENGEANCE ITALIENNE. — LE CHAPERON
LE SAVANT. — SCHAHABAHAM II
L'APOLLON DU RÉVERBÈRE

PARIS
E. DENTU, LIBRAIRE-ÉDITEUR
PALAIS-ROYAL, 15-17-19, GALERIE D'ORLÉANS.

1882

21358
T. 23
Et 1.

Paris. — Soc. d'imp. P. DUPONT, 41, rue J.-J.-Rousseau. (Cl.) 5.82.

ŒUVRES COMPLÈTES

DE

EUGÈNE SCRIBE

DE L'ACADÉMIE FRANÇAISE

RÉSERVE DE TOUS DROITS

DE PROPRIÉTÉ LITTÉRAIRE

En France et à l'Étranger.

LE
LUTHIER DE LISBONNE

ANECDOTE CONTEMPORAINE EN DEUX ACTES

MÊLÉE DE VAUDEVILLES

EN SOCIÉTÉ AVEC M. BAYARD.

Théatre du Gymnase. — 7 Décembre 1831.

PERSONNAGES.	ACTEURS.
CARASCAL, luthier	MM. LEGRAND.
LE MARQUIS DE MÉRIDA, chef de la police.	BERCOUR.
TRUXILLO, brigadier	GONTIER.
UN INCONNU	BOUFFÉ.
PAQUITA, femme de Carascal	Mlle LÉONTINE FAY.

QUELQUES SOLDATS.

A Lisbonne, chez Carascal.

LE LUTHIER DE LISBONNE

ACTE PREMIER

La boutique de Carascal, garnie d'instruments de musique. Porte au fond, donnant sur la rue. A droite de l'acteur, porte intérieure ; près de cette porte une table, où sont registres, livres de comptes, écritoire, etc. A gauche, la porte d'un cabinet ; une petite table auprès.

SCÈNE PREMIÈRE.

PAQUITA, assise devant la table à droite, et tenant un registre ouvert ; CARASCAL, debout, de l'autre côté, tenant une guitare.

CARASCAL.

Quelle élégance dans la forme !... Il n'y a pas dans Lisbonne un seul luthier qui, pour les guitares et les mandolines, puisse jouter avec la maison Carascal... Tiens, femme, vois si celle-ci est bien d'accord.

(Il va à elle.)

PAQUITA.

Je m'en rapporte à vous.

CARASCAL.

Joue-moi une seguedille.

PAQUITA.

Je ne suis pas en train.

CARASCAL va poser la guitare et revient auprès de sa femme.

Et qu'est-ce qui te tourmente?... qu'est-ce que tu as à être triste?... Tout le monde est gêné, mais nous ne le sommes pas... Le commerce va mal, mais le nôtre va bien.

PAQUITA.

Joliment!... on ne chante plus dans Lisbonne.

(Elle se lève.)

CARASCAL.

C'est possible... mais on chante à la cour, et j'en suis le luthier... je le suis depuis vingt ans... Et quand je me rappelle la feue reine mère, la veuve de Jean VI... quelle femme!... quel caractère!... voilà une véritable souveraine!... rien ne lui résistait... Dans ses moments de vivacité, elle ne pouvait pas jouer du clavecin sans en briser deux ou trois par jour... je lui ai dû ma fortune, et je ne suis pas ingrat... je me mettrais au feu, moi, mes flûtes et mes guitares, pour son noble fils.

AIR : Un homme pour faire un tableau. (Les Hasards de la guerre.)

> C'est un roi si juste et si bon!
> Las enfin de la politique,
> Dans son palais il va, dit-on,
> S'occuper un peu de musique.
> Quel bonheur, s'il prenait ici
> Des instruments pour se distraire!...
> Ce serait un prince accompli,
> S'il en jouait comme sa mère!

Ce sont de si bons maîtres que ces princes de Bragance!

PAQUITA.

Ce n'est pas l'avis de tout le monde.

CARASCAL.

Et qui dit le contraire?... des perturbateurs, des séditieux!... des gens qui veulent se mêler de raisonner!... Moi, je ne raisonne pas... je les aime... parce que je les aime... Le roi approuve; je dis : C'est bien... Le roi condamne; je dis : Bravo!... et il a raison, toujours raison... car il est roi!... aussi, que les autres se plaignent et qu'ils crient misère!... moi, je crie : Vive le roi!... et je ne sors pas de là.

PAQUITA.

Ce qu'il y a de mieux à faire à de bons bourgeois tels que nous, c'est de ne crier pour personne.

CARASCAL.

Ça m'est impossible... Il faut que je crie... ne fût-ce qu'après toi, qui es toujours triste et dolente dans ton comptoir, et qui ne veux jamais sortir... cela me fait de la peine; car tu sais bien, ma chère Paquita, qu'après mon gracieux souverain, tu es ce que j'aime le mieux... je voudrais te voir t'amuser, te distraire... et j'ai là des billets pour demain dimanche, à la chapelle du roi.

PAQUITA.

Ce n'est pas la peine... j'ai besoin de prier... et Dieu est partout.

CARASCAL.

Il ne s'agit pas de ça... il s'agit du roi, ce qui est bien autre chose... Tu verras le roi et la famille royale, que tu ne connais pas... et que tu n'as jamais vus.

PAQUITA.

C'est donc bien beau?

CARASCAL.

Si c'est beau!... Je le regarderais toute la journée sans boire ni manger... et je reviendrais content... car je me dirais : J'ai vu le roi!... Aussi, c'est à notre protecteur, c'est au marquis de Mérida que j'ai demandé ce billet.

PAQUITA, avec émotion.

Au marquis?

CARASCAL.

Lui-même... Quand il a su que c'était pour toi, si tu avais vu comme il s'est empressé!... Voilà encore un bon et digne seigneur!... Qu'on dise que ces gens de la cour, que les nobles Portugais sont fiers comme... des Espagnols!... en voilà un qui ne dédaigne pas de venir chez un simple marchand!... que de fois il m'a fait cadeau de cigares parfumés!... de cigares de la cour!... Que de fois, en rentrant cet hiver, je l'ai trouvé causant tranquillement avec toi, au coin du feu!... et quand tu étais malade, et que je passais la soirée auprès de toi, il faisait ma partie d'hombre.

AIR : L'amour qu'Edmond a su me taire.

Près de ton lit il la faisait lui-même!
Lui favori, ministre, grand seigneur!
Il y semblait prendre un plaisir extrême!
Toujours aimable, et toujours beau joueur,
Quand je gagnais, loin de porter envie
A mon bonheur... il était près de toi
Toujours si gai, qu'en perdant la partie,
Il avait l'air d'y gagner plus que moi.
Il avait l'air, en perdant la partie,
   D'y gagner encor plus que moi.

Et l'on ne veut pas que j'aime ces gens-là!... que je leur sois dévoué!...

PAQUITA, avec impatience.

Eh! monsieur, en voilà assez.

CARASCAL.

Non, ce n'est pas assez... Ce cher marquis, notre ami, notre pratique!... car lui, qui n'est pas musicien, a toujours des harpes, des violons, des contre-basses à me commander... et j'oubliais une mandoline qu'il devait envoyer chercher aujourd'hui, et qui n'est même pas encore achevée.

PAQUITA.

Et vous êtes là à causer...

CARASCAL.

Tu as raison... Je vais presser les ouvriers. (Il fait quelques pas pour sortir. On entend une musique militaire.) Entends-tu une musique militaire ?

PAQUITA.

Des troupes qui défilent dans la rue.

CARASCAL.

Je sais ce que c'est... un régiment qui vient de la province pour renforcer la garnison.

PAQUITA.

Il y en a déjà tant dans cette ville... Lisbonne a l'air d'une caserne.

CARASCAL.

Il n'y a pas de mal... il faut qu'un souverain soit gardé.

PAQUITA.

Par l'amour du peuple.

CARASCAL.

Oui... et par les troupes de ligne... c'est plus sûr. (La musique militaire continue en s'affaiblissant ; un soldat paraît à la porte du fond.) C'est de la cavalerie... c'est égal.

SCÈNE II.

Les mêmes ; TRUXILLO, entrant.

TRUXILLO.

Le luthier Carascal ?

CARASCAL.

C'est ici.

PAQUITA.

Est-il possible!... Truxillo!

CARASCAL.

Notre cousin!

TRUXILLO, lui sautant au cou.

Eh oui! cousin... c'est moi.

CARASCAL.

Y a-t-il longtemps que nous ne nous sommes vus!

PAQUITA.

Depuis trois ans.

TRUXILLO.

Oui... depuis votre mariage.

CARASCAL.

C'est vrai, femme... car tu te rappelles qu'il s'était engagé dans un régiment deux jours avant la noce... ce qui l'avait même empêché d'y assister... et je lui en ai toujours voulu.

TRUXILLO.

Le devoir avant tout... je suis parti soldat, je reviens brigadier... J'espérais mieux que cela... mais pas de guerre, pas de gloire, pas d'avancement.

CARASCAL.

Excepté quelques petits combats contre les rebelles.

TRUXILLO.

Ce n'est pas cela qui avance; au contraire... Enfin, un ordre du ministre nous a fait quitter la province de *Tra-los-Montes*, pour arriver, à marches forcées, dans la capitale; et je me suis dit : « Tant mieux! j'embrasserai le cousin, je verrai la cousine; ce sera toujours ça... et après, au petit bonheur! »

CARASCAL.

Ce cher Truxillo!... Ah çà! tu prendras bien un verre de vin?

TRUXILLO.
Oui, ma foi!

CARASCAL.
Femme! une bonne bouteille de vin... et puis des cigares... ici, dans la boutique.

PAQUITA.
C'est bien... (A Truxillo.) Mais ôtez donc votre sabre, votre casque... (A demi-voix, pendant que Carascal l'aide à s'en débarrasser.) Ah! mon cousin, que je suis heureuse de vous voir!... Ce matin encore, je priais le ciel de m'envoyer un conseil... un ami... il m'a exaucée, puisque vous voilà... Adieu, je reviens.

(Elle sort par la porte à droite.)

SCÈNE III.

TRUXILLO, CARASCAL.

TRUXILLO, à part, regardant sortir Paquita.
Qu'a-t-elle donc?... quel air de tristesse!

CARASCAL.
Que je suis heureux de te recevoir chez moi, dans mon petit ménage!

TRUXILLO.
Et moi donc!

CARASCAL.
Tout le temps que tu resteras à Lisbonne, ton couvert est ici... chez nous, soir et matin... ne l'oublie pas, ou ça finira mal.

TRUXILLO.
Ah! c'est trop de bonté, cousin!... et quoique je sois déjà un vieux soldat... quoique, chez moi, la sensibilité soit dure à la détente, je suis tout ému de ton accueil.

1.

CARASCAL.

N'est-ce pas naturel?... ne sommes-nous pas du même village?... n'avons-nous pas été élevés ensemble?...

TRUXILLO.

Chez le père Godinet, le magister.

CARASCAL.

Tu te le rappelles... avec sa perruque rousse?

TRUXILLO.

Et son martinet!

CARASCAL.

J'ai souvent fait connaissance avec lui... toi, jamais... tu te révoltais.

TRUXILLO.

C'est vrai... parce que le père Godinet était un troupier qui n'attaquait jamais l'ennemi de front... et je n'aime pas cela... d'autant que j'ai toujours été querelleur... je n'étais pas bon.

CARASCAL.

Excepté avec moi... car je ne crois pas que jamais, de notre vie, nous ayons eu une dispute ou un mot de fâcherie?...

TRUXILLO.

Jamais.

CARASCAL.

Et plus tard, quand j'avais dix-huit ans, et qu'au risque d'être broyé par la roue du moulin, tu t'es jeté à l'eau pour m'en retirer...

TRUXILLO.

Et toi, cousin, et toi... quand notre oncle le curé, qui m'en voulait de ce que je n'allais pas à la messe, t'avait laissé toute sa fortune... et que tu m'as dit : « Ce n'est pas juste... tu es aussi son neveu, nous sommes du même sang... et tiens, voilà ta part!... » Tu l'as dit, et nous avons partagé comme deux amis.

CARASCAL.

AIR de Lantara.

Ah! dis plutôt, comme deux frères;
Car nous l'étions.

TRUXILLO.

Nous le sommes toujours.
O temps heureux de nos jeunes misères,
D' nos grands projets et d' nos premiers amours!
Toujours unis, quel bonheur fut le nôtre!
Depuis trente ans, dans tous nos souvenirs,
Le nom de l'un n' peut rappeler à l'autre
 Que des servic's ou des plaisirs.

CARASCAL et TRUXILLO.

Le nom de l'un n' peut rappeler à l'autre
 Que des servic's ou des plaisirs.

CARASCAL.

C'est vrai... Que je t'embrasse encore!... (Paquita entre apportant une bouteille, et les voit dans les bras l'un de l'autre.) Et maintenant à table.

TRUXILLO.

Tu as raison... buvons, et plus de sentiment.
(Il s'assied. Paquita a placé une petite table au milieu du théâtre; elle y met la bouteille de vin, un paquet de cigares et une petite lampe allumée.)

CARASCAL, prenant la bouteille, et s'apprêtant à la déboucher.

D'abord un verre de vin... c'est du xérès, et du bon... (Avec satisfaction.) il me vient du sommelier de la couronne... c'est le vin du roi... celui dont il boit lui-même.

TRUXILLO, froidement.

Ah!... j'en aime mieux d'autre... je n'aime pas le xérès.

CARASCAL, remettant la bouteille sur la table et s'asseyant.

Qu'à cela ne tienne... Femme!...

PAQUITA.

Je vais à la cave.

(Elle sort.)

TRUXILLO.

Du tout, cousine... ça n'en vaut pas la peine... c'est une idée.

CARASCAL.

Laisse-la donc faire, ce ne sera pas long... nous fumerons un cigare en attendant.

TRUXILLO, prenant un cigare.

Joli cigare... comme c'est élégant!... (Fumant.) Je n'ai jamais fumé d'aussi bon tabac... un goût parfumé!...

CARASCAL.

Je crois bien... c'est un grand seigneur qui m'en a fait cadeau... ils viennent de la cour.

TRUXILLO, arrachant de sa bouche le cigare et le jetant par terre.

Je n'en veux plus.

CARASCAL.

Et pourquoi donc?

TRUXILLO.

Pardon... c'est plus fort que moi... j'ai pour tous ces gens-là une horreur...

CARASCAL.

Y penses-tu?... toi, un bon soldat, un honnête homme... tu n'aimes pas la cour?...

TRUXILLO.

Non, morbleu!

CARASCAL.

Tu n'aimes donc pas ton pays?

TRUXILLO.

C'est parce que je l'aime que je déteste ceux qui font son malheur, et qui l'inondent de sang.

CARASCAL.

S'il y a des séditieux, il faut donc les laisser agir?

TRUXILLO.

S'il y a des tyrans, il faut donc les adorer et se taire?

CARASCAL.

Des tyrans!... qu'est-ce que tu appelles des tyrans?

TRUXILLO.

Celui qui règne contre les lois.

CARASCAL.

S'il ne fait pas sa volonté, ce n'est pas la peine d'être roi... c'est pour gouverner à son caprice et à son bon plaisir que Dieu l'a mis sur le trône.

TRUXILLO.

Dieu se mêle bien de lui!

CARASCAL.

Oui, sans doute; et la preuve, c'est qu'il y est... et pourquoi y est-il?... parce qu'il est légitime... quoi qu'on en dise.

TRUXILLO.

Mais il a méconnu la voix du sang et celle de l'honneur.

CARASCAL.

Il est légitime.

TRUXILLO.

Il a égorgé ses sujets.

CARASCAL.

Légitimement... il en avait le droit... Et dis-moi un peu, toi qui parles... quels sont ceux qui l'accusent de cruauté?... ceux qu'il a épargnés... car les autres ne disent rien... et c'est une leçon... cela doit lui apprendre à être clément.

TRUXILLO.

Clément... lui!... un tigre pareil, qu'on croirait le fils du diable!

CARASCAL.

Le fils du diable, mon doux souverain!...

TRUXILLO.

Il ne le sera pas longtemps... et si les Portugais ont du cœur, ils sauront reconquérir leur liberté.

CARASCAL.

C'est ce que nous verrons... et si je connaissais des gens assez lâches, assez infâmes, pour nous forcer...

TRUXILLO.

A être libres!... qu'est-ce que tu ferais?

CARASCAL.

Je les empêcherais bien... je les signalerais... je les dénoncerais.

TRUXILLO, se levant.

Eh bien! dénonce-moi donc... car j'en suis.

CARASCAL, se levant aussi.

Toi, misérable!

TRUXILLO.

Oui, moi, et tous les miens... moi et mes camarades, qui viennent ici dans l'espoir de frapper le tyran, de délivrer la patrie... et avant qu'il soit huit jours...

CARASCAL.

Vous l'espérez en vain... car avant ce soir, vous serez tous traités comme vous le méritez.

TRUXILLO.

Tu nous feras donc traîner à l'échafaud?

CARASCAL.

Et plutôt deux fois qu'une... je l'ai juré... c'est mon devoir.

TRUXILLO.

Tu n'es qu'un scélérat.

CARASCAL.

Et toi un brigand... (Saisissant la bouteille et menaçant Truxillo.) qui ne mourras que de ma main.

TRUXILLO, saisissant une chaise et faisant le même mouvement.

Et toi de la mienne.

SCÈNE IV.
TRUXILLO, PAQUITA, CARASCAL.

PAQUITA, entrant, une bouteille à la main, et les voyant dans cette attitude.

Que vois-je!... vous menacer!... deux frères!... deux amis!... vous qui tout à l'heure encore étiez dans les bras l'un de l'autre.

(Elle enlève la table et la place au fond.)

TRUXILLO, qui a remis la chaise en place.

Ah! elle a raison.

CARASCAL, d'un ton qu'il cherche à radoucir.

Pourquoi ose-t-il, devant moi, dire du mal de mon souverain légitime?

TRUXILLO, de même.

Ai-je tort?... puisque, grâce à lui, la discorde est dans nos familles... puisque deux parents, deux amis d'enfance sont prêts à s'égorger.

CARASCAL.

A qui la faute?

PAQUITA.

Carascal, y pensez-vous?... allez-vous recommencer? (S'approchant.) Plus de discussions... plus de politique... allons, votre main.

CARASCAL.

C'est impossible... nous ne pouvons plus nous entendre.

####### TRUXILLO.

Nous ne pouvons plus vivre sous le même toit, ni manger à la même table... adieu!

####### PAQUITA, à Truxillo.

Je ne vous reverrai donc plus... je serai donc punie, moi, qui ne vous ai rien fait, et qui vous aime tant.

####### TRUXILLO, revenant.

Ah! pardon, cousine, je ferai ce que vous voudrez.

####### PAQUITA.

A la bonne heure!... (Se retournant vers Carascal.) Et vous, mon ami?

####### CARASCAL.

Qu'il me promette d'aimer mon souverain.

####### TRUXILLO.

Jamais.

####### CARASCAL.

Eh bien!... de ne plus conspirer contre lui.

####### TRUXILLO.

Moi!

####### PAQUITA, à Truxillo.

Et la promesse que vous venez de me faire?

####### TRUXILLO.

C'est juste... voilà ma main.

####### PAQUITA, à son mari.

Maintenant, la vôtre.

(Elle met la main de Carascal dans celle de Truxillo; ils se regardent quelque temps en silence, puis se tendent les bras et se serrent l'un contre l'autre.)

####### TRUXILLO.

Pardon, pardon, mon frère.

####### CARASCAL.

Non, c'est moi qui ai tort... tu étais mon hôte, mon ami... je ne devais pas t'offenser.

PAQUITA.

Pas un mot de plus.

TRUXILLO.

Oui... ne parlons plus du présent, nous ne pourrions plus nous entendre... parlons du passé, où nous nous comprenions... et de l'avenir, où nous nous retrouverons.

CARASCAL.

Tu dis vrai... Je vais à mes ouvriers.

PAQUITA, à demi-voix à Truxillo, qui va pour sortir.

Restez, de grâce.

CARASCAL.

Viens-tu avec moi?

TRUXILLO.

Non, j'ai à causer avec la cousine.

CARASCAL.

A la bonne heure... Mais tantôt, puisque te voilà, nous irons ensemble chez mon notaire... j'ai, pour la succession, une signature... un service à te demander.

TRUXILLO.

Un service!... je vois que nous sommes tout à fait raccommodés, et je te remercie.

CARASCAL.

Adieu, cousin...

TRUXILLO.

Adieu... (A part.) Quel dommage qu'un si brave garçon soit royaliste!

CARASCAL, au fond, se tournant vers Truxillo.

Quel malheur qu'un si honnête homme soit libéral!... Adieu, cousin.

SCÈNE V.

PAQUITA, TRUXILLO.

TRUXILLO.

Eh bien! cousine, qu'y a-t-il donc? (Voyant qu'elle regarde autour d'elle.) Quel air de mystère!... Nous voilà seuls... que vouliez-vous me dire?

PAQUITA.

Ah! Truxillo... je n'ai d'espoir qu'en vous... soyez mon appui, mon conseil.

TRUXILLO.

Parlez.

PAQUITA.

Je croyais en avoir le courage, et je n'oserai jamais.

TRUXILLO.

Et en qui aurez-vous donc confiance, si ce n'est en moi, qui vous connais, qui vous aime depuis si longtemps?... ne sommes-nous pas du même pays?... n'avons-nous pas été élevés ensemble?... et même, s'il faut vous le dire, depuis que j'ai l'âge de raison, depuis que je... vous vois, j'avais rêvé que vous seriez ma femme... ça n'a pas pu avoir lieu... un autre m'a prévenu... il a été accepté par votre famille... c'est un honnête homme, qui vous aime, qui est riche, qui a un bon état... moi, dans le mien, j'ai eu de la peine, j'ai souffert... mais vous, vous avez été heureuse, tout ça se compense... Dieu soit loué, je ne me plains pas... et si aujourd'hui je puis vous être bon à quelque chose, me voilà content... c'est le premier bonheur que j'aurai eu de ma vie.

PAQUITA.

Ah! comment ne seriez-vous pas heureux, vous qui n'avez rien à vous reprocher?

TRUXILLO.

Le beau mérite!... J'espère bien, Paquita, que vous êtes comme moi. (Paquita se cache la tête dans ses mains.) Eh bien! eh bien! qu'est-ce que cela veut dire?

AIR du vaudeville de la Somnambule.

Allons, cousine, un peu de confiance!
Pourquoi ces pleurs et cet effroi soudain?
Moi votre frèr', j'ai l' droit d'être, je pense,
  Le confident de votr' chagrin.
Quoique soldat, vous devez me connaître,
Je suis discret... et d'ailleurs quelqu' boulet,
  Dès d'main, emportera peut-être
  Le confident et le secret.

PAQUITA.

Oh! je ne mérite ni votre affection, ni votre pitié... Je suis coupable... je le suis, et sans excuse à vos yeux et aux miens... car je n'ai pas cédé à une passion entraînante, irrésistible... c'est l'orgueil, c'est la vanité qui m'ont perdue.

TRUXILLO.

Que dites-vous?

PAQUITA.

Le désir de briller, d'éclipser mes amies, mes rivales, de paraître aux spectacles, au cirque, aux combats de taureaux, dans les places réservées aux personnes de haut rang et dont mon humble condition devait m'exclure... Que vous dirai-je enfin?... un instant de folie, de vertige!... Dieu m'a abandonnée... mais à l'instant même, et trop tard, la raison m'est revenue... détestant ma faute, et plus encore celui qui en fut la cause... celui qui m'a ravi mon estime, et surtout la vôtre...

TRUXILLO.

Moi!

PAQUITA.

Oui, je le vois... et voilà mon plus grand châtiment... mais il en est un autre encore... Si vous saviez ce que je souffre... en vain le repentir m'accable, en vain je veux me dérober à la honte, revenir à moi-même, à mes devoirs, à la vertu... je ne le puis... Celui qui m'a perdue ne le permet pas... terrible, implacable, il me poursuit comme le remords... il semble que mes dédains et ma haine aient encore augmenté son amour... quand je veux le fuir, le bannir de ma présence... il me parle d'un éclat... il veut me déshonorer aux yeux du monde et de mon mari.

TRUXILLO.

L'infâme!

PAQUITA.

Il le peut... il a des lettres de moi... des lettres dont il me menace... Que faire?... conseillez-moi... Il faut mourir, n'est-il pas vrai?...

TRUXILLO.

Oh! ciel!

PAQUITA.

Eh!... quel autre moyen?

TRUXILLO.

Il en est un plus sûr... Dites-moi son nom.

PAQUITA.

Et pourquoi?

TRUXILLO.

Dites-moi son nom, et je le tuerai.

AIR d'Aristippe.

Après ce que je viens d'apprendre,
Il me faut sa vie.

PAQUITA.

Ah! grands dieux!
A vos respects il a droit de prétendre!

TRUXILLO.

Non, quel qu'il soit, il doit m'être odieux.

PAQUITA.

Dans quels périls l'amitié vous emporte!

TRUXILLO.

Pour vous venger, je les braverais tous!

PAQUITA.

C'est exposer vos jours.

TRUXILLO.

Eh! que m'importe?
Depuis longtemps ils sont à vous.

PAQUITA.

Jamais, jamais!... je ne le veux pas... songez donc que c'est un seigneur de la cour... un grand seigneur, si puissant, si élevé...

TRUXILLO.

L'est-il plus que le roi?

PAQUITA.

Non, sans doute.

TRUXILLO.

Eh bien! fût-ce le roi lui-même!...

PAQUITA.

Silence!... on vient... ce soir... nous achèverons cet entretien... je vous dirai qui il est... je vous dirai son nom...

TRUXILLO.

C'est dit... vous aurez vengeance.

PAQUITA, effrayée.

Oh! ciel!

TRUXILLO.

Je me tais...

(Paquita va se rasseoir auprès de la table; Truxillo s'éloigne vers la gauche.)

SCÈNE VI.

Les mêmes; LE MARQUIS, CARASCAL.

CARASCAL, au marquis, en entrant.

Que de pardons j'ai à vous demander, monsieur le marquis... daigner venir vous-même !...

TRUXILLO, à part.

M. le marquis... Encore un grand seigneur !

LE MARQUIS.

Oui... pour savoir si on s'est occupé de ce que je vous ai commandé.

CARASCAL.

Cette guitare... mon Dieu ! monsieur le marquis, il ne fallait plus à mes ouvriers qu'une petite demi-heure... et l'on allait la porter à votre hôtel.

LE MARQUIS.

N'est-ce que cela ?... j'attendrai.

CARASCAL.

Vous prendriez cette peine !... (A part.) Que ces grands seigneurs sont bons !... (Haut.) Daignez vous asseoir.

LE MARQUIS, sans lui répondre, et s'adressant à Paquita.

Comment se porte la señora ?

CARASCAL, répondant pour elle.

Fort bien... Et le roi ?

LE MARQUIS.

Je le quitte à l'instant... il se porte... comme les tours de Belem.

CARASCAL.

Quel bon prince !

LE MARQUIS.

Mais la señora me paraît souffrante.

CARASCAL.

Oui... elle l'était... ce n'est rien... Et le roi?

LE MARQUIS.

Je l'ai laissé à déjeuner, avant de partir pour la chasse...

CARASCAL.

Quel bon prince!

LE MARQUIS.

Expédiant à la fois une tranche de galantine, et deux ou trois arrêts, que je lui avais portés à signer.

CARASCAL, allant vers Truxillo.

Le bon prince!

TRUXILLO, avec colère.

Eh morbleu!...

LE MARQUIS, montrant Truxillo.

Quel est cet homme?

TRUXILLO.

Vous le voyez bien... un soldat.

LE MARQUIS.

Silence!... Qui t'a interrogé? (A Carascal.) Comment est-il ici?

PAQUITA.

C'est notre cousin.

CARASCAL.

C'est notre cousin.

LE MARQUIS, d'un air aimable.

Ah! votre cousin!... bon soldat, brave militaire... et il n'est encore que brigadier!... c'est une injustice.

TRUXILLO, brusquement.

Qu'en savez-vous?

LE MARQUIS.

Parce qu'appartenant à une famille d'honnêtes gens, de gens bien pensants...

AIR : Il n'est pas temps de nous quitter. (*Voltaire chez Ninon.*

Il sera par moi protégé,
Je veux qu'il avance au service.

CARASCAL.

Hein! tu l'entends.

TRUXILLO.

Bien obligé!
Point de faveur... de la justice!
Que le courag' soit tout ici.
Et je veux, si j' gagne des grades,
Que ce soit aux dépens d' l'enn'mi,
Et non pas de mes camarades.

LE MARQUIS.

Très-bien!... belle réponse!...

CARASCAL.

Certainement... Mais pardon, monsieur le marquis, voilà midi, l'on m'attend chez mon notaire, où le cousin doit me servir de témoin.

LE MARQUIS.

Comment donc!... ne vous gênez pas... les affaires de famille avant tout... j'attendrai ici.

CARASCAL.

C'est ce qui me désole... mais, dans un instant, la guitare sera achevée... et puis la señora vous tiendra compagnie, n'est-ce pas, ma femme?

AIR : Allons, mon père, ah! vous serez ravi.

(A Truxillo.)
Allons, mon cher, et surtout sois prudent.
(A Paquita.)
Toi, sois aimable, je t'en prie;
Vous, monseigneur, j' vous remercie
De son prochain avancement.
Il accepterait, c'est égal...

(A Truxillo.)
Quelles promesses !...

TRUXILLO, à part.
D' la fumée.

CARASCAL.
En pensant bien... tu seras général.

TRUXILLO, de même.
Oui, ça ferait un' belle armée !

Ensemble.

CARASCAL.
Allons, mon cher, et surtout sois prudent.
Toi, sois aimable, je t'en prie.
Vous, monseigneur, j' vous remercie
De son prochain avancement.

TRUXILLO.
Il a raison, il faut être prudent,
Dans l'intérêt de sa patrie ;
Ma colère est une folie,
De me fâcher ce n'est pas le moment.

PAQUITA.
Hâtez-vous donc, cousin, soyez prudent,
Se fâcher est de la folie.
Allez, et surtout, je vous prie,
Auprès de moi revenez promptement.

LE MARQUIS, à Carascal.
Allez, mon cher, puisqu'en ces lieux j'attend
Que la guitare soit finie,
De vos affaires, je vous prie,
Occupez-vous ; c'est le plus important.

(Carascal et Truxillo sortent. Paquita va s'asseoir auprès de la porte du cabinet à gauche.)

SCÈNE VII.

LE MARQUIS, PAQUITA.

(Moment de silence. — Le marquis, s'adressant à Paquita, qui reste assise et les yeux baissés sur son ouvrage.)

LE MARQUIS.

Eh quoi! pas même un regard!

PAQUITA.

Ah! que ne puis-je me cacher aux vôtres!

LE MARQUIS.

Quel enfantillage!... quelle folie!... (S'approchant et s'appuyant sur le dos de sa chaise.) Paquita, qu'avez-vous contre moi?... et comment maintenant m'est-il plus difficile que jamais de vous voir... de vous parler?

PAQUITA.

Que puis-je vous dire, monsieur, que vous n'ayez déjà deviné?

LE MARQUIS.

Oui, je vois que vous ne m'aimez plus... que vous ne m'avez jamais aimé.

PAQUITA.

S'il était vrai... si votre cœur vous le dit, pourquoi me prodiguer des soins que je ne mérite pas?... pourquoi votre juste fierté ne vous conseille-t-elle pas de me fuir?

LE MARQUIS.

Ah! c'est que jamais, et j'en rougis... jamais je ne t'ai plus aimée... Mais je reviens enfin à la raison... (s'éloignant d'elle.) je veux renoncer à toi.

PAQUITA, se levant et s'approchant de lui.

Serait-il vrai?

LE MARQUIS.

Ah! ce mot-là nous rapproche... et l'espoir de ne plus me voir est le seul qui te touche.

PAQUITA.

Monseigneur...

LE MARQUIS.

Soit... et quoique je ne sois pas habitué jusqu'ici à faire naître de telles émotions... il faut bien prendre son parti... cela m'apprendra à faire alliance avec la bourgeoisie... Écoutez, Paquita, puisque vous méconnaissez mon amour... puisque vous me bannissez... je consens à m'éloigner... bien plus... je consens même à vous rendre les lettres dont la possession vous effrayait tant.

PAQUITA.

Ah! quelle générosité!

LE MARQUIS.

Oui, nous en avons quelquefois... mais j'y mets une condition.

PAQUITA.

Et laquelle?

LE MARQUIS.

Les lettres sont chez moi... j'irai les chercher et vous les rendrai.

PAQUITA.

A moi... à moi seule?

LE MARQUIS.

C'est bien mon intention.

PAQUITA.

Dès ce soir, je vous en prie.

LE MARQUIS.

Ce soir, c'est impossible... je suis de service à la cour, et j'y resterai jusqu'à minuit... alors seulement je serai libre, et je pourrai vous les apporter.

PAQUITA.

A une pareille heure?... cela ne se peut pas.

LE MARQUIS.

Et pourquoi donc ?

PAQUITA.

Et mon mari, monsieur, mon mari...

LE MARQUIS.

N'est-ce que cela?... si je trouve moyen de l'éloigner?

PAQUITA.

Oh ! ciel !

LE MARQUIS.

Si quelque affaire imprévue, indispensable, le retenait cette nuit hors de sa maison?

PAQUITA.

Jamais, jamais je n'y consentirai.

LE MARQUIS.

Il le faut cependant... alors tout est oublié... je renonce à tous mes droits... et maîtresse de vous-même, vous revenez à l'honneur... à vos devoirs.

PAQUITA.

En les trahissant encore.

LE MARQUIS.

Quand c'est par vertu !

PAQUITA.

Vous me faites horreur.

LE MARQUIS.

Alors, comme vous voudrez.

PAQUITA.

Monsieur, je vous en supplie !

LE MARQUIS.

Vous consentez donc?

PAQUITA.

Grâce, grâce, au nom du ciel!... prenez pitié de moi, de mon mari... de mes enfants... (Musique. — On entend un bruit confus au dehors.) Entendez-vous ce bruit...? L'on vient... Ah! ce serait fait de moi si l'on me voyait.

(Elle se rapproche de la table, essuie ses yeux, et entre dans l'appartement à droite.)

SCÈNE VIII.

LE MARQUIS, seul.

Elle y consentira, j'en suis sûr!... elle tient tant à redevenir honnête femme!... C'est une belle chose que les remords... pour ceux qui en profitent!... Mais son mari, comment l'éloigner cette nuit?... par quel moyen?... Hein!... qui vient là?

SCÈNE IX.

LE MARQUIS, UN INCONNU.

L'INCONNU, enveloppé d'un manteau.

Les misérables!... du peuple!... toujours du peuple!... il y en a partout...

LE MARQUIS.

En croirai-je mes yeux?

L'INCONNU.

Eh! c'est vous...

LE MARQUIS.

Vous, que je croyais à la chasse...

L'INCONNU.

Silence... j'en arrive... (Riant.) une chasse délicieuse!... un massacre de faisans et de perdreaux!...

2.

LE MARQUIS.

Vraiment!...

L'INCONNU.

J'étais heureux... et pendant que j'étais en train de m'amuser, j'avais voulu sortir un instant à pied... car me voilà, moi que l'on croit toujours tremblant, toujours caché... je sors, je me promène sans crainte et sans gardes... J'étais donc sorti, entouré de mes gens qui me suivaient à distance, lorsque j'ai aperçu des hommes du peuple, qui se disputaient, qui se battaient... c'était amusant... mais en m'arrêtant pour les animer et les regarder... je me suis trouvé séparé de ma suite... deux hommes de mauvaise mine me suivaient en causant à voix basse...

LE MARQUIS.

O ciel!

L'INCONNU.

Ils disaient : « Le monstre!... le tigre!... » Ils parlaient politique, j'en suis sûr... Craignant d'être reconnu, je me suis jeté dans la première boutique venue.

LE MARQUIS.

Vous ne pouviez mieux rencontrer... celle-ci appartient à un sujet fidèle et dévoué.

L'INCONNU.

Restons-y alors jusqu'au premier coup de vêpres... tout le monde qui est dans la rue se précipitera dans l'église de Saint-Vincent, et nous pourrons retourner tranquillement au palais... Ce sont de si braves gens que ces habitants de Lisbonne!... religieux, honnêtes et soumis...

LE MARQUIS.

Ils vous aiment tant!

L'INCONNU.

Ils ont raison; car moi aussi je les aime.

LE MARQUIS.

En vérité?

L'INCONNU.

Comme j'aime les perdreaux... ils se laissent faire... il n'y a dans ce pays-ci que les mules qui aient du caractère, et qui sachent se révolter... Les miennes ont manqué me tuer... et je les estime.

LE MARQUIS.

Pouvez-vous parler ainsi d'un accident qui a pensé nous coûter si cher...

LE ROI.

Oui, c'eût été dommage ; car nous menons joyeuse vie !... Renfermés dans notre palais de Quéluz, éclairés par mille flambeaux, enivrés par e vin, les parfums et la danse, nous ne nous inquiétons guère s'il y a un Dieu au ciel, ou des rois en Europe.

AIR : Sur tout ce que je vous dirai.

> Les seuls princes dont je fais cas
> Sont les souverains de la banque ;
> Le pouvoir ne me manque pas,
> Hélas ! c'est l'argent qui me manque.
> Les rois ont beau me renier...
> Pauvres gens !... j'en rirais peut-être,
> Si je trouvais un seul banquier
> Qui voulût bien me reconnaitre.

Mais ils y viendront... et alors, nous n'aurons qu'un souci... celui d'inventer de nouveaux plaisirs... et depuis quelques jours, ton imagination se ralentit... tu es sombre... tu es triste.

LE MARQUIS.

Moi, sire...

LE ROI.

Oui, tu as quelque chose... la crainte d'une disgrâce... tu l'aurais méritée peut-être : ce complot que tu n'avais pas découvert... J'ai pardonné... mais à la première fois, prends-y garde... Voyons, qu'est-ce qui te tourmente ?

LE MARQUIS.

Un grand chagrin.

LE ROI.

Vraiment!... eh bien! dis-le-moi... cela m'amusera...

LE MARQUIS.

Que de bontés!

LE ROI.

Pourquoi donc? ne suis-je pas ton ami?

LE MARQUIS.

Je le sais, et j'en suis fier... Eh bien! Sire, je suis amoureux.

LE ROI, riant.

Allons donc! moi qui t'estimais!...

LE MARQUIS.

Amoureux d'une femme qui a un mari.

LE ROI.

A la bonne heure!... c'est mieux.

LE MARQUIS.

J'ai bien la clef de l'appartement... une clef mystérieuse qu'elle m'avait redemandée... heureusement, et à son insu, j'en ai gardé une seconde... mais le mari qui est là... le mari... je ne sais comment m'y prendre pour l'éloigner cette nuit de son logis.

LE ROI.

Eh bien! parlons de cela... Voilà une aventure délicieuse... j'en suis... Et pour faire sortir un mari de chez lui, cela ne me paraît pas bien difficile.

LE MARQUIS.

Vous croyez?... la nuit... par le froid, le mauvais temps.

LE ROI.

Qu'importe?... un mot de moi... deux soldats, un brigadier... et je le fais enlever dès ce soir, fût-il en robe de chambre, et prêt à se mettre au lit.

LE MARQUIS.

Est-il possible! une telle faveur!...

LE ROI.

Est-ce que tu n'aurais pas osé me la demander?

LE MARQUIS.

Non vraiment.

LE ROI.

Quel enfantillage!... et depuis quand fais-tu avec moi des façons et des cérémonies?... est-ce qu'entre nous il faut se gêner?

LE MARQUIS.

Ah! Sire.

LE ROI.

Tu n'as donc pas confiance en moi! je ne suis donc pas ton ami?

LE MARQUIS.

Ah! vous êtes le meilleur des maîtres...

LE ROI.

Ils ne le croient pas en Europe... parce que, vu de loin, on se fait... des monstres de tout... Mais vous qui me connaissez... qui pouvez me juger... Voyons, quel est cet homme? son nom?

LE MARQUIS.

Carascal... un simple bourgeois.

LE ROI.

Que cela!... et tu m'en remercies?... il n'y a pas de quoi.

LE MARQUIS.

Sans doute... mais je dois cependant vous dire qu'il tient un rang dans son quartier... qu'il a de l'influence... et que s'il se plaint... s'il réclame...

LE ROI.

Je l'en défie bien... crois-tu donc que je fais les choses à demi?

LE MARQUIS.

Et comment cela?

LE ROI.

Nous avons, demain, après déjeuner, une réunion de *negros*, francs-maçons, *liberales*... que sais-je?... tous gens inutiles que je supprime... et nous mettons le seigneur Carascal sur la liste des suppressions.

LE MARQUIS.

Oh! ciel! le condamner comme conspirateur!

LE ROI, souriant.

Oui, sans doute... n'a-t-il pas conspiré contre ton bonheur, contre ton repos?... il est coupable, et personne n'aura rien à dire... C'est si commode, les conspirations!... cela sert pour tout le monde.

LE MARQUIS.

Mais cependant, Sire...

LE ROI, sévèrement.

Hein! qu'y a-t-il?... Est-ce que tu me blâmerais, moi qui veux te rendre service?... Je n'aime pas les ingrats.

LE MARQUIS.

Et je ne le suis pas.

LE ROI.

N'oublie pas que ce soir nous avons un bal... un concert... En attendant, ayez soin d'écrire au sujet de ce Carascal, un ordre pour le grand-prévôt... quatre lignes que je puisse signer... Qui vient là?

(Il passe auprès de la table.)

LE MARQUIS, apercevant Carascal.

Ciel!

SCÈNE X.

LE ROI, LE MARQUIS, CARASCAL.

LE ROI.

Quel est cet homme?

LE MARQUIS, troublé.

Le maître de la maison.

CARASCAL, entrant.

Monsieur le marquis...

(Le voyant occupé, il s'éloigne.)

LE ROI.

Ah! oui; tu m'en as parlé comme d'un bon royaliste... à qui l'on peut se fier. Qu'il approche.

CARASCAL, s'avançant.

Monsieur le marquis!... (Reconnaissant le roi.) Ces traits révérés!... Mon gracieux souverain...

LE ROI, relevant Carascal, qui est à ses genoux.

Il m'a reconnu... Relève-toi... relève-toi.

CARASCAL.

Vous posséder chez moi!... dans ma maison!...

LE ROI.

Du silence.

CARASCAL.

Je me tais... je me tais... Mais un pareil bonheur... je n'y résisterai pas... j'en mourrai de joie.

LE ROI, au marquis, qui est auprès de lui à droite.

De joie!... voilà par exemple un genre de mort que jusqu'ici...

CARASCAL.

Et par saint Sébastien mon patron, je suis d'autant plus heureux, que j'avais une importante révélation à faire à mon roi... je ne savais comment parvenir jusqu'à lui, et voilà que tout-à-coup le ciel me gratifie de sa bienheureuse présence... le ciel qui, comme je le disais ce matin, protége toujours les souverains légitimes.

(Le marquis est passé à la gauche de Carascal.)

LE ROI.

Oui, le ciel s'est toujours mêlé de mes affaires. Qu'avais-tu à m'apprendre? (Au marquis, qui s'approche pour écouter.) Eh bien! cher marquis, il ne faut pas que les affaires fassent négliger les plaisirs... Je vois là (Montrant la table à droite.) de quoi écrire.

CARASCAL, vivement, montrant la porte à gauche.

Ou plutôt là, dans mon cabinet; monsieur le marquis y sera mieux... Ma table, ma plume, mon écritoire... (Se tournant du côté du roi.) toute ma maison, ma fortune, mes enfants, ma femme... non... je veux dire tout ce que je possède est au service de Sa Majesté... Ainsi que moi, son fidèle serviteur.

LE ROI, au marquis.

C'est bien... allez...

(Le marquis entre dans le cabinet.)

SCÈNE XI.

LE ROI, CARASCAL.

CARASCAL, à part, le contemplant.

O souverain adoré!... (A part sur le devant du théâtre.) Il y a comme une odeur de légitimité qui s'est répandue dans toute ma boutique.

LE ROI, qui pendant ce temps a pris un bonbon dans une boîte.

Eh bien! que fais-tu là?

CARASCAL, humant l'air.

Rien, Sire... je respire.

LE ROI.

Tu disais tout à l'heure... tu sais donc quelque chose ?

CARASCAL.

Oui, Sire... j'hésitais d'abord. Mais mon souverain avant tout, et comme il y va de la sûreté de Sa Majesté...

LE ROI, gaîment.

Encore une conspiration !... et le marquis n'en savait rien... (A Carascal.) Tu disais donc, mon fils...

CARASCAL, avec ivresse.

Il a dit : « Mon fils... » Je n'y tiens plus... je ne résiste plus à sa bonté paternelle... Eh bien ! mon roi... eh bien ! mon père... tout à l'heure, dans la rue, plusieurs soldats du régiment de *Tra-los-Montes* nous ont accostés, et à leurs discours, il m'a été facile de voir qu'il se tramait quelque complot dirigé par leurs officiers. On a parlé de promenade, de rendez-vous de chasse... tout cela à mots couverts, il est vrai... mais il y a quelque chose, j'en suis sûr... et la première fois que vous sortirez pour aller à la chasse, promettez-moi de veiller sur votre personne sacrée, promettez-moi d'avoir peur... vous aurez peur...

LE ROI.

Un complot !... encore un complot !... et je n'en sais rien... et sans ce bourgeois...

AIR : De sommeiller encor, ma chère. (*Arlequin Joseph.*)

    Que fait le chef de la police ?...
    Quand il doit veiller sur mes jours,
    Quand je veux partout qu'on sévisse,
    Il s'occupe de ses amours !
    J'en ai puni de moins coupables...
    Ne pas découvrir, arrêter
De tels complots, des complots véritables,
    Lui qui devrait en inventer !
Ne pas savoir des complots véritables,
    Lui qui devrait en inventer !

Mais dis-moi, dévoué et fidèle sujet, comment les rebelles parlaient-ils ainsi devant toi?

CARASCAL.

C'est que je donnais le bras à un de leurs camarades. (A part.) Ah mon Dieu!... (Haut.) Quand je dis camarade... par l'uniforme seulement; car pour les sentiments, c'est bien différent... et si Votre Majesté punit les autres, je demande que celui-là soit épargné... que non seulement on lui fasse grâce, mais qu'on veuille bien en outre...

LE ROI, prenant ses tablettes.

C'est juste... Son nom?

CARASCAL.

Truxillo, brigadier, 2ᵉ escadron, 3ᵉ compagnie.

LE ROI, écrivant.

C'est bien... j'en parlerai au grand-prévôt, qui l'emploiera à la première occasion... Et toi, qui es-tu?

CARASCAL.

Je suis royaliste, absolutiste... et guitariste... On me nomme Carascal.

LE ROI.

Carascal!

CARASCAL.

Bourgeois de cette ville... et luthier de la couronne.

LE ROI, riant.

Carascal!... l'aventure est impayable, et la rencontre originale... Tu connais le marquis de Mérida?

CARASCAL.

Le favori de Votre Majesté?... Oui, Sire... c'est une de mes augustes pratiques.

LE ROI, riant toujours, et prenant dans sa bonbonnière.

C'est bien cela... et tu as une femme?

CARASCAL.

Oui, Sire... sujette très-dévouée de Votre Majesté.

LE ROI, lui présentant la bonbonnière. Carascal hésite.

Allons donc!

CARASCAL, prenant un bonbon.

Quel honneur! une dragée royale! (Il fait semblant de la mettre dans sa bouche, et la serre dans sa poche.) Je la garderai toute ma vie.

LE ROI, lui frappant sur l'épaule.

Tu as donc une femme... et fort jolie, à ce qu'on prétend?

CARASCAL, lui montrant Paquita, qui sort de la chambre à droite.

Votre Majesté peut en juger... car la voici.

SCÈNE XII.

PAQUITA, LE ROI, CARASCAL.

LE ROI, la regardant avec attention.

Ah diable!... une belle femme!... des yeux noirs magnifiques!... vraie beauté portugaise!

CARASCAL, bas à sa femme.

Salue donc!

PAQUITA.

Et pourquoi?

LE ROI, bas à Carascal.

Du silence... je le veux... (A Paquita.) Avec la permission du seigneur Carascal, et comme un ami à lui, voulez-vous permettre, señora...

(Il lui baise la main.)

CARASCAL, le regardant.

Ah! que je suis heureux... et ne pas oser le dire!

PAQUITA.

Je ne sais ce que cela signifie... il y a dans la rue des hommes de mauvaise mine qui ont l'air de rôder autour de la boutique.

LE ROI, bas à Carascal.

Ce sont mes gens... les gens de la police qui me cherchent sans doute... dis-leur que je suis ici, et qu'ils m'attendent.

CARASCAL.

Oui, majes... (Il rencontre un regard du roi.) oui, monseigneur... (A part.) Chargé d'une mission royale, auprès de la police... (A Paquita.) Et toi, femme, et toi... (Il rencontre un regard du roi.) J'y vais, excellence... (Regardant sa femme.) Elle ne se doute pas de son bonheur.

(Il sort.)

SCÈNE XIII.

PAQUITA, LE ROI.

PAQUITA, regardant le roi.

Un seigneur, a-t-il dit... quel est-il?... et comme il me regarde! il me fait peur.

LE ROI, à part, la regardant avec des yeux enflammés.

Mon favori est bien heureux d'avoir une telle maîtresse... je sens la colère et la jalousie qui me gagnent... (Il va vers la droite.) Quand je pense que ce soir elle l'attendra... qu'elle a donné rendez-vous à ce marquis de Mérida... un sot... à qui je croyais du zèle, et dont je suis très-mécontent... et je le récompenserais!... Non, non... à chacun selon son mérite et ses œuvres.

(Il se met à la table, et écrit en regardant de temps en temps Paquita.)

PAQUITA, qui est restée au fond, le regardant.

Eh bien!... il est sans façon... et le voilà qui s'installe... (Voyant le marquis.) Dieu! le marquis.

SCÈNE XIV.

LE ROI à la table, PAQUITA, LE MARQUIS.

LE MARQUIS passe devant Paquita qu'il salue, et va auprès du roi, auquel il présente un papier.

Voici l'arrêt tout dressé.

(Paquita s'est assise auprès du cabinet à gauche.)

LE ROI.

C'est bien... mais j'ai changé d'idée... j'ai commué la peine... je suis clément.

LE MARQUIS, avec joie.

Est-il possible!

LE ROI.

Oui... et au fait, pourvu qu'on éloigne le mari...

LE MARQUIS, vivement.

C'est tout ce qu'il nous faut.

LE ROI.

Vous avez raison... (Appuyant.) tout ce qu'il nous faut.

(Musique jusqu'à la fin.)

SCÈNE XV.

LES MÊMES; CARASCAL.

(Carascal s'approche du roi; Paquita est à gauche, le marquis près de la table où le roi écrit; Carascal entre et passe au coin à droite de l'autre côté de la table du roi; plusieurs hommes enveloppés de manteaux paraissent au fond.)

CARASCAL, au roi, à demi-voix.

Vos ordres sont donnés... ils sont là pour attendre Votre Majesté, et protéger son départ.

LE ROI, à Carascal.

Très-bien, je vous remercie. (Carascal va au fond, et fait signe aux hommes de se retirer. Le roi se retournant vers le marquis, et montrant le papier qu'il vient d'écrire.) Je mets huit jours de prison... cela suffira.

LE MARQUIS, vivement.

Sans doute... mais dès ce soir.

LE ROI.

Dès ce soir...

LE MARQUIS, montrant le papier qu'il tient.

On peut alors déchirer cet arrêt de mort qui devient inutile.

LE ROI, le prenant.

Non, non; cela peut toujours servir... (Regardant le marquis.) en y changeant un seul nom.

LE MARQUIS, qui pendant ce temps s'est approché de Paquita, qui s'est levée.

Comme je vous l'ai dit, Paquita, ce soir, à minuit, je serai chez vous.

PAQUITA.

O ciel!

LE MARQUIS.

Veuillez me recevoir.

PAQUITA.

Devant mon mari... en sa présence... car il sera là.

LE MARQUIS.

C'est ce qui vous trompe... je saurai bien le faire sortir.

PAQUITA.

Et moi, je saurai bien l'en empêcher.

LE ROI, achevant d'écrire et de fermer les deux ordres.

Marquis, un cachet?

LE MARQUIS, allant auprès du roi.

Voici le mien... (Pendant que le roi cachette.) C'est admirable...

il n'y a rien de plus piquant au monde que de se débarrasser ainsi d'un mari.

LE ROI.

Oh! il y a encore quelque chose de mieux... (A part, regardant Carascal et le marquis.) c'est de se débarrasser à la fois du mari et de l'amant. (Il se lève et vient au milieu du théâtre.) Marquis, ces deux ordres au grand-prévôt, et qu'on les exécute à l'instant, car je le veux et l'ordonne, MOI, LE ROI.

PAQUITA.

Dieu! le roi.

(Le marquis, incliné, reçoit les ordres de la main du roi, tandis que Carascal baise avec respect le bas de son manteau.)

ACTE DEUXIÈME

Une chambre. Cheminée dans le fond. Porte d'entrée à gauche de l'acteur. Porte secrète à droite ; du même côté, tableau de madone dans une petite niche ; auprès de la cheminée, porte de cabinet. Une petite table servie et deux couverts, au fond, un peu à gauche.

SCÈNE PREMIÈRE.

CARASCAL, seul, un journal à la main, assis auprès du feu.

Quel bonheur de se retrouver, le soir, au coin de son feu, sans trouble, sans inquiétude... avec son journal... cette excellente *Gazette d'État*... (Il se lève et vient sur le devant du théâtre.) Après l'*Apostolique de Madrid*, il ne paraît rien de plus fort en Europe... c'est d'une hardiesse... (Lisant.) « Le roi « est sorti. » C'est vrai. « Le roi s'est promené. » C'est encore vrai. « Le roi a chassé. » C'est qu'elle dit tout cette honorable feuille... exactement tout... et ici... (Lisant.) « L'af-« fection des Portugais est le meilleur appui d'un gouverne-« ment paternel comme le nôtre. »

VOIX en dehors.

Qui vive ?... halte !

CARASCAL.

Qu'est-ce que c'est que ça ?... des patrouilles... c'est notre gouvernement paternel qui se garde. (Revenant à son journal.) Comme c'est écrit !... et quand je pense que demain on y parlera de moi... il me semble que j'y lis déjà l'article...

« Sa Majesté est entrée hier chez le luthier Carascal. » Tous mes confrères en étoufferont de dépit.

VOIX en dehors.

Qui vive ?... halte !

CARASCAL.

Encore !

Air : Du partage de la richesse. (*Fanchon la Vielleuse.*)

J'entends le fusil des gendarmes
Sur le pavé retentissant,
Et loin d'inspirer des alarmes,
Ce doux bruit est bien rassurant.
S'ils sont absents, avec crainte je veille ;
Mais dans la nuit, à chaque instant,
Quand la police est là qui vous réveille,
On peut dormir tranquillement.

SCÈNE II.

CARASCAL, PAQUITA, venant du dehors.

CARASCAL.

Ah ! c'est toi, ma femme... que se passe-t-il donc ?

PAQUITA.

Je ne sais... on dirait que toute la troupe est sur pied.

CARASCAL.

Tant mieux... il y a tant de gens malintentionnés qui, sous prétexte qu'ils ont perdu leur père, leur frère, leur ami, se permettent d'être mécontents !

PAQUITA, à part, regardant la pendule qui est sur la cheminée.

Neuf heures !... Grâce au ciel, le marquis ne viendra pas, et d'ailleurs, tant que mon mari sera là, il n'oserait.

CARASCAL.

Qu'est-ce que tu tiens là ?

3.

PAQUITA.

Ah! des papiers... des lettres qu'on vient de monter pour vous.

CARASCAL.

Donne... Ah! mon Dieu! tu es bien émue.

PAQUITA.

Non, je ne crois pas.

CARASCAL.

Si fait... Que diable! je m'y connais... Comme te voilà pâle!... on dirait que tu as peur.

PAQUITA.

Moi!... oui, c'est possible... ce bruit... ces soldats qu'on entend dans la rue.

CARASCAL, ouvrant une lettre.

Ça doit te rassurer au contraire.

PAQUITA.

Sans doute... j'ai tort... car enfin, ce soir... mon ami, vous ne sortirez pas.

CARASCAL.

Peut-être un moment, après souper, pour aller savoir des nouvelles au café de *l'Inquisition*.

PAQUITA.

Ah! je vous en prie... ne sortez pas... je vous en prie en grâce.

CARASCAL.

Et pourquoi ça?

PAQUITA.

Je ne sais... je ne voudrais pas rester seule... si tard.

CARASCAL.

Es-tu enfant!

PAQUITA.

C'est possible... mais vous ne me quitterez pas... vous resterez... n'est-ce pas, mon ami?... à cette heure, vous le savez bien, les rues de Lisbonne ne sont pas sûres.

AIR du vaudeville de Partie Carrée.

On ferme tout, et vers la nuit tombante,
Oser sortir serait trop dangereux.

CARASCAL.

C'est très-bien vu, mesure très-prudente,
Les citoyens, par ce moyen heureux,
Sont obligés de rester tous chez eux!
Oui, maintenant le soir, près de leurs femmes,
Tous les maris demeurent... et je croi
Que c'est pour ça que tant de belles dames
  Détestent notre roi.

Mais toi, c'est différent... et puisque tu le veux... je reste, je lirai ici mes lettres.

PAQUITA, à part.

Je respire... il ne me quittera pas.

(Elle va arranger la table.)

CARASCAL, parcourant ses lettres.

Qu'est-ce?... ah! une commande d'instruments...

PAQUITA.

Le souper est prêt... si vous voulez...

CARASCAL, lisant une autre lettre.

Tiens, qu'est-ce que c'est que ça?... point de signature!...

PAQUITA.

Cette lettre...

CARASCAL, tout tremblant.

Ah! mon Dieu!

PAQUITA.

Quoi donc?... qu'avez-vous?

CARASCAL.

Je suis mort!...

PAQUITA, prenant la lettre.

Donnez... (Lisant.) « Un ami sûr et bien instruit prévient
« Carascal que si, dans une heure, on le trouve chez lui, il
« ne répond plus de sa liberté... ni de ses jours. »

CARASCAL.

Hein!...

(Ils se regardent tous deux avec effroi.)

PAQUITA.

Qu'est-ce que cela veut dire?

CARASCAL.

Je te le demande... Ma liberté... mes jours...

PAQUITA, continuant.

« Carascal a une maison sur le bord de la mer... c'est là
« qu'on l'invite à se retirer sur-le-champ... Demain il saura
« tout. »

CARASCAL.

Je n'ai pas une goutte de sang dans les veines... Il faut partir.

PAQUITA.

Que dites-vous?... à cause des menaces de quelque ennemi secret?

CARASCAL.

Des menaces!... Je vois ce que c'est... oui, c'est pour mon opinion... ces infâmes *libérales!*... ils savent que je pense bien... ils veulent m'en punir.

PAQUITA.

Eh non!... c'est impossible.

CARASCAL.

Si fait... parce qu'hier j'ai fait mon devoir... parce que j'ai révélé...

PAQUITA.

Quoi donc?

CARASCAL, se promenant.

Et on croit que j'ai peur... que je reculerai... que je me cacherai... jamais... qu'ils viennent tous... Donne-moi mon manteau.

PAQUITA.

Et pourquoi?

CARASCAL.

Mon manteau... (Paquita lui apporte son manteau.) Certainement, je ne sortirai pas... je suis prêt à mourir pour la bonne cause... Mon chapeau.

PAQUITA.

Vous allez me quitter?

CARASCAL.

Moi, m'en aller!... fuir devant le danger!... ah! tu me connais bien... et eux aussi!.. Non, non, je cours au palais... je me jette aux pieds de mon gracieux souverain... et je lui dis : « Sire... » (A Paquita.) La clef de la porte secrète... tu n'en as pas besoin. (Il va la prendre.) Adieu.

PAQUITA.

Mon ami, y pensez-vous?... me laisser ainsi seule!...

CARASCAL.

Il le faut bien.

PAQUITA, le retenant.

Et si ce n'était qu'une ruse pour vous effrayer... pour vous perdre?...

CARASCAL.

Tu crois?

PAQUITA.

Cette lettre vient de la police... oui, j'en suis sûre... elle est du marquis de Mérida.

CARASCAL.

Du marquis?

PAQUITA.

Ne le croyez pas... restez.

CARASCAL.

Mais au contraire... il n'y a plus à hésiter... le favori du roi... le chef de la police... il doit savoir à quoi s'en tenir.

PAQUITA.

Mais enfin... (On entend frapper à la porte d'entrée. — A part.) Ciel! si c'était lui!

CARASCAL, lui prenant la main.

Grand Dieu! ne tremble pas comme ça... ça me gagne... demande qui est-ce qui est là... (En tremblant.) Qui est-ce qui est là?

TRUXILLO, en dehors.

Ouvrez... c'est moi... Truxillo.

PAQUITA, allant ouvrir.

Truxillo!

CARASCAL, rassuré, courant à lui.

Ah! cousin!

SCÈNE III.

CARASCAL, TRUXILLO, PAQUITA.

TRUXILLO, entrant précipitamment.

Carascal encore ici!... malgré mon avis.

CARASCAL.

Comment!... cette lettre que j'ai reçue!...

TRUXILLO.

Elle est de moi.

PAQUITA.

De vous?

CARASCAL.

Explique-moi donc...

TRUXILLO.

Rien... pas un mot... demain... plus tard... ne perds pas un instant... pars, ou je ne réponds plus de toi... va-t'en.

CARASCAL.

Je n'ai plus de jambes.

PAQUITA, à Carascal.

Puisqu'il en est ainsi... ah! partez.

CARASCAL.

Oui, je cours me réfugier au palais du roi, dont la protection...

TRUXILLO.

Garde-t'en bien... ou tu es perdu.

CARASCAL.

Comment?... est-ce qu'ils entourent déjà le palais?... Mon pauvre souverain!

TRUXILLO.

Il ne s'agit pas de lui.

AIR : On prétend qu'en ce voisinage. (*Fra Diavolo*.)

Oui, pour toi seul, pour toi je tremble,
Éloigne-toi de ce logis;
Qu'on ne puisse nous voir ensemble,
Et profite de mon avis.

CARASCAL, passant entre Truxillo et Paquita.

Puisqu'il le faut, la mort dans l'âme,
Je m'en vais, sans savoir pourquoi...
Adieu, cousin, adieu, ma femme;
Je pars... Que Dieu sauve le roi!

Ensemble.

PAQUITA.

Oui, pour lui seul, pour lui je tremble
Éloigne-toi de ce logis;

Qu'on ne puisse vous voir ensemble,
Et profite de son avis.

TRUXILLO.

Oui, pour lui seul, pour lui je tremble ;
Éloigne-toi de ce logis ;
Qu'on ne puisse nous voir ensemble,
Et profite de mon avis.

CARASCAL.

La frayeur me gagne, je tremble,
Je profite de son avis ;
Tous les deux je vous laisse ensemble,
Et prenez bien soin du logis.

(Il sort.)

SCÈNE IV.

PAQUITA, TRUXILLO.

TRUXILLO.

Enfin, il n'a plus rien à craindre... il est parti.

PAQUITA.

Truxillo, quel est ce mystère?... m'expliquerez-vous?...

TRUXILLO.

Ah ! cousine ! votre mari a des ennemis bien puissants.

PAQUITA.

Lui !... que se passe-t-il donc ?

TRUXILLO.

Heureusement j'étais instruit de tout. J'ai manqué à mon devoir peut-être... mais il était si affreux à remplir.

PAQUITA.

Que dites-vous ?

TRUXILLO.

Ce soir j'ai été mandé à la police, en secret... on m'a dit que j'étais choisi par une faveur insigne... dont je me serais bien passé... mais il paraît qu'on me protége... que la recommandation vient de haut... même de la cour! Je ne sais à qui je dois cela... car, jusqu'à ce jour, éloigné de Lisbonne... le roi et ses favoris, tout cela m'était inconnu.

PAQUITA.

Et quelle faveur?...

TRUXILLO.

Deux arrestations à faire cette nuit... il paraît que c'est un plaisir qu'on se donne souvent ici... Deux malheureux, deux innocents peut-être à leur livrer!... et c'est moi, Juan Truxillo, bon citoyen, soldat sans reproche, qu'on choisit pour un pareil métier!... J'étais indigné... j'allais refuser, me perdre sans doute... lorsque, sur un de ces ordres, je lis le nom de Carascal.

PAQUITA.

De mon mari?

TRUXILLO.

Jugez de ma surprise!... mon vieil ami condamné par le tyran dont il se fait le défenseur!

PAQUITA.

Condamné... grand Dieu!

TRUXILLO.

AIR du vaudeville du *Baiser au Porteur*.

Rassurez-vous... par moi cette sentence
Ne doit, hélas! s'accomplir qu'à minuit!
Et vot' mari, prév'nu deux heur's d'avance,
Est à l'abri du coup qui le poursuit.

PAQUITA.

Et vous, ô ciel!

TRUXILLO.

Qu'il vive! ça suffit.

PAQUITA.

Qu'avez-vous fait?

TRUXILLO.

Je sauve une victime!

PAQUITA.

Et si le roi venait à le savoir?...

TRUXILLO.

On peut sans craint' lui dérober un crime,
Il est trop rich' pour s'en apercevoir.

PAQUITA.

Eh! qui a pu faire condamner mon mari?

TRUXILLO.

C'est sur la dénonciation du chef de la police.

PAQUITA.

Du marquis de Mérida!

TRUXILLO.

Juste, du marquis.

PAQUITA.

Quelle horreur!... je ne puis le croire encore.

TRUXILLO.

J'ai là l'ordre en bonne forme.

PAQUITA.

Ah! l'infâme! c'est donc ainsi qu'il voulait l'éloigner!... voilà le moyen dont il me menaçait... pour arriver sans danger cette nuit jusqu'à moi.

TRUXILLO.

Que dites-vous?

PAQUITA.

Que vous seul maintenant êtes mon protecteur... et que je veux, que je dois tout vous avouer... Cet homme que je hais, que je veux fuir... cet ennemi implacable, que n'ont pu fléchir ni mes larmes, ni mes remords...

TRUXILLO.

Eh bien?

PAQUITA.

C'est le marquis de Mérida.

TRUXILLO, avec indignation.

Malheureuse! (Paquita se cache la tête dans ses mains.) Lui! qui, pour se défaire d'un rival, d'un mari, ne connaît que la dénonciation, l'exil, l'échafaud... Voilà donc les misérables qui nous gouvernent à la face de toute l'Europe!... Mais cette fois du moins il ne jouira pas de l'impunité... le tyran lui-même s'est chargé de notre vengeance.

PAQUITA.

Que voulez-vous dire?

TRUXILLO.

Que les tigres, à ce qu'il paraît, se déchirent entre eux, car je vous ai dit que j'avais un second ordre, signé du maître... l'ordre d'arrêter aussi cette nuit... et de fusiller le marquis.

PAQUITA, vivement.

Grand Dieu!

TRUXILLO, avec colère.

Ne tremblez-vous pas pour lui?

PAQUITA.

Moi!

TRUXILLO.

Oui, je le vois... son danger vient d'expier son crime et de réveiller votre tendresse.

PAQUITA.

Ah! vous pouvez m'accabler... j'ai tout mérité.

TRUXILLO.

Pardon, pardon, cousine, vous ne savez pas ce que je souffre, quand je pense qu'un lâche tel que lui a obtenu un bien que j'aurais payé de ma vie... oui, de ma vie entière! et maintenant que mes espérances, que mes illusions sont détruites, je n'ai plus qu'à mourir.

PAQUITA.

Oh! ciel!

TRUXILLO.

Mais ce ne sera pas, du moins je l'espère, sans avoir rendu un dernier service à mon pays et à mes amis... Écoutez-moi... nous avons déjà été à l'hôtel du marquis... il n'était pas revenu du palais... il avait fait dire qu'il ne rentrerait pas de la nuit... il compte venir ici, c'est clair.

PAQUITA.

Ne le croyez pas.

TRUXILLO.

Je le désire maintenant, car nous serons là... Je vais réunir mes soldats... et que le bruit des armes, que cet appareil militaire ne vous effraie pas... vous savez que j'ai un ordre à exécuter... je suis obligé de venir ici à minuit, pour arrêter Carascal, que, grâce au ciel, je ne trouverai pas... mais un autre y sera, je l'espère, et malheur à lui !... Adieu, cousine, adieu... ne craignez rien... je veille sur votre mari, et sur vous.

(Il sort.)

SCÈNE V.

PAQUITA, seule.

Je ne puis en revenir encore... et je n'ose jeter les yeux sur moi... j'ai pu aimer un pareil homme! Ah! ce n'est pas lui, c'est moi qu'il faut punir !... Et quand je pense qu'il aura cette audace... O mon Dieu! je t'en supplie... je te le demande à genoux... qu'il ne vienne pas... qu'il ne vienne pas !... et puis, s'il vient, c'est la mort qui l'attend et le menace... Ce n'est pas à moi de le défendre et de le protéger... Mais quand je pense que là... sous mes yeux... moi, plus coupable que lui !... Non, non... que Dieu prononce ailleurs son châtiment et le mien !... je n'en serai pas témoin, je ne l'aurai pas attiré dans le piége... et quoi qu'il arrive... je ne le recevrai pas... (Elle court à la porte d'entrée qu'elle ferme à double tour et aux verrous.) Je n'ouvrirai à personne.

(En ce moment, on voit s'ouvrir la petite porte dérobée qui est à droite. Paquita pousse un cri.) Ah! cette porte dérobée!... c'est lui... plus d'espoir... (Courant à lui.) Monsieur... au nom du ciel... Dieu! ce n'est pas lui!

SCÈNE VI.

LE ROI, PAQUITA.

LE ROI, jetant son manteau.

Heureusement.

PAQUITA.

C'est le roi... Ah! Sire, protégez-moi.

LE ROI.

C'est bien mon intention... je ne viens que pour cela...

PAQUITA.

Que le ciel vous en récompense!

LE ROI.

J'y compte; et cela commence déjà... car c'est bien l'aventure la plus piquante...

AIR : J'en guette un petit de mon âge. (*Les Scythes et les Amazones.*)

Venir la nuit, par la porte secrète,
Grâce à la clef qu'un amant plus heureux
Reçut jadis de votre main discrète...

PAQUITA.

Quoi! le marquis...

LE ROI.

Il m'a fait ses aveux;
Mais à sa place, et par un stratagème,
Ici je suis venu, ce soir;

(La regardant.)

Un bon prince, c'est son devoir,
Doit tout connaître par lui-même.

Et quand le marquis m'a eu confié tout à l'heure, dans mon palais de Quéluz, où nous passions la soirée ensemble, qu'il était attendu ici, à minuit...

PAQUITA.

Quelle indignité!

LE ROI.

Tu as raison... c'était très-mal... Aussi, sois tranquille, je l'ai puni de son indiscrétion... (Souriant.) et cela ne lui arrivera plus... je te le promets...

PAQUITA, à part.

O ciel!

LE ROI.

Il y avait un ordre contre lui... un ordre pour cette nuit, pour demain, que sais-je... cela n'en aurait pas fini.

PAQUITA.

Eh bien! cet ordre?

LE ROI.

Nous l'avons escompté... c'est une affaire faite... (Galamment.) J'étais si impatient, que j'ai tout devancé, même l'heure du rendez-vous... car j'arrive à onze heures... et s'il est vrai que l'exactitude soit la politesse des rois... tu conviendras que je suis ce soir le prince le plus honnête de la chrétienté.

PAQUITA.

En vérité, Sire, je ne puis comprendre d'où nous vient l'honneur d'une pareille visite.

LE ROI, répétant le mot.

L'honneur!... eh mais! quel air... quel ton respectueux! traite-moi sans cérémonie, en amie... là, comme le marquis.

PAQUITA.

Le marquis... ô ciel! vous pourriez croire... lui que je hais, que je déteste!

LE ROI.

Tant mieux... tu auras moins de peine à l'oublier... Cependant tu l'attendais... et ce repas disposé là... au coin du feu... cela se trouve à merveille... car je venais te demander à souper.

PAQUITA.

A moi?

LE ROI.

Voilà le seul objet de ma visite.

PAQUITA.

Ah! mon Dieu! et mon mari qui n'est pas là.

LE ROI.

A quoi bon?... il n'y a que deux couverts.

(Il s'approche de la table.)

PAQUITA.

Comme vous voudrez, Sire... et si en son absence je puis vous faire les honneurs de sa maison et servir Votre Majesté...

LE ROI, auprès de la table.

Me servir... y penses-tu?... c'est moi, au contraire... Allons, mets-toi là... (Il met une chaise devant la table.) près de moi... je t'en prie... je le veux... (Paquita va s'asseoir à la table, à la droite du roi. — A part.) Ce pauvre marquis! m'emparer de tout ce qu'on lui destinait... (Regardant Paquita.) de tout... c'est amusant... encore une usurpation, et de par Dieu!... c'est mieux qu'une couronne. (Haut.) A boire, Paquita... (Il tend son verre. Paquita lui verse en tremblant.) Eh mais! la main tremble..

PAQUITA.

Moi, du tout... (A part.) Ah! je me meurs!

LE ROI.

Le marquis m'a dit que tu avais une voix charmante... je veux l'entendre.

PAQUITA.

Ah! quelle cruauté!

LE ROI, avec colère.

Qu'y a-t-il ?

PAQUITA.

Rien, Sire... j'obéirai.

LE ROI.

A la bonne heure !... (Il se lève, prend une guitare qui était pendue auprès de la cheminée, et la met entre les mains de Paquita, qui la prend en tremblant.) Elle tremble ! c'est charmant... (Il s'asseoit.) Chante, je t'écoute.

PAQUITA.

COUPLETS.

Premier couplet.

(Musique de M. HORMILLE.)

Appui de la Lusitanie,
Toi vers qui s'élève ma voix...

LE ROI, sans l'interrompre.

Bien... un air national.

PAQUITA.

Grand Dieu, protége la patrie,
Veille sur le sang de nos rois !

Ensemble.

LE ROI.

Ah ! que je suis heureux !
Le feu de ses beaux yeux
A dans mon cœur allumé mille feux.

PAQUITA, à part.

Appui des malheureux,
Toi, qui comprends nos vœux,
Délivre-nous de ce monstre odieux !

LE ROI.

Allons, continue...

PAQUITA.

Deuxième couplet.

Sous son sceptre heureux et prospère,
Règnent la justice et la loi ;
De ses sujets il est le père,
Que Dieu protége notre roi !

Ensemble.

LE ROI.

Ah ! que je suis heureux !
Le feu de ses beaux yeux
A dans mon cœur allumé mille feux.

PAQUITA, à part.

Appui des malheureux,
Toi qui comprends nos vœux,
Délivre-nous de ce monstre odieux !

LE ROI, se rapprochant de Paquita.

Brava ! brava... tout ici, m'arrive à la fois.. je bois à la reine de Lisbonne... et toi, Paquita, ne oiras-tu pas à son souverain ?

PAQUITA.

Tous les jours, mon mari et moi nous portons un toast à notre roi, à son bonheur.

LE ROI.

Eh bien ! il dépend de toi en ce moment.

PAQUITA, se levant et venant sur le devant du théâtre.

Non, laissez-moi... jamais.

LE ROI, se levant et avec colère.

Jamais... sais-tu ce qu'un pareil mot peut te coûter de regrets et de larmes ?

PAQUITA.

Mon respect...

LE ROI.

Ah ! garde ton respect... c'est de l'amour qu'il me faut...

Il n'y a pas à Lisbonne une femme qui ne fût fière de celui que tu m'inspires... et toi, tu me repousses!... tu me réponds : « Jamais... » Songes-y, je veux être aimé... je le veux... ou tremble...

PAQUITA, tombant à genoux.

Grâce, grâce, Sire... n'abusez pas du secret qu'un misérable vous a confié... ne m'accablez pas de votre mépris... songez que mon mari est un de vos serviteurs les plus fidèles.

LE ROI, la regardant avec plaisir.

Ah! que tu es belle! tu as donc peur... tu m'aimes?... que les larmes te vont bien... (La relevant et la serrant dans ses bras.) Relève-toi... je n'y résiste plus... je brave en vain tes charmes.

PAQUITA, se dégageant de ses bras.

Et moi je brave ton pouvoir... dût la foudre tomber sur moi, je me donnerais au dernier de tes sujets plutôt qu'à toi, qui n'es qu'un lâche et un tyran.

(Elle s'éloigne de lui.)

LE ROI, avec fureur.

Paquita!

PAQUITA, avec fierté.

Arrière!... qui méprise la vie n'est plus en ta puissance!...

LE ROI, s'approchant.

C'est ce que nous verrons. (Paquita saisit un couteau qui est sur la table et le tient levé sur le roi, qui recule avec effroi.) A mon secours!

(On frappe rudement à la porte.)

VOIX, en dehors.

Ouvrez, ouvrez...

AIR de *la Muette*.

Plus d'esclavage, etc.

LE ROI.

Qu'est-ce que c'est?

TRUXILLO, en dehors.

Ouvrez... de par le roi !

(Paquita laisse tomber le couteau.)

LE ROI, avec joie.

De par le roi... (A Paquita.) Le ciel que tu implorais envoie à mon aide. (Il traverse le théâtre.) Entre là dans cette chambre, (Montrant celle qui est auprès de la cheminée.) moderne Judith ! Tu espérais... mais Dieu aidant, je suis encore sûr de ma tête... tu n'en pourrais peut-être pas dire autant de la tienne. Rentre... et attends mes ordres...

(Paquita entre dans la chambre. — On frappe encore. Le roi va ouvrir la porte.)

SCÈNE VII.

LE ROI, TRUXILLO, PLUSIEURS SOLDATS.

LE ROI, à part.

Des soldats !... à merveille... Ah diable !... régiment de *Tra-los-Montes*... Je n'en connais pas un ; et ils sont, dit-on, animés d'un mauvais esprit. N'importe... sachons ce qui les amène.

(Pendant ce temps Truxillo a rangé ses soldats en dehors de l'appartement, et auprès de la porte.)

TRUXILLO.

N'est-ce pas ici la demeure de Carascal, le luthier ?

LE ROI.

Précisément.

TRUXILLO.

Alors, je vous arrête au nom du roi.

LE ROI, à part.

C'est ma foi vrai... je n'y pensais plus... (Haut.) C'est fort bien, mon brave... mais je vois que tu ne me connais pas... je ne suis point Carascal.

TRUXILLO.

A d'autres... on ne m'abuse pas... Que l'on me suive!

LE ROI.

Je te répète que, grâce au ciel, je ne suis point le mari de la señora Paquita.

TRUXILLO.

Et moi je vous répète que celui qui se trouve chez elle, la nuit, à une pareille heure, ne peut être que son mari... ainsi, marchons.

LE ROI, à part.

Quelle bête brute!... Il faut bien se faire connaître... mais pas devant ce monde... ce serait demain la nouvelle des casernes de Lisbonne. (Haut.) Brigadier... j'ai deux mots à vous dire... à vous seul.

TRUXILLO.

Je ne demande pas mieux... car je veux, dans ce logis surtout, éviter le bruit et l'éclat... (Aux soldats.) Descendez, vous autres, et attendez-moi dans la rue, autour de la maison.

(Pendant que Truxillo parle aux soldats, le roi traverse le théâtre, et se trouve à la gauche de Truxillo.)

SCÈNE VIII.

TRUXILLO, LE ROI.

LE ROI.

Maintenant nous sommes seuls... à nous deux... et puisqu'il faut décliner son nom... je te le répète, je ne suis point Carascal, mais...

TRUXILLO, à demi-voix, avec une fureur concentrée.

Je le savais... Vous êtes le marquis de Mérida.

LE ROI, riant.

Moi!

TRUXILLO.

Le digne favori d'un tyran que je hais... que j'abhorre... et que je voudrais tenir comme je vous tiens en ce moment.

LE ROI, avec effroi, et à part.

Ah! c'est différent... ne nous nommons pas... (Haut, et avec inquiétude.) Eh bien! oui, je suis le marquis.

TRUXILLO.

Misérable!... que viens-tu faire ici?... séduire, déshonorer la femme de mon ami!...

LE ROI.

Je ne dois de comptes qu'à mon souverain... et toi qui parles, crains qu'il ne te punisse un jour de tant d'insolence.

TRUXILLO.

Je ne crains rien, ni de lui, ni de toi... tu n'es plus libre et ta vie est dans mes mains.

LE ROI.

Voudrais-tu attenter à mes jours, sans remords, sans pitié?

TRUXILLO.

De la pitié!... en avais-tu pour cette infortunée que la terreur a livrée à ton amour? en avais-tu pour le malheureux que tu faisais condamner à la prison, pour le déshonorer plus librement?... Ah! quand j'ai tout su, tout appris, j'ai voulu te punir... les venger!... Mais grâce au ciel, le tyran que tu sers s'en est chargé... Tiens, lis ton arrêt de mort... le voilà signé de lui.

LE ROI.

Non, non...

TRUXILLO, lui montrant l'arrêt.

Signé de lui!... reconnais-tu sa main?... C'est encore du sang qu'il demande... mais cette fois du moins, c'est juste... c'est le tien.

LE ROI.

Le mien!... tu oserais...

4

TRUXILLO.

Oui... le valet, en attendant le maître!... Un traître de moins, c'est toujours ça de gagné... Allons, suis-moi!

LE ROI.

Jamais... Écoute, je ne puis t'échapper... sauve-moi... le roi qu'on a trompé, mais qui m'aime, qui tient à ma vie, se chargera de la récompense.

TRUXILLO.

Je ne veux rien de lui... que sa chute... suis-moi!... J'ai là ta sentence... je puis la mettre à exécution à l'instant même.

LE ROI.

Voulez-vous me tuer ici?

TRUXILLO.

Non, non... je vous l'ai dit; point de bruit, point d'éclat... ce serait déshonorer Carascal! (Le regardant avec fureur, et portant la main à son sabre.) Sans cela... Mais venez, descendons.

LE ROI, se sauvant vers le fond.

Je ne sortirai pas...

TRUXILLO.

Vous me suivrez.

LE ROI.

Jamais!

TRUXILLO.

Je saurai bien t'y forcer... j'ai en bas des hommes qui me sont dévoués, je cours les rassembler. (Il va fermer la porte de côté, et emporte la clef.) Je fais approcher une voiture; et tu me suivras... sans bruit, sans résistance... ou sinon!...

LE ROI, élevant la voix.

Ne l'espère pas... on viendra à mon secours.

TRUXILLO.

Personne... car je leur montrerai l'ordre de ton maître... et tous, sans rien dire, laisseront passer la justice du roi.

LE ROI.

Les lâches! les vils esclaves!... Mais tremble que le roi lui-même...

TRUXILLO, avec colère.

Le roi!... Tu vas nous rendre tes comptes... en attendant que Dieu et le Portugal lui demandent les siens.

LE ROI, se précipitant sur ses pas.

Ah! grâce... grâce...

TRUXILLO, le repoussant.

Loin de moi, misérable... Il y a donc une justice !

(Il sort, et ferme la porte en dehors.)

SCÈNE IX.

LE ROI, seul.

Une justice!... Je suis perdu... (On entend fermer la porte.) Ah! me voilà seul... si je pouvais ici... (Il court à la porte secrète qu'il trouve fermée.) Non, là... (Il court de l'autre côté, appelant :) Paquita, Paquita!... (On entend la porte se fermer en dedans au verrou.) Ah! qu'est-ce que je fais?... elle me livrerait plutôt... Ils vont venir... et je ne puis m'échapper... Eh bien! qu'ils viennent, ces soldats... je leur dirai mon nom... ils trembleront devant leur roi légitime!... Mais s'ils sont comme leur chef, ils ne comprendront pas cela... ils veulent ma mort, ils la veulent tous... Oh! non, non... ils n'oseront pas... je les fléchirai par mes larmes, par mes prières... je leur promettrai... tout ce qu'ils voudront... de leur pardonner... d'être juste, clément, humain... (Avec fureur.) Oh! je l'étais trop... il fallait les écraser tous... et si j'étais libre... si... (Se sauvant avec effroi dans un coin du théâtre.) Ah! il me semble les entendre... je tremble... je me meurs... (D'une voix tremblante.) J'ai peur... à moi... à mon secours!... Ah! les voilà!... O mon Dieu, mon Dieu!... sainte Marie-Majeure... saint Michel mon patron... sauvez-moi.

(Il prie.)

SCÈNE X.

CARASCAL, LE ROI.

CARASCAL, *passant la tête à la porte secrète*.

C'est moi.

LE ROI.

Qu'entends-je?

CARASCAL.

Qu'est-ce que c'est que ça?

LE ROI, *se jetant dans ses bras*.

Carascal!

CARASCAL.

Le roi!

LE ROI, *lui mettant la main sur la bouche*.

Silence... Carascal, mon ami, mon sauveur... Ah! viens, viens... je pensais à toi...

CARASCAL.

O mon bon maître!

LE ROI.

Qu'est-ce qui t'amène?

CARASCAL.

Votre salut... J'étais arrivé au bord de la mer, dans une maison à moi, habitée par un vieux pilote qui vient de signaler une flotte française.

LE ROI.

Les Français?...

CARASCAL.

Et il assure qu'au point du jour, elle sera en vue de Lisbonne.

LE ROI.

Les Français!

CARASCAL.

A cette nouvelle, j'ai oublié mes dangers pour ne songer qu'aux vôtres... Je revenais...

LE ROI.

Tu as bien fait... poursuivi cette nuit, par des rebelles, je m'étais précipité chez toi.

CARASCAL.

Chez moi! quel honneur!

LE ROI.

Dis-moi... au bas de cet escalier?

CARASCAL.

Personne... mais j'ai vu des soldats accourir à l'autre rue... du côté de ma boutique.

LE ROI, à part.

Ce sont eux.

CARASCAL.

Je cours les prévenir... vous conduire moi-même.

(Il va vers la porte d'entrée; le roi le retient.)

LE ROI.

Non, reste... j'ai des gardes ici près... le palais est à deux pas... Mon manteau.

CARASCAL.

Mais, Sire...

LE ROI.

Reste, Carascal, silence... ce qui m'est arrivé chez toi, je ne l'oublierai pas... non certes, je ne l'oublierai pas... Et moi qui m'effrayais... qui tremblais!... le ciel veille toujours sur moi... Adieu... adieu... (En sortant.) Ah! les misérables!... comme je vais me venger!

(Il sort par la porte secrète.)

CARASCAL, le suivant des yeux.

Dieu protége Votre Majesté... O mon Dieu! je peux mourir maintenant... j'ai sauvé mon souverain.

SCÈNE XI.

CARASCAL, TRUXILLO, Soldats, puis PAQUITA.

TRUXILLO, à la cantonade.

Entrez tous, suivez-moi. (Apercevant Carascal.) O ciel!

CARASCAL.

Truxillo!

TRUXILLO.

Toi ici!... et lui, où est-il?

CARASCAL.

Qui donc?

TRUXILLO.

Eh bien! lui... le lâche que j'ai renfermé dans cette chambre... le marquis de Mérida.

CARASCAL.

Je n'y ai vu que mon roi.

TRUXILLO.

Le roi... le roi!...

CARASCAL.

Certainement... Quand je suis entré, il était seul, tremblant... royalement, j'ose le dire... poursuivi par des traîtres... il me l'a dit, et je l'ai fait échapper. (Courant à la porte de la chambre de Paquita.) Ma femme, ma femme, j'ai sauvé le roi!

PAQUITA, entrant.

Il est sorti!

TRUXILLO.

Eh quoi! don Miguel!...

PAQUITA.

Oui, c'était lui.

TRUXILLO.

O damnation!... je l'avais en mon pouvoir, et je ne l'ai pas su!

CARASCAL.

Qu'entends-je!... c'est donc vous qui le poursuiviez!... c'est de votre fureur que je l'ai sauvé?

TRUXILLO.

Tu l'as sauvé!... malheureux... et tu t'en réjouis... et tu triomphes de l'avoir rendu à ses vengeances.

CARASCAL.

Dis à son peuple... à son excellent peuple.

PAQUITA.

Apprends donc, toi, son sujet fidèle, quelle récompense il réservait à ton dévoûment... il venait ici pour t'enlever ta femme.

CARASCAL.

Qui oserait le dire?

PAQUITA.

Moi, qui l'ai vu à mes pieds.

CARASCAL.

Tais-toi, tais-toi... un roi par la grâce de Dieu!

TRUXILLO.

Eh bien! démens donc le témoignage de tes yeux. (Lui montrant un papier.) Cette condamnation portée contre toi, et que je dois exécuter, n'est-elle pas écrite de sa main et signée de lui?

CARASCAL.

O ciel! (Se frottant les yeux et relisant encore.) Je m'abuse sans doute. (Après avoir lu.) Non, vraiment.

TRUXILLO.

Heureux qu'il ne t'ait pas traité comme le marquis de Mérida, son ami... qu'il a condamné à mort.

CARASCAL.

A mort!

PAQUITA, avec émotion.

Oui, c'est fini... le marquis n'est plus... le roi l'a dit... et, en pareil cas, le roi ne trompe jamais.

CARASCAL.

Quoi! ce pauvre marquis aussi!... quelle horreur!... notre meilleur ami... ma meilleure pratique!... Ah çà! mais c'est donc un monstre que mon souverain légitime!

TRUXILLO.

Oui, un monstre dont il faut redouter la fureur... il n'oubliera pas ce qui s'est passé ici.

CARASCAL.

Et moi qui l'adorais... moi qui étais si monarchiste... C'est fini... je ne veux plus de rois... je déteste les rois... je suis républicain.

TRUXILLO, passant au milieu.

Écoutez-moi... vous n'avez pas un instant à perdre... dans une heure peut-être, votre maison sera enveloppée.

PAQUITA.

Je me meurs.

CARASCAL.

Je me sauve... mais comment?

TRUXILLO.

Un seul moyen de salut... les Français, que le tyran a outragés, viennent, dit-on, en demander vengeance... et si nous savions les seconder... si nous voulions être libres, nous le serions... Mais, dès à présent, la flotte française vous offre un asile généreux... venez, suivez-moi... je vous conduis au port... vous partez pour la France.

PAQUITA.

Et vous, Truxillo?

CARASCAL.

Tu pars avec nous.

TRUXILLO.

Non... j'ai des amis qui comptent sur moi, et je me dois à mon pays, où il y a encore des victimes à sauver et un tyran à punir... Je reste... l'heure fatale est venue peut-être... Allez, nous nous reverrons, je l'espère... mais si, plus tard, vous apprenez que des soldats ont voulu rendre la liberté au Portugal, et qu'ils sont morts... alors vous donnerez une larme au pauvre Truxillo... Adieu, adieu, mes amis ; partez...

(On entend dans le lointain plusieurs coups de canon.)

LE CHOEUR, en dehors.

La victoire en chantant nous ouvre la barrière, etc.

Ce sont les Français... ils ont forcé l'entrée du port... écoutez, écoutez... et que don Miguel tremble... voici venir la justice des peuples.

(Truxillo sort avec les soldats par la porte à gauche ; Carascal et Paquita sortent par la porte secrète.)

LA
VENGEANCE ITALIENNE

ou

LE FRANÇAIS A FLORENCE

COMÉDIE-VAUDEVILLE EN DEUX ACTES

EN SOCIÉTÉ AVEC MM. DELESTRE POIRSON ET CH. DESNOYERS.

THÉATRE DU GYMNASE. — 23 Janvier 1832.

PERSONNAGES.	ACTEURS.
DORSINI, banquier, prétendu de Laura.	MM. FIRMIN.
FRÉDÉRIC DE RHÉTEL, jeune Français.	ALLAN.
SGRIMAZZI, improvisateur.	NUMA.
GRÉGORIO, spadassin.	KLEIN.
UN DOMESTIQUE.	DUPUIS.
UN SPADASSIN	BOADIER.
LAURA LORENZI, jeune veuve.	Mmes LÉONTINE FAY.
JULIA, sa sœur.	ALLAN-DESPRÉAUX.

CAVALIERS, DAMES, invités par Dorsini et Laura ; SPADASSINS.

A Florence, dans la maison de Dorsini, au premier acte. — Dans le château de Laura Lorenzi, situé sur les bords de l'Arno, au deuxième acte.

LA
VENGEANCE ITALIENNE
ou
LE FRANÇAIS A FLORENCE

ACTE PREMIER

Un salon élégant, chez Dorsini. Porte au fond; portes latérales. La porte à droite de l'acteur est celle qui conduit au salon; à gauche, le cabinet de Dorsini. Une table, sur le devant à droite.

SCÈNE PREMIÈRE.

JULIA, LAURA, UN DOMESTIQUE.

(Julia et Laura entrent toutes les deux par le fond. Le domestique les introduit.)

JULIA, au domestique.

Vous dites que M. Dorsini...

LE DOMESTIQUE.

Est enfermé dans son cabinet, avec un aide-de-camp du général Championnet et le payeur de l'armée française.

LAURA.

Et vous ne savez pas quand il sera libre?

LE DOMESTIQUE.

Non, mesdames; mais je vais guetter le moment de lui annoncer votre arrivée.

(Il sort.)

SCÈNE II.

JULIA, LAURA.

JULIA.

Eh bien! ma sœur, qu'as-tu donc?

LAURA.

Rien, je suis très-satisfaite.

JULIA.

Pourquoi?

LAURA.

Ne pas savoir quand il sera libre!

JULIA.

S'il est occupé... Il faut bien qu'il donne des fonds à l'armée française qui vient à notre secours... Le général en chef n'entend pas raillerie.

LAURA.

S'occuper d'affaires d'intérêt la veille de notre mariage!

JULIA.

Un banquier... D'ailleurs, c'est pour en finir.

AIR : J'en guette un petit de mon âge. (*Les Scythes et les Amazones.*)

Tout au travail, le monde qu'il oublie
De ses calculs n'a pu le déranger;
C'était pour toi, pour embellir ta vie;
Mais il t'épouse, et son sort va changer.
Obéissant à des lois moins austères,

Le plaisir seul le réclame aujourd'hui...
Quand pour jamais il renonce à l'ennui,
Il doit mettre ordre à ses affaires.

LAURA.

Non, tu as beau dire, Julia... je ne suis pas contente de M. Dorsini.

JULIA.

Enfin, que lui reproches-tu?

LAURA.

Il ne m'aime pas.

JULIA.

Lui!

LAURA.

Non, il ne m'aime pas... comme je voudrais être aimée... Je le quitte hier au soir, il manque d'arriver un accident à ma voiture, car, à coup sûr, et sans ce jeune homme qui a arrêté mes chevaux, j'étais précipitée dans l'Arno!... et il n'envoie pas seulement chez moi ce matin s'informer de mes nouvelles.

JULIA.

Il n'en savait rien... pas plus que moi, qui n'ai appris ton aventure que ce matin en m'éveillant.

LAURA.

C'est égal, il devait s'en douter... on se doute de tout quand on aime... par instinct, par pressentiment.

JULIA.

Tu es trop exigeante.

LAURA.

Et toi, tu es trop légère, trop étourdie pour me comprendre.

JULIA.

Il est vrai que nos caractères ne se ressemblent pas... j'ai été élevée en France, et je suis Française dans l'âme.

LAURA.

Moi, je n'ai jamais quitté mon pays, et je suis demeurée tout Italienne.

JULIA.

C'est à dire jalouse et vindicative... Vilains défauts!

LAURA.

Que j'appelle, moi, des qualités, et j'en suis fière... Oui, je suis jalouse, et je ne m'en cache pas. Celui que j'aime en souffrira peut-être, et moi aussi, mais dans ces tourments, il y aura du charme, du bonheur, de la passion! et si je savais que lui-même ne fût pas jaloux, ce soir je romprais avec lui.

JULIA.

De ce côté, tu n'as rien à désirer.

LAURA.

Heureusement... car sans cela, et s'il pouvait m'oublier...

JULIA.

Déjà des projets de vengeance!

LAURA.

Sans doute. Il n'appartient qu'aux âmes froides d'endurer paisiblement une injure, une perfidie, et si jamais celui que j'ai préféré à tous m'était infidèle... si j'en avais la preuve, à l'instant une haine mortelle succéderait à mon amour... je me vengerais cruellement sur le perfide, et sur ma rivale; enfin ce sentiment-là est affreux, abominable! mais que veux-tu?... c'est plus fort que moi... je suis femme, et... je suis Italienne.

JULIA.

Ah mon Dieu! tu me fais peur!

« Et je rends grâce au ciel de n'être pas Romaine. »

LAURA.

Songe donc ce que c'est, lorsqu'on aime, et qu'on croit être aimée, de découvrir qu'on a été trahie... Mais toi, tu n'aimeras jamais.

JULIA.

C'est ce qui te trompe... et quand je pense à ce jeune officier qui, l'autre année, à Milan...

LAURA.

Ce Français que tu as connu dans un bal... M. de Rhétel?

JULIA.

Oui, ma sœur.

LAURA.

Qui t'a fait une déclaration à la première contredanse, et qui l'avait déjà peut-être oubliée à la dernière.

JULIA.

Non pas, car tout le temps que le général Bonaparte est resté à Milan, il y a eu des bals, des fêtes, et M. de Rhétel dansait toujours avec moi... Tu n'y étais pas, tu ne pouvais pas en juger... et quoiqu'il ne fût pas jaloux, je sais, moi, qu'il m'aimait bien.

LAURA.

Et la preuve?

JULIA.

La preuve, c'est qu'il a demandé ma main à ma tante, qui l'a refusé... Ça n'est pas sa faute; il n'avait rien que des épaulettes de lieutenant; mais il promettait, ainsi que son petit général, de conquérir l'Italie, et puis après de venir m'épouser.

LAURA.

Et tu y comptes?

JULIA.

Pourquoi pas? Ils ont tenu leur première promesse, ils peuvent bien tenir la seconde... elle n'est pas si difficile!

LAURA.

Je le veux bien... j'admets qu'il t'épouse... Dis-moi, alors, toi qui ne peux pas comprendre ma jalousie, si, quelques mois après ton mariage, il devenait inconstant, infidèle?

JULIA.

Tu vas prévoir des choses...

LAURA.

Possibles.

JULIA.

Jamais!

LAURA.

Je te dis que si.

JULIA.

Je te dis que non.

LAURA.

Enfin, si cela était, que ferais-tu?

JULIA.

Alors...

LAURA.

Alors?

JULIA.

Je pleurerais.

LAURA.

Et puis?

JULIA.

Je lui reprocherais sa conduite.

LAURA.

Et puis?

JULIA.

A force d'attentions, de douceur, de complaisance, je le ferais repentir, je le ramènerais à mes pieds.

LAURA.

Et quand il serait à tes pieds, tu aurais la faiblesse de lui pardonner?

JULIA.

Peut-être bien, on ne peut pas répondre...

LAURA.

Eh bien! j'en suis fâchée pour toi; mais je suis pour ce que j'en ai dit... tu n'aimes pas.

JULIA.

Et toi tu aimes trop.

LAURA.

Il faut être de son pays.

AIR : Vive, vive l'Italie.

Vive, vive l'Italie!
Point d'amour sans jalousie;
Vive, vive l'Italie!
C'est là qu'on aime vraiment.

JULIA.

Je le sens, France chérie,
Tu vaux mieux que ma patrie;
Car toujours la jalousie
　Est un tourment
　En aimant.

Ensemble.

LAURA.

Vive, vive l'Italie!
Vive, vive l'Italie!

JULIA.

Je le sens, France chérie,
Tu vaux mieux que ma patrie!

LAURA.

Si ton époux volage
D'une autre admirait les attraits?

JULIA.

A mes pieds, je le gage,
Bientôt je le ramènerais.

LAURA.

Si, sans être inconstant,
Auprès de chaque objet charmant
　Il se montrait galant?

JULIA.

J'en rirais.

LAURA.

Je me vengerais!

Ensemble.

LAURA.

Vive, vive l'Italie, etc.

JULIA.

Je le sens, France chérie, etc.

LAURA.

Enfin, voici quelqu'un... M. Dorsini, sans doute. Mon Dieu! non, pas encore!... Je suis d'une colère!...

SCÈNE III.
JULIA, LAURA, SGRIMAZZI.

SGRIMAZZI.

J'ai l'honneur de saluer ces dames.

JULIA bas, à Laura.

Quel est cet original?

SGRIMAZZI.

Oserai-je leur demander si M. Dorsini est sorti?

LAURA.

Non, monsieur... (A Julia.) Encore un importun!

JULIA.

Monsieur est sans doute quelque fournisseur, quelque capitaliste?

SGRIMAZZI.

Au contraire, je suis poète, poète improvisateur... le signor Sgrimazzi, dont vous avez peut-être entendu parler.

JULIA.

Ce beau talent, qui parle en vers, et sans s'arrêter, pendant deux heures de suite?

SGRIMAZZI.

Quelquefois trois, cela dépend du prix.

JULIA.

Votre génie est à l'heure?

SGRIMAZZI.

Oui, signora, c'est ainsi que l'on nous prend... et j'avais un petit compte à régler avec le signor Dorsini.

JULIA.

Vraiment!

SGRIMAZZI.

Oui; il doit épouser une jeune veuve, une veuve charmante, comme toutes celles qui vont se remarier, et il m'a commandé pour ce soir, veille de son mariage, une improvisation sentimentale et chaleureuse, de vers à un demi-ducat la pièce.

LAURA, d'un air aimable.

Est-il possible!

JULIA, souriant.

Ah! cela vous intéresse?

SGRIMAZZI.

Mais pour un banquier, et un banquier amoureux...

LAURA, vivement.

Il l'est donc?

SGRIMAZZI.

Il m'a dit de le dire, et nous disons, nous autres, tout ce qu'on nous commande.

JULIA.

Et vous connaissez celle qu'il épouse?

SGRIMAZZI.

En aucune façon... cela n'est pas nécessaire : (Passant entre Julia et Laura.) nous avons des pensées toutes faites qui servent au moment... nous en tenons un assortiment complet et à juste prix, rangé et serré avec ordre, article par article, je ne dirai pas dans mon portefeuille, car je n'écris jamais.

JULIA.

Où donc?

SGRIMAZZI.

Dans ma tête.

LAURA.

Il faut de la mémoire.

SGRIMAZZI.

La mémoire! signora, la mémoire! c'est le génie de l'improvisateur!... c'est notre imagination à nous autres... Aussi ma tête est une espèce de secrétaire poétique composé d'un certain nombre de tiroirs à l'usage des sonnets, tragédies, opéras et poèmes épiques qu'on nous commande. Nous avons le tiroir de la jalousie, celui de l'amour; nous avons le tiroir des princesses désespérées, et des tyrans farouches; nous avons le tiroir des baptêmes, le tiroir des mariages, le tiroir des odes politiques et monarchiques qu'on fait payer aux têtes couronnées qui les écoutent, les chants patriotiques qu'on fait payer aux peuples qui les chantent, et les dithyrambes de gloire qui m'ont servi pour tous les généraux français et autrichiens, depuis Beaulieu et Wurmser jusqu'au général Bonaparte.

AIR du vaudeville des *Amazones*.

Mais celui-là, je dois le dire,
 Improvise encor mieux que moi,
Et mes tiroirs n'y peuvent plus suffire,
 Ils sont épuisés, sur ma foi!
Chaque poète en dit autant que moi,
 Ce gaillard-là va trop vite à la gloire,

Et pour lui seul, c'est vraiment un abus,
Consommera tant de chants de victoire,
Que pour personne il n'en restera plus.
On fait pour lui tant de chants de victoire,
Que pour personne il n'en restera plus;
Pour personne il n'en restera plus!

JULIA.

Vous avez raison.

SGRIMAZZI.

Pour aujourd'hui, grâce au ciel! je n'ai pas à emboucher la trompette guerrière... nous n'avons besoin que de fleurs.

O hymen! ô hyménée!

Mais encore, et c'est ce que je venais demander, à quelle heure le bal?

LAURA.

A huit heures.

SGRIMAZZI.

C'est bien prompt.

JULIA.

Pour un improvisateur...

SGRIMAZZI.

Affaire d'ordre et d'arrangement... j'aurais déjà commencé ce matin... mais j'ai chez moi un de nos alliés.

JULIA.

Un Français...

SGRIMAZZI.

Oui, mademoiselle; un chef d'escadron, qui est venu depuis hier avec un billet de logement et qui n'a pas cessé de faire un tapage... il fait des armes, il donne du cor, il joue de la guitare avec la signora Sgrimazzi, ma femme... Du reste, charmant jeune homme, joli cavalier, aimable comme on ne l'est pas.

JULIA, bas.

Si c'était!...

SGRIMAZZI.

Et d'une gaieté... il rit toujours.

JULIA, à demi-voix.

Ce n'est pas lui, il pense trop à moi.

LAURA.

Pauvre Julia!

SGRIMAZZI.

Nous sommes amis intimes, quoique je ne le connaisse que depuis hier; il a toujours sur lui ou sur les autres une foule d'aventures à vous raconter, et cela m'embrouille dans mes tiroirs.

LAURA.

Je conçois; je vous prie cependant de ménager votre verve; car je veux y avoir recours.

SGRIMAZZI.

Vous, signora?

LAURA.

Je veux demain, dans un château que j'ai au bord de l'Arno, donner une fête à mes amis, à ma famille; je veux que vous en soyez l'ordonnateur.

SGRIMAZZI.

Vous n'avez qu'à commander.

LAURA.

Je vais écrire mes invitations, et vous aurez à ce sujet tous les détails... Si vous voyez M. Dorsini, ne lui en parlez pas, et dites-lui seulement que deux dames l'attendent là.

SGRIMAZZI.

Je n'y manquerai pas.

(Laura et Julia sortent par la porte à droite.)

SCÈNE IV.

SGRIMAZZI, seul.

Elles sont charmantes toutes deux. Bonne affaire pour moi... avec cela que j'ai besoin d'argent. Madame Sgrimazzi, ma femme, est si coquette, que tous mes vers, même les plus beaux, ceux qu'on me paie le plus cher, ce dernier sonnet sur la tendresse conjugale, tout ça y a passé, pour lui acheter un chapeau neuf à roses pompons, avec lequel je l'ai rencontrée hier donnant le bras à cet officier-payeur de la 32e demi-brigade ; il n'y a pas de mal, je le sais, mais cela vous met en tête des idées biscornues qu'il ne faut pas avoir quand on a, comme moi, aujourd'hui, un chant d'hyménée à improviser. Voyons un peu dans le tiroir l'hyménée, s'il y aurait quelque chose de neuf...

« O hymen! ô hyménée!
« Dieu charmant qui *présides* aux pompes nuptiales,
« Où vas-tu, le front ceint de roses virginales ? »

C'est joli...

« Où vas-tu, le front ceint de roses virginales ? »

J'ai déjà dit cela deux ou trois fois ; mais c'est égal, ces roses-là pourront encore servir.

(Frédéric entre par la porte du fond, introduit par un domestique.)

SCÈNE V.

FRÉDÉRIC, LE DOMESTIQUE, SGRIMAZZI.

LE DOMESTIQUE.

Monsieur, veuillez vous donner la peine de vous asseoir.

FRÉDÉRIC.

Merci, merci, mon garçon. Tâche que je voie ton maître le plus tôt possible, je suis pressé.

(Il lui donne de l'argent.)

LE DOMESTIQUE.

Cela suffit, monsieur.

FRÉDÉRIC.

Ah!... écoute...
(Il lui parle bas un instant. Le domestique entre dans le cabinet de Dorsini.)

SGRIMAZZI, sur le devant du théâtre.

« Où vas-tu, le front ceint de roses virginales? »
(Se frappant le front.)

Ah! mon Dieu non, je n'y pensais plus, c'est une veuve, il faut remplacer les roses virginales par quelque chose de riche.

FRÉDÉRIC, apercevant Sgrimazzi.

Tiens! il y a du monde.

SGRIMAZZI.

Justement elle est riche.
(Déclamant.)
« Où vas-tu, le front ceint de rubis et d'opales? »

FRÉDÉRIC.

Eh parbleu! c'est lui, c'est mon cher hôte, toujours en train de composer.

SGRIMAZZI, à part.

Allons, il est écrit qu'il viendra toujours m'interrompre.

FRÉDÉRIC.

Bravo! que je ne vous dérange pas... continuez.

SGRIMAZZI.

Ah! je vous remercie.
« O hymen! ô hyménée! »

FRÉDÉRIC.

Du reste, à ce que je vois, vous connaissez le maître de cette maison, M. Dorsini?

SGRIMAZZI.

Beaucoup, et vous aussi, n'est-ce pas?

FRÉDÉRIC.

Moi ! pas du tout.

SGRIMAZZI.

Comment se fait-il donc que vous soyez invité au bal qu'il donne ce soir?

FRÉDÉRIC.

Un bal ! il y a un bal, ici, ce soir?

SGRIMAZZI.

Vous ne le saviez pas?

FRÉDÉRIC.

Je viens tout bonnement pour toucher le montant d'une lettre de change. J'ai maintenant des lettres de change. Cela vous étonne, et moi aussi ; car l'année dernière j'étais lieutenant de cavalerie : je n'avais rien que ce que l'on gagne au régiment, des dettes, des coups d'épée, et quelques bonnes fortunes. Ce n'est pas que je m'en vante, mais enfin, si l'on m'aime, je ne peux pas l'empêcher ; et cet amour-là, mon cher ami, m'a porté bonheur à Millesimo, à Arcole, à Rivoli. Capitaine, puis chef d'escadron... c'était bien pour la gloire, ce n'était rien pour la fortune. Lorsqu'un coup de canon... ce diable de canon est original dans ses préférences ! emporte M. Durand, le plus riche fournisseur de l'armée, un cousin à moi, qui ne m'avait jamais parlé de notre parenté, dans la crainte de payer mes dettes, et me voilà millionnaire par droit de succession.

SGRIMAZZI.

Est-ce heureux !... et je me doute que les lettres de change...

FRÉDÉRIC.

Viennent du cousin.

SGRIMAZZI.

Et des fournitures.

FRÉDÉRIC.

AIR du vaudeville du Baiser au porteur.

Je ne t'oublirai de ma vie,
O mon cousin le fournisseur !
Les dépouilles de l'Italie
Vont de droit à ton successeur.

SGRIMAZZI.

Peut-être celles de la France ;
Car grapillant même sur leurs amis ;
Ces messieurs, en fait de finance,
Sont partout en pays conquis.

Mais je crains que vous ne veniez dans un mauvais moment pour M. Dorsini... un bal ce soir, et demain son mariage.

FRÉDÉRIC.

Il est bien heureux s'il aime, et s'il est aimé ; moi, toutes les fois qu'on me parle d'un mariage, cela me fait penser...

SGRIMAZZI.

A quoi ?

FRÉDÉRIC.

A l'unique objet de tous mes vœux, à une jeune personne charmante, d'une illustre famille, d'une grande fortune. On me l'a refusée l'année dernière. Mais maintenant, avec l'aide de Dieu, et du cousin... c'est pour la retrouver que je me rends à Milan, avec une mission du général... (Bas et avec mystère.) Une mission secrète.

SGRIMAZZI.

Vous me l'avez déjà dit.

FRÉDÉRIC.

C'est vrai. Vous ai-je dit aussi la rencontre que j'ai faite ce matin ? une petite ouvrière charmante, une inclination que j'avais eue à Rome, inclination momentanée ! et je la rencontre dans votre maison, au premier !

SGRIMAZZI.

Chez le chanoine?

FRÉDÉRIC.

Dont elle est la gouvernante, et elle m'a donné à déjeuner, un déjeuner destiné à son prétendu; car elle veut faire une fin; elle est recherchée, m'a-t-elle dit, par un homme d'épée.

SGRIMAZZI.

Diable! un homme de cœur!

FRÉDÉRIC.

Je n'en sais rien, mais pour un homme de tête, j'en suis sûr.

SGRIMAZZI.

Comment, est-ce que par hasard?...

FRÉDÉRIC.

Je dis cela à vous, en confidence, parce que vous êtes mon ami, et que vous êtes discret... et puis, c'est fini; je suis enchanté qu'elle se marie, je lui ai fait mon présent de noce, une chaîne d'une cinquantaine de louis, que j'ai échangée comme souvenir contre celle-ci (Montrant celle qu'il a autour du cou.) qui en vaut bien deux ou trois, et qu'elle avait peine à quitter, parce qu'elle venait, ainsi que cette amulette (Montrant celle qui est attachée à la chaîne.) de son prétendu... (Riant.) *Suo caro sposo!*

SGRIMAZZI, froidement et l'interrogeant.

Mon cher monsieur, mon cher ami, comment vous nomme-t-on?

FRÉDÉRIC.

Frédéric de Rhétel.

SGRIMAZZI.

Me permettrez-vous de vous donner un conseil?

FRÉDÉRIC.

Comment donc, vous, mon ami intime! vous, mon hôte! qui avez, de plus, une femme charmante.

SGRIMAZZI.

C'est possible.

FRÉDÉRIC.

C'est entre nous à la vie et à la mort.

SGRIMAZZI.

Vous devez, m'avez-vous dit, rester huit jours à Florence... eh bien! si vous voulez y réussir, il faudra changer tout à fait de manières et de caractère.

FRÉDÉRIC.

Comment, comment !... et pourquoi donc, mon cher ami ?

SGRIMAZZI.

Je vais m'expliquer, mon cher ami. Florence est une ville assez favorable aux bonnes fortunes.

FRÉDÉRIC.

A qui le dites-vous ?

SGRIMAZZI.

Pour mon compte, j'avoue franchement que je n'en ai pas l'expérience.

FRÉDÉRIC.

Comment! vous qui avez tant d'esprit à votre disposition... qui faites des vers...

SGRIMAZZI.

Je travaille pour les autres, et jamais pour moi. D'ailleurs, en fait de bonnes fortunes, j'ai ma femme, et c'est bien assez.

FRÉDÉRIC.

Une femme très-estimable.

SGRIMAZZI.

Oui, mon cher ami.

FRÉDÉRIC.

Que vous n'appréciez peut-être pas assez, car vous ne savez pas tout ce qu'elle vaut.

SGRIMAZZI.

Il ne s'agit pas d'elle, mais de vous... Cela fait deux.

FRÉDÉRIC.

Probablement.

SGRIMAZZI.

Ici donc, les hommes à bonnes fortunes doivent être essentiellement discrets.

FRÉDÉRIC.

C'est par là que je brille. Autrefois, du temps de la monarchie, les Français n'étaient cités dans l'Europe que par leur légèreté et leur indiscrétion. Mais ce n'est plus cela... tout cela est changé par arrêt du Directoire, et maintenant que nous avons la gravité, la probité, la fidélité, ou la mort, nous avons toutes les vertus, témoins nos fournisseurs... mon cousin Durand.

SGRIMAZZI.

Je ne vous parle pas des étourderies de calcul, mais des vôtres, de vos indiscrétions en amour.

FRÉDÉRIC.

Et moi, je vous réponds, mon cher ami, que de ce côté-là j'ai fait mes preuves. Pas plus tard encore qu'hier, une grande dame, une dame de distinction, si j'en juge à l'élégance de ses manières et de son équipage... et si j'avais aimé à me faire valoir, j'aurais pu dire bien des choses.

SGRIMAZZI.

Que vous tairez par prudence, et dans votre intérêt.

FRÉDÉRIC.

Dans mon intérêt?

SGRIMAZZI.

Oui, les indiscrétions peuvent avoir à Florence des suites très-dangereuses.

FRÉDÉRIC.

Ah! très-bien, je vous entends, mon cher ami : les duels,

n'est-il pas vrai? mais c'est notre état à nous autres, nous ne sommes bons qu'à cela.

SGRIMAZZI.

Vous ne me comprenez pas : on ne s'avisera guère d'aller vous chercher querelle, à vous autres vainqueurs de l'Italie. On a à Florence des moyens plus sûrs et moins dangereux, à l'usage des amants et des maris malheureux. Ces messieurs ont plusieurs manières différentes de se débarrasser d'un rival, le poison, le stylet, les braves.

FRÉDÉRIC.

Les braves?...

SGRIMAZZI.

Ce que nous appelons *gli bravi*.

(Ici un homme à moustaches avec une longue rapière, paraît au fond du théâtre.)

SCÈNE VI.

Les mêmes; GRÉGORIO.

GRÉGORIO, parlant au domestique.

Oui, c'est moi; j'ai demandé un rendez-vous à M. Dorsini, il me l'a accordé pour six heures et demie... il est six heures trois quart, et je n'ai pas besoin d'être annoncé.

(Il salue cavalièrement Sgrimazzi. Il traverse le théâtre en faisant sonner sa brette et ses éperons, et entre dans le cabinet de Dorsini.)

SCÈNE VII.

FRÉDÉRIC, SGRIMAZZI

FRÉDÉRIC.

Qu'est-ce que c'est que ce militaire-là?

SGRIMAZZI.

Ce n'est pas un militaire.

FRÉDÉRIC.

Bah! quoi donc?

SGRIMAZZI.

Un des gens dont je vous parlais tout à l'heure... un brave.

FRÉDÉRIC.

C'est drôle! je n'en connais pas de ce régiment-là.

SGRIMAZZI.

C'est la chose du monde la plus simple; vous avez à exercer une vengeance particulière, vous voulez vous débarrasser d'un ennemi, d'un rival; vous faites venir tout bonnement un de ces messieurs, et dans vingt-quatre heures, à l'aide d'une douzaine de gaillards taillés dans son genre, vous êtes vengé moyennant une certaine rétribution.

FRÉDÉRIC.

Mais c'est affreux! c'est infâme!

SGRIMAZZI.

Je ne vous dis pas le contraire; mais cela se fait.

FRÉDÉRIC.

Et l'on autorise en Italie...

SGRIMAZZI.

Non, l'on n'autorise pas, on tolère.

FRÉDÉRIC.

Et c'est déjà mille fois trop... Mais dites-moi, votre M. Dorsini est-il homme à se servir de semblables moyens?

SGRIMAZZI.

Non, non, certainement. Du moins, je ne le crois pas, et je l'avoue, je ne puis rien comprendre à la visite qu'il vient de recevoir. Au surplus, voici notre spadassin, je vais lui demander à lui-même.

FRÉDÉRIC.

Comment, vous parlez à cet homme?

SGRIMAZZI.

Certainement, à part l'exercice de son état, c'est un bon enfant, et un homme de très-bonne compagnie.

SCÈNE VIII.

FRÉDÉRIC, SGRIMAZZI, GRÉGORIO.

(Grégorio sort du cabinet de M. Dorsini; il salue de nouveau Sgrimazzi et va pour sortir par le fond. Sgrimazzi l'arrête.)

SGRIMAZZI.

Pardon, je désirerais avoir l'honneur de causer un instant avec vous.

GRÉGORIO.

Je suis à vos ordres.

SGRIMAZZI.

Vous me voyez fort inquiet de savoir le motif de votre visite à M. Dorsini.

GRÉGORIO.

Simple affaire de politesse. Il va se marier, et comme d'un jour à l'autre, dans sa nouvelle position sociale, il peut avoir besoin de moi et des miens...

SGRIMAZZI.

Comment?

GRÉGORIO.

Oui, en pareil cas, on est exposé à se voir l'objet de quelque mauvaise plaisanterie, on peut même rencontrer des rivaux.

SGRIMAZZI.

C'est vrai.

FRÉDÉRIC.

Cela s'est vu.

GRÉGORIO.

Je suis venu tout bonnement lui faire mes offres de services. Il les a refusées, en me disant qu'en pareil cas il faisait ses affaires lui-même.

FRÉDÉRIC.

Ah! je l'en félicite, j'avais besoin d'apprendre qu'on avait refusé vos services, pour voir M. Dorsini avec plaisir.

GRÉGORIO.

Hein! qu'est-ce que vous dites, monsieur?

FRÉDÉRIC.

Sans le connaître, je l'estime déjà.

SGRIMAZZI, bas à Frédéric.

Taisez-vous donc; vous allez vous faire une méchante affaire.

FRÉDÉRIC.

Que m'importe!

SGRIMAZZI, à Grégorio.

Monsieur est étranger, il est Français, il ignore tout à fait nos usages.

FRÉDÉRIC.

Je m'en vante.

GRÉGORIO, riant avec dédain.

Je comprends, monsieur est de ce pays, où, quand on a reçu une insulte, on se fait tuer pour se venger... c'est admirable! Je ne connais, quant à moi, rien de plus absurde et de plus féroce que le duel.

FRÉDÉRIC.

Monsieur...

GRÉGORIO.

A Florence, monsieur, où l'honneur consiste à ne pas laisser une offense impunie, on a soin que la punition n'atteigne que l'offenseur, et pour cela, il n'y a que notre profession, supplément obligé à l'insuffisance des lois, chevalerie errante du dix-neuvième siècle; et l'institut, j'ose le dire, le plus moral, le plus utile et le plus philanthropique.

FRÉDÉRIC, passant entre Sgrimazzi et Grégorio.

Monsieur le chevalier errant...

GRÉGORIO.

Monsieur le Français...

SGRIMAZZI, bas à Frédéric.

Mais taisez-vous donc, au nom du ciel !

GRÉGORIO.

Je vous écoute.

FRÉDÉRIC.

Avez-vous une femme ?

GRÉGORIO.

Je dois épouser, cette semaine, une personne pieuse, qui est la vertu même.

FRÉDÉRIC.

Eh bien! monsieur le marié, quand vous serez marié... pourvu que votre femme soit jolie, ce que je vous demande avant tout, je me ferai un point d'honneur de...

GRÉGORIO, regardant la chaîne d'or que Frédéric porte à son cou.

Ah! mon Dieu !

FRÉDÉRIC.

Qu'avez-vous donc ?

GRÉGORIO.

Oserai-je vous demander à mon tour d'où vient cette chaîne ?

FRÉDÉRIC.

D'une dame qui m'honore de quelque affection, et qui a daigné me la sacrifier.

GRÉGORIO.

C'est impossible; une amulette que je lui avais donnée!

FRÉDÉRIC, riant.

Quoi ! la signora Camilla est votre future ?

GRÉGORIO, avec colère.

Corpo di Bacco!

FRÉDÉRIC.

Ce prétendu dont elle me parlait, cet homme d'épée !... Enchanté de la rencontre.

SGRIMAZZI, à part.

Allons, pas moyen de le retenir... où vas-tu, malheureux jeune homme !

FRÉDÉRIC.

Moi qui cherchais une occasion de vous faire exercer votre bravoure ! la voilà toute trouvée, et pour votre compte.

GRÉGORIO.

Monsieur, je vous ai dit ce que je pensais sur le duel ; et si je n'étais retenu par mes principes, et surtout par les devoirs de ma profession... mais je travaille pour les autres et jamais pour moi.

FRÉDÉRIC, à Sgrimazzi.

Juste comme vous, mon cher ami.

SGRIMAZZI.

Bien obligé.

GRÉGORIO.

Mais si jamais un de ceux qui daignent m'employer m'adressait à vous, ce qui arrivera, je l'espère, je vous prouverai, monsieur, et avec un rare plaisir, que je suis digne de la confiance dont on m'honore.

FRÉDÉRIC.

Il en pâlit de rage.

AIR de *la Petite Coquette*, (AMÉDÉE DE BEAUPLAN.)

Quoi ! cet amant jaloux,
Monsieur, c'était vous ?
Pour moi quelle gloire !

Voyons! de ma victoire
Me punirez-vous?
Quand nous battrons-nous?

GRÉGORIO.
Vengeance! je le jure!
Par vous je fus trop outragé.

FRÉDÉRIC.
Grâce à votre future,
Moi d'avance je suis vengé.

Ensemble.

SGRIMAZZI.
Allons, en finirez-vous?
Craignez son courroux.
De cette victoire
Pourquoi vous faire gloire?
Mais, mon cher ami, quand vous tairez-vous!

FRÉDÉRIC.
Quoi! cet amant jaloux,
Monsieur, c'était vous?
Pour moi quelle gloire!
Voyons! de ma victoire
Me punirez-vous?
Quand nous battrons-nous?

GRÉGORIO.
Craignez mon courroux!
De cette victoire
C'est trop vous faire gloire;
Oui, malheur à vous!
Craignez mon courroux!

(Il sort.)

FRÉDÉRIC.
Ah! ah! vit-on jamais un plus effronté et un plus lâche coquin!

SGRIMAZZI.
Silence... voici M. Dorsini.

SCÈNE IX.

SGRIMAZZI, FRÉDÉRIC, DORSINI.

DORSINI, sortant de son cabinet, et tenant une lettre à la main. — A Frédéric.

Mille pardons, monsieur, de vous avoir fait attendre.

FRÉDÉRIC.

Il n'y a pas de mal, j'ai fait ici des connaissances originales... et puis j'étais avec un ami.

DORSINI.

Ah! c'est vous, Sgrimazzi?

SGRIMAZZI.

Oui, signor... et je suis chargé de vous prévenir qu'il y a là au salon deux dames qui vous attendent.

DORSINI.

Laura et sa sœur; moi qui venais de leur écrire... (A Frédéric.) Pardon, monsieur.

FRÉDÉRIC.

Comment donc! ne vous gênez pas, à la veille d'un mariage, votre prétendue, peut-être...

(Il va auprès de la table à droite.)

DORSINI.

Précisément.

SGRIMAZZI.

Votre prétendue! moi qui ne la connaissais pas, et cette fête qu'elle m'a commandée pour demain...

DORSINI.

Qui donc?

SGRIMAZZI.

Pardon! c'est une surprise, je ne devais pas vous en parler, mais l'indiscrétion, (Montrant Frédéric qui est à sa droite.) cela se gagne.

DORSINI.

Veuillez bien lui porter cette lettre, que j'allais lui envoyer; et dites-lui que je vais la rejoindre dès que j'aurai terminé avec monsieur.

FRÉDÉRIC.

Nullement, vous irez sur-le-champ; je reviendrai...

DORSINI.

Non, monsieur, les affaires avant tout, et puisque nous sommes sur ce chapitre, voici, mon cher Sgrimazzi, vos honoraires pour l'improvisation de ce soir, une cinquantaine de ducats.

SGRIMAZZI.

Trop généreux patron!

DORSINI.

C'est un bon sur votre voisin, M. Derville, que vous devez connaître.

SGRIMAZZI.

Le payeur de la 32ᵉ demi-brigade! je crois bien, il est toujours chez nous.

FRÉDÉRIC.

Un camarade à moi, un bon enfant que j'ai revu aujourd'hui avec un grand plaisir. Il paraît que ce gaillard-là s'en donne à Florence, et que rien ne lui résiste...

(Un domestique entre et remet des papiers à Dorsini, qui va s'asseoir à la table pour les lire.)

DORSINI.

Vraiment?

FRÉDÉRIC.

J'avais été chez lui hier en arrivant; mais il était à la promenade avec sa maîtresse.

SGRIMAZZI, avec inquiétude.

Comment cela ?

FRÉDÉRIC.

Comment! comment! comme on se promène, il m'en a parlé ce matin, sans me la nommer, parce que c'est la discrétion même; mais il paraît que c'est une petite brune charmante.

SGRIMAZZI.

Une brune! et il se promenait hier, avec elle?...

FRÉDÉRIC.

Sans doute.

SGRIMAZZI.

Ah! mon Dieu! savez-vous si elle avait un chapeau avec des roses pompons?

FRÉDÉRIC.

Je lui demanderai, et je vous le dirai.

SGRIMAZZI.

Vous me ferez plaisir. (A part, en s'en allant.) Hier, avec elle, à la promenade... moi qui les ai rencontrés... si c'était... Diable de jeune homme, avec ses histoires!... je ne pourrai trouver un seul vers à présent.

(Il sort.)

SCÈNE X.

DORSINI, FRÉDÉRIC.

DORSINI, se levant.

A nous deux maintenant, monsieur.

FRÉDÉRIC.

C'est d'abord une lettre de change de mille écus, et puis une lettre de crédit que l'on m'a remise pour vous.

(Il la lui donne. — Dorsini remet la lettre de change au domestique, qui entre dans le cabinet.)

DORSINI, regardant la lettre.

La maison Bartholomeo de Naples... fort bien. De quelle somme auriez-vous besoin?

FRÉDÉRIC.

D'une vingtaine de mille francs, pour aller gaillardement d'ici à Milan, et pour y faire un peu figure, car je suis comme vous, je vais me marier.

DORSINI.

En vérité?

FRÉDÉRIC.

C'est un bel état que celui de prétendu! il est si doux de se dire : « Je vais me marier. »

DORSINI.

C'est comme si on l'était.

(Le domestique entre portant trois rouleaux d'or qu'il dépose sur la table, et sort.)

FRÉDÉRIC.

C'est mieux encore; parce qu'on ne l'est pas, et qu'on a l'espoir, la crainte... vous devez connaître cela.

DORSINI.

Parfaitement.

FRÉDÉRIC.

Mais il y a aussi des inconvénients; il faut être sage, il faut veiller sur soi, s'observer. Vous devez avoir de la peine à Florence, car la ville me paraît fort agréable, et les femmes charmantes.

DORSINI.

Oui, monsieur.

FRÉDÉRIC.

Je ne puis guère en juger, puisque je ne suis arrivé que d'hier; mais avant même d'entrer dans la ville, et comme si la providence m'eût attendu pour cela, j'ai été le héros d'une aventure délicieuse.

DORSINI.

C'est fort heureux.

FRÉDÉRIC.

N'est-il pas vrai?

DORSINI, lui présentant les rouleaux.

Voici votre argent.

FRÉDÉRIC, les prenant et continuant à parler.

Imaginez-vous que sur la route, et au bord de l'Arno, je vois venir à moi une voiture élégante, qui avait l'air de sortir de la ville, et qui était lancée comme une flèche; les chevaux furieux avaient pris le mors aux dents, le cocher avait perdu la tête, et ses guides trainaient à terre; je les saisis avec tant de bonheur et tant de force que j'arrête l'équipage, juste au bord du fleuve.

DORSINI.

Il était temps.

FRÉDÉRIC.

Je m'élance à la portière; je vois une femme charmante! je crie au cocher : à l'hôtel; et nous arrivons à une habitation délicieuse, où mon inconnue, qui était revenue à elle, me reçoit avec une grâce, un charme, et surtout une reconnaissance... Vrai, monsieur, quoique Français, je n'y mets point d'esprit national, et j'avoue qu'il n'y a rien de comparable à vos compatriotes.

DORSINI.

Et la fin de l'aventure?

FRÉDÉRIC.

Ah! monsieur, vous m'en demandez trop.

AIR : Comme il m'aimait. (*M. Sans-Gêne.*)

COUPLETS.

Premier couplet.

Je suis discret. (*Bis.*)
N'insistez pas, je vous conjure;

La belle... mais c'est un secret,
M'offrit des glaces, un sorbet.

DORSINI.

Un sorbet!...

FRÉDÉRIC.

Voilà, je le jure,
Comment a fini l'aventure.
Je suis discret. (4 *fois*.)

Deuxième couplet.

Je suis discret. (*Bis*.)
Mais je ne pourrai, sur mon âme,
Sans me rappeler cette dame,
Prendre ni glace, ni sorbet;
Vous êtes curieux, je gage...
Mais je n'en dis pas davantage.
Je suis discret. (*Bis*.)

DORSINI.

Il y paraît. (*Bis*.)

Vous ne comptez pas votre or?

FRÉDÉRIC.

Avec vous, inutile. Trois rouleaux de mille francs, c'est le compte.

DORSINI.

Comme vous voudrez. Je vais maintenant à ma caisse chercher vos vingt mille francs. (Il va à son cabinet. S'arrêtant au moment d'y entrer.) A moins que vous n'aimiez mieux attendre, et rester ce soir à mon bal.

FRÉDÉRIC.

Impossible! des affaires... un rendez-vous.

DORSINI.

Je comprends, on vous a promis un second sorbet.

FRÉDÉRIC.

Je ne dis pas cela.

DORSINI.

Sans doute, vous êtes discret, comme vous le disiez tout à l'heure, et vous faites bien, car on n'est pas ici comme en France. Je suis à vous, et je reviens... (A part en s'en allant.) Allons, il est un peu fat, et c'est dommage; car, sans cela, il serait fort aimable.

(Il rentre dans son cabinet.)

SCÈNE XI.

FRÉDÉRIC, seul.

Discret, discret! ils n'ont que cela à me rappeler. Certainement que je le suis, et j'ai été, dans cette occasion, d'une réserve que j'aurai toujours, parce que le désir de briller, de prouver qu'on a un peu plus d'esprit qu'un autre, vous fait dire bien des choses qu'on devrait taire; mais tout à l'heure... je n'ai rien à me reprocher, pas un mot qui puisse compromettre... Je sais bien après cela que mon silence même pourrait peut-être faire croire... Mais où est le mal? il ne la connaît pas, ni moi non plus, et à l'avenir, je jure bien de ne plus dire que ce qui sera vrai. (Regardant du côté du salon.) Ah! mon Dieu! qu'est-ce que je vois! cette taille... ces yeux... celle que j'aime! c'est bien elle!... elle est ici... Ah! que je suis heureux!

SCÈNE XII.

JULIA, FRÉDÉRIC.

(Au moment où Julia entre en scène, Frédéric court précipitamment se jeter à ses genoux.)

FRÉDÉRIC.

Chère Julia!

JULIA.

Ciel! c'est lui! Ah! monsieur, vous m'avez fait une peur!... Mais relevez-vous donc, si on venait...

FRÉDÉRIC.

Vous ici! quand j'allais vous chercher à Milan?

JULIA.

Je suis venue à Florence, avec ma tante, pour le mariage de ma sœur, qui épouse M. Dorsini.

FRÉDÉRIC.

Toute la famille réunie! suite de mon bonheur; car je viens de nouveau demander votre main.

JULIA, à part.

Ah! j'en étais bien sûre.

FRÉDÉRIC.

Et cette année, on ne me refusera pas, je suis millionnaire, je suis monté en grade; chef d'escadron, et je serais même colonel, si notre général de brigade ne m'en voulait pas, à cause d'une aventure avec sa femme...

JULIA, vivement.

Comment, monsieur?

FRÉDÉRIC, à part.

Qu'est-ce que je dis là!... (haut.) Une femme que je ne pouvais pas souffrir, que je n'invitais jamais à danser; ce n'est pas comme vous.

JULIA.

A la bonne heure!

FRÉDÉRIC.

Et le mari s'est formalisé : un mari susceptible, il y en a tant.

JULIA.

Je comprends.

FRÉDÉRIC.

Aussi, une fois marié, je suis décidé à quitter la carrière des armes, pour celle de la diplomatie.

JULIA.

Ah! que vous aurez raison!

FRÉDÉRIC.

N'est-ce pas? c'est ma véritable vocation, les secrets d'État ne sont pas plus difficiles à garder que les autres; la moitié du temps, il n'y en a pas; et ceux-là, je ne les dirai à personne.

JULIA.

Excepté à moi.

FRÉDÉRIC.

Sans doute; sa femme, c'est un autre soi-même.

JULIA.

Et vous venez donc ce soir à ce bal?

FRÉDÉRIC.

Eh! mon Dieu! non, M. Dorsini m'avait invité, j'ai refusé.

JULIA.

Quelle maladresse!

FRÉDÉRIC.

J'accepte maintenant, et sans façon; chez un beau-frère! je le lui dirai.

JULIA.

Eh! non, monsieur, gardez-vous en bien; est-ce qu'on parle ainsi de ces choses-là? je vous recommande au contraire le plus grand silence.

FRÉDÉRIC.

Dès que vous l'ordonnez, cela ne me coûtera rien, mais à condition que vous danserez avec moi toute la soirée.

JULIA.

Silence! M. Dorsini.

SCÈNE XIII.

JULIA, FRÉDÉRIC, DORSINI.

DORSINI, présentant des billets de banque à Frédéric.

Voici, monsieur, toute votre somme. (Frédéric va à la table et écrit. A Julia.) Bonjour, ma jolie belle-sœur. Laura est-elle bien en colère contre moi?

JULIA.

Votre lettre l'a un peu apaisée.

FRÉDÉRIC, à Dorsini.

Voici mon reçu, et j'ai de plus réfléchi à votre aimable proposition, et je me fais un plaisir de rester à votre bal.

DORSINI.

Ah! vous restez ! enchanté, et puis-je savoir quel heureux événement vous a fait changer d'idée?

FRÉDÉRIC, étourdiment.

Ah! c'est que, voyez-vous... (Rencontrant un regard de Julia.) Pardon, je ne puis le dire, une aventure... une rencontre... un ordre auquel il m'est doux d'obéir... enfin je reste.

DORSINI, souriant.

C'est l'essentiel, et je devine aisément, vous aurez appris que votre belle inconnue d'hier devait se trouver à mon bal.

JULIA.

Comment! qu'est-ce que c'est? hier, une inconnue...

FRÉDÉRIC, à Dorsini.

Taisez-vous donc. (A part.) Il y a des gens d'une indiscrétion...

DORSINI, étonné, et les regardant tous deux.

Eh mais! quel intérêt Julia, ma belle-sœur, peut-elle prendre à cette aventure?

FRÉDÉRIC.

Aucun certainement ; mais il est des choses que devant une demoiselle...

JULIA, à demi-voix, à Frédéric.

Je saurai ce que c'est, monsieur.

FRÉDÉRIC, à part.

Je suis sur les épines... (On entend la ritournelle du chœur.) Heureusement, voilà du monde qui vient à mon secours.

SCÈNE XIV.

Les mêmes ; Gens du bal, Cavaliers et Dames invités ; puis LAURA.

LE CHŒUR.

AIR : Finale du premier acte de *Gillette*.

Chantons un si doux hyménée.
Pour leur plaire unissons-nous tous ;
Puisse durer longtemps la chaîne fortunée
Qui va joindre ces deux époux !

(Pendant le chœur, Laura est entrée ; Dorsini la prend par la main ; ils font ensemble le tour de l'assemblée, en saluant tous les invités. Au moment où Laura arrive sur le devant de la scène, elle lève les yeux sur Frédéric, qui la reconnoît, et fait un geste de surprise.)

FRÉDÉRIC.

Ah ! mon Dieu !

LAURA, d'un air aimable.

Comment ! monsieur, c'est vous ? Que je suis heureuse de vous rencontrer.

FRÉDÉRIC, embarrassé.

Et moi, donc, j'étais loin de m'attendre...

DORSINI, à Laura.

Vous connaissez monsieur ?

LAURA.

Certainement.

JULIA.

Vous, ma sœur?

LAURA.

C'est mon libérateur que je vous présente.

DORSINI.

Que dites-vous?

JULIA, à Frédéric.

Ah! que je vous remercie!

FRÉDÉRIC, avec embarras.

Du tout, du tout, je vous en prie, ne parlons pas de cela.

LAURA.

Au contraire. (A Dorsini.) Apprenez, mon ami, que sans monsieur, sans son généreux secours, mes chevaux me précipitaient hier dans l'Arno.

DORSINI, avec colère.

Grand Dieu! qu'entends-je!

LAURA.

Ne prenez pas un air si effrayé, il n'est rien arrivé de fâcheux.

FRÉDÉRIC, à part.

Impossible de l'arrêter, ni de lui faire comprendre...

DORSINI, à Frédéric.

Quoi! c'était madame?

FRÉDÉRIC.

Mais oui... je ne reconnaissais pas d'abord.... (A demi-voix.) Mais croyez, monsieur, que de tout ce que j'ai dit, il n'y a rien de vrai.

DORSINI, avec colère et à demi-voix.

Il suffit, monsieur... (Haut à Laura.) Et vous avez ainsi laissé partir votre libérateur sans lui témoigner votre reconnaissance?

LAURA.

Non, certainement : monsieur a daigné accepter l'offre que je lui ai faite de venir chez moi, et je l'ai reçu de mon mieux ; je lui ai offert...

DORSINI.

Des glaces, un sorbet.

LAURA, riant.

Ah ! vous savez...

DORSINI, à demi-voix, et avec colère.

Oui, madame, je sais tout, et vous n'avez plus besoin de feindre.

LAURA, effrayée.

Qu'est-ce à dire ?... qu'avez-vous ?

JULIA.

Ma sœur, qu'y a-t-il donc ?

FRÉDÉRIC, à part.

C'est fini ! ils ont tous une rage de parler ; je n'ai jamais été comme cela.

SCÈNE XV.

LES MÊMES ; SGRIMAZZI, arrivant par le fond.

SGRIMAZZI.

Me voilà... me voilà !

(Déclamant.)

« O hymen ! ô hyménée !
« Dieu charmant qui *présides* aux pompes nuptiales,
« Où vas-tu, le front ceint de rubis et d'opales ?
« Tu vas, d'un pied léger, chez l'heureux Dorsini,
« Tu vas à ses trésors ajouter aujourd'hui
« Des trésors bien plus doux d'amour et de constance. »

DORSINI, à part.

Oui, de constance !... (Allant à Sgrimazzi.) Il suffit, Sgrimazzi, n'allez pas plus loin, il est inutile de parler de ce mariage, que des raisons m'obligent à différer... (Bas à Laura.) Rompu à jamais... tout est fini. (Ici la musique commence. Il va prendre Frédéric par la main, et lui dit à voix basse.) Monsieur, quelles sont vos armes?

FRÉDÉRIC.

Daignez m'écouter...

DORSINI.

Vous me suivrez à l'instant au bord de l'Arno.

FRÉDÉRIC.

Je ne demande pas mieux; mais je vous atteste...

DORSINI.

Que vous êtes un lâche.

FRÉDÉRIC.

Excepté cela, je vous accorde tout le reste.

FINALE.

Ensemble.

AIR : Le regret, la douleur. (*Léocadie.*)

DORSINI.

Plus d'hymen, de bonheur!
Je sens la jalousie
Et sa sombre fureur
S'emparer de mon cœur...
Trahi dans ma patrie,
Pour un fat étranger,
De tant de perfidie
Je saurai me venger.

LAURA.

Plus d'hymen, de bonheur!
Quelle est cette folie?
Je le vois, la fureur
S'empare de son cœur.
D'où vient tant de furie
Contre cet étranger?
De tant de jalousie
Je saurai me venger.

FRÉDÉRIC.

Je voudrais de grand cœur
Guérir sa jalousie;
Mais je ne puis, d'honneur,
Souffrir tant de fureur.
Ah! vive ma patrie!
Je vois qu'un étranger
Ne peut, en Italie,
Plaisanter sans danger.

JULIA, montrant Dorsini.

Sous un calme trompeur
Il cache sa furie.
Ah! pour ma pauvre sœur
Je crains quelque malheur.
Ah ! pour quelque folie
Peut-on ainsi changer?
De tant de jalousie
Comment le corriger?

SGRIMAZZI.

Ma tirade, en honneur,
Eût été fort jolie,
Chacun avec fureur
Eût applaudi l'auteur.
Un trait seul de l'envie
A pu tout déranger;
La palme du génie
En cyprès va changer.

DORSINI, bas à Frédéric.

Sur les bords de l'Arno, demain.

FRÉDÉRIC, gaiement.

    Ce lieu m'enchante.

DORSINI, de même.

Au bois des peupliers.

FRÉDÉRIC.

  Promenade charmante.

DORSINI.
Sous les coups d'un de nous l'autre devra périr.
FRÉDÉRIC, gaiement.
Mais, monsieur... si cela peut vous faire plaisir.

Ensemble.

FRÉDÉRIC.
Je voudrais de grand cœur, etc.

DORSINI.
Plus d'hymen, de bonheur! etc.

LAURA.
Plus d'hymen, de bonheur! etc.

JULIA.
Sous un calme trompeur, etc.

SGRIMAZZI.
Ma tirade, en honneur, etc.

LE CHŒUR.
Cette fête, en honneur,
Eût été fort jolie!
D'où vient que la fureur
Semble agiter leur cœur?
Quelle est cette folie?
Hélas! cet étranger,
Par quelque étourderie,
Vient de tout déranger.

ACTE DEUXIÈME

Un salon gothique dans le château de Laura Lorenzi. Au fond, une grande cheminée, au-dessus de laquelle se trouve un tableau représentant Françoise de Rimini : aux deux côtés de la cheminée, une porte. Deux grandes portes latérales. Une croisée à droite de l'acteur. De l'autre côté, et un peu sur le devant, table avec papier, écritoire et plumes. Sur les côtés, deux grands tableaux représentant Othello et Gabrielle de Vergy.

SCÈNE PREMIÈRE.

(Ouverture lente et mystérieuse. — Lorsque la toile se lève, deux sons de cor, dont l'un semble partir du château, et l'autre de l'extérieur. L'ouverture se termine en *crescendo*, et l'on entend à l'extérieur la voix de Frédéric et celle de Sgrimazzi.)

FRÉDÉRIC, SGRIMAZZI.

SGRIMAZZI, en dehors.

Non, non, je n'entrerai pas; je veux savoir où l'on me conduit.

FRÉDÉRIC, en dehors.

Taisez-vous donc, Sgrimazzi ; entrons toujours.

(Ici Frédéric et Sgrimazzi entrent par la porte à gauche, à côté de la cheminée ; et immédiatement après leur entrée, elle est fermée à double tour. — Il fait nuit.)

FRÉDÉRIC.

Allons, c'est fini, nous voilà prisonniers.

SGRIMAZZI, allant regarder par la fenêtre.

Soixante pieds de hauteur; pas moyen de s'échapper.

FRÉDÉRIC.

C'est bien l'aventure la plus délicieuse...

SGRIMAZZI.

La plus épouvantable...

FRÉDÉRIC.

C'est la première fois de ma vie que je suis enlevé.

SGRIMAZZI.

Et moi aussi; mais je m'en passerais bien.

FRÉDÉRIC.

Certainement j'ai eu en France bien des bonnes fortunes, mais pas une seule dont les préliminaires ressemblassent à ce qui m'arrive aujourd'hui.

SGRIMAZZI.

Jolis, les préliminaires : arrêtés sur le grand chemin par des hommes masqués, dans votre voiture, où je suis bien fâché maintenant d'avoir accepté une place.

FRÉDÉRIC.

J'ai cru vous rendre service; j'avais affaire ce matin au bord de l'Arno, vous veniez de ce côté.

SGRIMAZZI.

Oui, au château de la signora Lorenzi, qui m'avait ordonné pour aujourd'hui un bal, une fête; mon monde, mes musiciens, tout est commandé pour ce soir, et je n'y serai pas, et l'on va m'attendre!...

FRÉDÉRIC.

Bah! vous ne serez pas le seul qu'on attendra aujourd'hui. (A demi-voix.) Et Dorsini! ce duel... je suis désolé; mais ce sera pour demain; quand il y a force majeure, quand il saura que je suis, malgré moi, en bonne fortune...

SGRIMAZZI.

En bonne fortune!... il y tient. Mais malheureux jeune homme, vous rêvez tout éveillé, vous allez vous créer des chimères...

FRÉDÉRIC.

Cela te paraît tel, à toi qui ne t'y connais pas, qui n'en as pas l'habitude; mais moi, je suis sûr de mon fait, c'est une aventure galante.

SGRIMAZZI.

C'est un guet-apens, une vengeance italienne.

FRÉDÉRIC.

Quelque jeune veuve à l'esprit romanesque.

SGRIMAZZI.

Ou plutôt un mari à l'humeur vindicative, un amant jaloux, un tuteur, que sais-je? Vous aurez tenu quelques propos indiscrets sur sa femme, ou sa maîtresse, ou sa pupille; vous n'en faites jamais d'autres!

FRÉDÉRIC.

Eh! tu as raison, ne parlons pas de cela. Cette aventure-ci me charmait, parce qu'elle me faisait oublier celle d'hier, qui me revient toujours à l'esprit, c'est indigne à moi.

SGRIMAZZI.

Qu'est-ce donc?

FRÉDÉRIC.

Ce pauvre Dorsini dont j'ai détruit le bonheur... et me voir forcé encore de menacer ses jours!

SGRIMAZZI.

Qu'entends-je?

FRÉDÉRIC.

Eh oui!... vous ne devinez rien. Nous devions nous battre ce matin au bord de l'Arno; mon ami Derville, que j'ai prévenu, devait être mon témoin.

SGRIMAZZI.

Vous battre !... et pourquoi ?

FRÉDÉRIC, riant.

Pourquoi ! parce que, mon cher ami... (Se reprenant.) Mais non, c'est fini, me voilà corrigé. Je serai discret maintenant ; et pour changer de conversation, j'ai vu ce matin Derville, je me suis chargé de votre commission d'hier.

SGRIMAZZI.

Ah ! mon Dieu !

FRÉDÉRIC.

Je lui ai demandé si la dame à qui il donnait le bras l'autre jour avait un chapeau avec des roses pompons.

SGRIMAZZI, avec crainte.

Eh bien ?

FRÉDÉRIC.

Il a ri, et m'a dit que oui.

SGRIMAZZI, avec désespoir.

Plus de doute, c'était ma femme !

FRÉDÉRIC.

La signora Sgrimazzi ?

SGRIMAZZI.

Oui, monsieur.

(On entend un troisième son de cor.)

SGRIMAZZI, tremblant.

Ah ! mon Dieu ! si je n'avais pas peur, comme je serais en colère !... mais je n'en ai pas le temps. Avez-vous entendu ?

FRÉDÉRIC.

Sans doute ; c'est un signal, on va venir.

SGRIMAZZI.

On va venir, et pourquoi ?

FRÉDÉRIC.

Belle demande!... on ne nous a pas enlevés pour rien; c'est-à-dire enlevés... toi, cela ne te regarde pas, car tu étais dans ma voiture, tu es de trop ici.

SGRIMAZZI.

Si je vous gêne, je ne demande pas mieux que de m'en aller...

FRÉDÉRIC.

Cela sera bien peut-être, car j'ai là un doux pressentiment qui ne me trompe jamais.

SGRIMAZZI.

Moi, j'en ai un qui me fait frémir.

FRÉDÉRIC, parcourant le salon.

Pauvre homme! (Examinant le tableau qui est au-dessus de la cheminée.) Tiens, qu'est-ce que c'est que ce tableau-là?

SGRIMAZZI, s'approchant.

Attendez donc!... Françoise de Rimini, un jaloux qui assassine son rival et sa maîtresse infidèle.

FRÉDÉRIC.

A merveille!... (Regardant sur le mur à droite.) Ici un Othello.

SGRIMAZZI, regardant à gauche.

Et là, une Gabrielle de Vergy.

FRÉDÉRIC.

Beau coloris, belle perspective!

SGRIMAZZI.

Oui, une perspective rassurante!

AIR: L'hymen est un lien charmant. (*Léonce*.)

Voyez donc ces maris jaloux...
Dans tous leurs traits quelle furie!

FRÉDÉRIC.

Vois que Desdémone est jolie!

SGRIMAZZI.

Quels regards ils lancent sur nous !
Messieurs, calmez votre courroux.

FRÉDÉRIC.

Si quelqu'un a pu vous déplaire,
Ah ! croyez-moi, ce n'est pas lui.
Messieurs, je suis célibataire,
Je mérite votre colère.

SGRIMAZZI.

Moi, comme vous, je suis mari ;
Ah ! n'immolez pas un confrère...
Moi, comme vous, je suis mari ;
Vous respecterez un confrère.

FRÉDÉRIC.

Ces femmes italiennes ont un singulier goût pour la décoration de leur boudoir. Silence ! la porte s'ouvre, j'entends marcher.

SGRIMAZZI.

Voici le moment critique ; pauvre Sgrimazzi !... où t'a conduit ta mauvaise étoile !

(La porte à droite de la cheminée s'ouvre.)

FRÉDÉRIC, regardant de ce côté.

C'est bien cela !... une robe blanche qui se dessine dans l'ombre ; c'est une femme !...

SGRIMAZZI, regardant.

Une femme !... c'est ma foi vrai !... Est-ce qu'il aurait raison ?

SCÈNE II.

LES MÊMES ; UNE FEMME, avec un demi-masque entre suivie de QUELQUES AFFIDÉS couverts de manteaux noirs.

FRÉDÉRIC, bas à Sgrimazzi.

Elle est masquée ; mais sa taille, sa démarche... hein !... qu'en dites-vous ?

SGRIMAZZI.

Je dis que pour un tête-à-tête, je n'aime pas (Montrant les affidés.) ces témoins qui l'accompagnent.

FRÉDÉRIC.

Elle a l'air distingué.

SGRIMAZZI.

Oui, j'aime mieux l'air que les accompagnements.

LA JEUNE DAME, désignant Frédéric.

Je veux parler à monsieur.

FRÉDÉRIC.

A moi?

LA JEUNE DAME, s'avançant.

Qu'on me laisse seule avec lui.

(Les affidés restent dans le fond.)

SGRIMAZZI.

Et que va-t-on faire de moi?

LA JEUNE DAME.

Vous, signor Sgrimazzi...

SGRIMAZZI.

Je suis connu...

LA JEUNE DAME.

Vous allez vous rendre sous escorte au bord de l'Arno, au bois de peupliers, vous y trouverez le signor Dorsini, vous lui direz que M. Frédéric de Rhétel l'attend ici, dans ce château, où vous l'amènerez.

SGRIMAZZI.

Pardon, belle inconnue; mais je me permettrai de vous dire que j'ai des affaires personnelles pour aujourd'hui, une fête chez une dame de la plus haute distinction.

LA JEUNE DAME.

Vous m'obéirez, il y va de votre tête.

SGRIMAZZI.

C'est différent; les affaires avant tout.

FRÉDÉRIC, à part.

Je commence à n'y rien comprendre.

SGRIMAZZI, bas à Frédéric.

Le signor Dorsini... si c'est là le rendez-vous que vous espériez!

FRÉDÉRIC, gaiement.

Que veux-tu?... cela fera deux rendez-vous.

LA JEUNE DAME, à deux de ses acolytes.

Qu'on l'emmène... (A Sgrimazzi.) Songez à mes ordres : zèle, discrétion, et surtout prompt retour.

SGRIMAZZI.

Oui, signora. (A part.) Diable de Français dont je ne peux pas me séparer!... Si jamais je me rencontre avec lui... (Haut.) Je pars, signora, et je reviens, parce qu'il est des lieux... où malgré soi... l'on revient toujours. (A part.) C'est fini, la verve n'y est plus!...

(Il sort.)

SCÈNE III.

LA JEUNE DAME, FRÉDÉRIC.

FRÉDÉRIC.

Enfin, il est parti, et je puis vous témoigner à la fois mon étonnement et le plaisir que j'éprouve.

LAURA, ôtant son masque.

Me reconnaissez-vous, monsieur?

FRÉDÉRIC.

Madame Lorenzi!

LAURA.

Moi-même, qui, pour la seconde fois, vous reçois chez moi.

FRÉDÉRIC.

Ah! ce château vous appartient?

LAURA.

Cette seconde visite vous plaira peut-être moins que la première; car, cette fois, vous aurez plus de peine à vous vanter de votre bonne fortune.

FRÉDÉRIC.

Moi, madame?

LAURA.

C'est ce que vous avez déjà fait; oserez-vous le nier?

FRÉDÉRIC.

J'ai raconté simplement à M. Dorsini l'aimable accueil que j'ai reçu de vous.

LAURA.

Mais l'air et le ton dont vous avez fait ce récit ne lui ont-ils pas fait supposer que j'avais cessé de mériter son amour?... vous ne répondez pas?

FRÉDÉRIC, avec embarras.

Je ne dis pas que peut-être... il ait pu interpréter...

LAURA.

Vous m'avez donc calomniée; et, indigne désormais du nom d'honnête homme, vous avez menti.

FRÉDÉRIC, avec indignation.

Madame!

LAURA.

Ah! je puis vous flétrir d'un tel outrage, vous l'avez mérité!... mais moi, à qui vous en avez fait un plus grand encore, en quoi vous avais-je offensé? et vous m'avez déshonorée aux yeux de celui que j'aimais, et dont j'étais aimée; vous avez rompu mon mariage.

AIR : Époux imprudent! fils rebelle! (*Monsieur Guillaume.*)

D'un imposteur si la voix ennemie
    Vous attaque dans votre honneur,
Laisserez-vous son audace impunie?
Non, j'en réponds... votre juste fureur
    Saura punir le calomniateur.

Mais est-il moins digne de blâme,
Est-il moins digne, selon vous,
Et de mépris et de courroux,
Si sa victime est une femme?

FRÉDÉRIC.

Ah! vous avez raison; je suis coupable!... ma vie entière se passera à réparer mes torts.

LAURA.

Et quelle réparation pouvez-vous me donner? me rendrez-vous l'estime et le cœur d'un époux? me rendrez-vous la considération publique, que la rupture de ce mariage m'enlève sans retour? Je perds tout à la fois, et par un seul mot de vous; et c'est dans l'ivresse et dans la joie de votre âme, c'est gratuitement, sans que rien vous y obligeât, que vous vous êtes joué de mon existence et de mon avenir!... que vous m'avez vouée, pour la vanité d'un moment, à la honte et au malheur de toute ma vie!... Et les lois qui défendent votre honneur seraient muettes, dès qu'il s'agit de nous!... un tel outrage resterait impuni!...

FRÉDÉRIC.

Non, et dussé-je subir la honte que j'ai méritée, je proclamerai hautement, et devant tout le monde, mon infamie et mon indigne mensonge.

LAURA.

Et qui persuaderez-vous?... qui croira à vos serments?... Le monde, Dorsini lui-même, ne verront-ils pas dans un tel dévouement, une nouvelle preuve des liens qui vous attachent à moi?...

FRÉDÉRIC.

Ah! il n'est que trop vrai; ma faute est irréparable.

LAURA.

Vous ne m'avez laissé qu'un seul moyen d'attester la vérité, de prouver à Dorsini, au monde entier, mon indifférence et ma haine pour vous; et ce moyen, s'il ne me justifie pas, me vengera du moins.

FRÉDÉRIC.

Mais enfin, ce moyen quel est-il?

LAURA.

Ces messieurs vont vous en instruire.

FRÉDÉRIC.

Ces messieurs?

LAURA.

Après cela, je vous l'ai dit, je ne craindrai plus que vous vous vantiez de cette entrevue, c'est la dernière; adieu.

(Elle sort.)

FRÉDÉRIC.

La dernière, soit; mais tout cela ne m'explique pas...

UN DES AFFIDÉS, après beaucoup de révérences.

Monsieur, vous avez une demi-heure pour mettre ordre à vos affaires. (Tirant sa montre et regardant l'heure.) Il est huit heures et demie à neuf heures précises, on sera à vos ordres.

(Frédéric veut parler, l'affidé lui fait un profond salut, et sort avec ses compagnons. La porte se referme : on entend tirer les verrous.)

SCÈNE IV.

FRÉDÉRIC, seul, après un instant de silence.

Une demi-heure !... Sgrimazzi avait raison; je ne connaissais pas encore les Italiennes, et je vois que maintenant je n'aurai pas beaucoup de temps pour les étudier. C'est dommage, cette expression de colère allait bien à sa figure; et quand elle a dit : *Je me vengerai du moins!* en attachant sur moi ses grands yeux noirs, qui lançaient des éclairs, elle était belle, très-belle. Malgré cela, j'aime mieux les Françaises, et je n'ai jamais vu de femme pareille que dans les romans d'Anne Radcliffe. (Réfléchissant.) Cependant, je dois en convenir, elle est bien malheureuse! je suis bien coupable envers elle! et c'est très-vrai : dans la position où elle est, elle n'a qu'un seul moyen de prouver évidemment qu'elle ne m'aime pas, et ce moyen est de... (Avec colère.) Moyen absurde! moyen qui n'a pas le sens commun! et si elle était là, je lui prouverais qu'elle en a vingt autres de se venger, de se consoler... Mais elle n'est pas là; elle ne viendra plus, je suis en son pouvoir!... Tout est fermé; et seul ici, sans armes, contre une bande de *condottieri!*... Ah! ce n'est pas ainsi que je devais mourir!... et cette mort, qui me semblait si belle sur un champ de bataille!... cette mort, à laquelle on court en chantant, quand le canon gronde, et quand on vous regarde... ici, seul, sans témoins, dans ce vieux château, elle me semble affreuse! et quand j'y pense, la vie était si belle encore! elle pouvait l'être davantage!... J'avais des amis, une patrie... enfin, j'avais Julia, elle m'aimait!... demain, peut-être, elle eût été ma femme, et quel avenir, quel bonheur eût été le nôtre!... et mon indiscrétion, mon affreux caractère a tout détruit; ce misérable défaut, je n'ai pu m'en corriger; malgré moi j'y retombais sans cesse... eh bien! aujourd'hui j'en suis puni, c'est bien fait; supporte donc, lâche! supporte donc les résultats de ta folle conduite, et puisque tu n'as pu l'empêcher, aie le courage du moins de te résigner à ton sort.

AIR de *Renaud de Montauban.*

C'en est fait, et je dois bannir
En même temps la crainte et l'espérance;
Mais il me reste, hélas! un souvenir...
O mon pays! c'est à toi que je pense.
Moi, qui devais vivre et mourir pour toi,
Je suis parjure... ah! j'en verse des larmes!...
  Si demain on prenait les armes,
  Demain on se battrait sans moi...
  Ils iraient se battre sans moi!

Que faire?... le temps me paraît à la fois si lent et si rapide... (Regardant la table.) Ah! des plumes, du papier!... Oui, j'oubliais, ils me l'ont dit, il faut mettre ordre à ses affaires,

(Il s'assied et écrit.) maintenant surtout que je suis riche. Pauvres millions de mon cousin Durand! je ne vous aurai pas gardés longtemps! Ah! si je l'avais su!... (Il se lève.) Quelle duperie d'avoir de l'ordre, de l'économie!... m'en voilà corrigé, cela ne m'arrivera plus; heureusement j'en aurai bien disposé, et cela console. (Il se remet à écrire.) Encore un mot... (Relisant.) Est-ce tout?... oui, voilà tout ce que j'avais à écrire; maintenant l'adresse. (Au moment où il va l'écrire, on entend le bruit des verrous.) J'entends du bruit! on vient, ce sont eux, du courage!... (S'arrêtant.) Eh bien! non; on a beau faire, on sent malgré soi le cœur, dont les battements redoublés... (Avec reproche.) Un officier! un soldat de l'armée d'Italie! (Entendant ouvrir la porte.) Allons, allons, que du moins ils ne s'en aperçoivent pas, ne donnons point cette satisfaction-là à des lâches, sachons les braver, et regarder la mort en face. Que vois-je!

(La porte à droite de la cheminée s'est ouverte; Julia paraît.)

SCÈNE V.

JULIA, FRÉDÉRIC.

JULIA, paroissant à la porte.

Silence!

FRÉDÉRIC.

Vous, Julia! dans ces lieux.

JULIA, s'avançant.

Je viens vous sauver.

FRÉDÉRIC.

Est-il possible!... Je savais bien que les femmes ne pouvaient pas toutes m'abandonner.

JULIA.

Vous êtes ici dans un château qui appartient à ma sœur.

FRÉDÉRIC.

Oui, je sais qu'elle a eu la bonté de m'y recevoir.

JULIA.

J'ai tout appris par elle; les soupçons, la colère de Dorsini, son mariage rompu; et tout cela par votre faute, par votre indigne conduite.

FRÉDÉRIC.

Ah! daignez m'écouter!

JULIA.

Dès ce moment mon parti a été pris, et j'ai renoncé à vous.

FRÉDÉRIC.

Julia!

JULIA.

Oui, monsieur; rien ne me fera changer de résolution; je vous rends vos serments, je ne veux plus vous revoir; mais j'ai voulu du moins veiller sur vos jours.

FRÉDÉRIC, avec joie.

Est-il possible!

JULIA.

Quand j'ai entendu entrer dans la cour du château cette voiture si exactement fermée, quand j'ai vu surtout la figure sinistre des gens qui l'accompagnaient, j'ai conçu un horrible soupçon, un soupçon que maintenant encore j'ai peine à prendre pour une réalité; et j'ai tremblé...

FRÉDÉRIC, vivement.

Pour moi!... ah! que je suis heureux!

JULIA, se reprenant.

Une femme a peur de tout, un rien l'effraie.

FRÉDÉRIC.

Pas toutes.

JULIA.

J'aurais tremblé de même pour les jours d'un indifférent, d'un étranger, j'aurais fait tout au monde pour le sauver.

FRÉDÉRIC.

Et comment avez-vous osé l'entreprendre?

JULIA.

Un moyen bien simple, bien facile; un de ces braves qui vous ont enlevé était là, de garde, à la porte de cette chambre... c'est, je crois, celui qui commande aux trois autres.

FRÉDÉRIC.

Ah! ils ne sont que quatre!... Par saint Bonaparte! si j'avais seulement là ma bonne épée!...

JULIA.

Il ne s'agit pas de cela, monsieur; ces gens-là n'ont contre vous ni haine, ni colère; ils ne vous en veulent pas plus qu'à un autre; on leur a donné vingt-cinq ducats...

FRÉDÉRIC, d'un air piqué.

Vingt-cinq!... rien que cela? un chef d'escadron!

JULIA.

En leur offrant le double... mes chaînes, mes bijoux, mes parures de demoiselle...

FRÉDÉRIC.

Et vous croyez que je souffrirai...

JULIA.

Eh! monsieur, il s'agit bien de cela...

FRÉDÉRIC.

C'est de l'argent mal placé; vrai, je ne le mérite pas.

JULIA, vivement.

C'est possible... mais qu'importe!... dans quelques minutes ils vont venir, ils vous emmèneront; mais, au lieu de suivre leurs instructions, ils vous rendront à la liberté, et alors, fuyez, quittez ces lieux, et oubliez-moi.

FRÉDÉRIC.

Maintenant, moins que jamais! et je ne sais comment vous remercier de tant de générosité.

JULIA.

Profitez-en.

FRÉDÉRIC.

Impossible.

JULIA.

Et pourquoi?

FRÉDÉRIC.

C'est que la mort qui me menace fût-elle encore plus prochaine et plus terrible, je ne quitterai pas ces lieux si vous ne me pardonnez, si vous ne me permettez de vous aimer toujours, de vous revoir.

JULIA.

Jamais!

FRÉDÉRIC, d'un ton décidé.

Alors, je reste; et ce n'est pas votre sœur, c'est vous qui serez cause de ma mort! Toute la famille y aura contribué.

JULIA.

Monsieur... au nom du ciel!... par grâce!...

FRÉDÉRIC.

Ma grâce!... c'est moi qui l'implore, et vous qui la refusez; si vous m'aimez, je pars.

JULIA.

Ah! mon Dieu!... Eh bien! monsieur... eh bien!... partez; mais c'est pour vous sauver la vie.

FRÉDÉRIC.

Elle m'est chère maintenant.

JULIA.

Mais à condition que vous tâcherez de vous corriger de votre amour-propre, de votre indiscrétion, de votre... légèreté.

FRÉDÉRIC.

Cette fois-là est la seule; et je ne sais pas comment cela s'est fait!... Mais pour ce qui est de la fidélité, de la constance, je peux hardiment vous attester...

JULIA.

Taisez-vous; l'on vient : c'est votre guide et ses gens.

SCÈNE VI.

GREGORIO avec DEUX ESTAFIERS, JULIA, FRÉDÉRIC.

GRÉGORIO, suivi de deux estafiers qui restent au fond près de la porte.
Voici l'instant, signora ; il faut partir.

JULIA.
Vous savez nos conventions ?

GRÉGORIO.
C'est dit : je suis payé... et un homme d'honneur, un homme tel que moi, n'a que sa parole. Où est le prisonnier ?

JULIA.
Prêt à vous suivre. (Elle prend Frédéric par la main.) Le voici ! Venez.
(Elle l'amène près de Grégorio, et leurs yeux se rencontrent.)

FRÉDÉRIC.
Que vois-je !

GRÉGORIO.
Vous ici, mon gentilhomme !

FRÉDÉRIC.
Moi-même, coquin.

GRÉGORIO.
Et c'est lui que j'allais délivrer... (A Julia.) Rien de fait, signora.

JULIA.
Que voulez-vous dire ?

GRÉGORIO.
Que j'ai une autre dette avec monsieur, une dette personnelle, et par saint Janvier, mon patron, je suis heureux de pouvoir l'acquitter en faisant mon devoir.

JULIA.
Vous, grands dieux ! et comment ?

GRÉGORIO.

Ne m'a-t-il pas outragé ce matin, moi, et ma profession?... profession que j'exerce avec honneur! ne m'a-t-il pas supplanté près de la signora Camilla, ma prétendue?

FRÉDÉRIC, à part.

Et lui aussi qui ne peut pas se taire!

JULIA.

Comment! monsieur, encore?... au moment où vous me juriez...

FRÉDÉRIC.

Et je vous jure encore qu'il ne sait ce qu'il dit.

JULIA.

Ah! si je n'écoutais que ma colère, je devrais... mais, coupable ou non, j'ai juré de le sauver... (A Grégorio.) et j'ai votre promesse.

GRÉGORIO.

C'est vrai; mais auparavant j'en avais fait une autre, et c'est celle-là que je tiendrai, parce qu'en fait de serments, il faut de l'ordre; sans cela, on ne s'y reconnaîtrait pas.

JULIA.

Non, vous ne repousserez pas mes prières! et vous aussi, Frédéric, je vous en supplie, joignez-vous à moi, daignez lui parler.

FRÉDÉRIC.

Moi, lui demander la vie! je n'oserais plus m'en servir, si je la devais à un coquin de son espèce; et je l'engage au contraire à ne pas me manquer; car, si j'en réchappe, je lui promets la potence à lui et à tous les siens.

GRÉGORIO, voulant tirer son épée.

Je ne sais ce qui me retient...

JULIA.

Au nom du ciel!

GRÉGORIO.

Soyez tranquille, j'ai mon mot d'ordre; et le devoir avant

tout. Il faut, m'a-t-on dit, attendre que le seigneur Dorsini soit ici, et alors, et au signal qu'on doit me donner...

JULIA.

Je l'empêcherai bien; je cours près de ma sœur!...

(Grégorio va ouvrir la porte latérale à gauche.)

FRÉDÉRIC, à demi-voix, à Julia qui est appuyée sur un fauteuil à droite.

Julia, ma bien-aimée Julia... pensez quelquefois à moi... adieu, du courage ; moi-même j'en ai besoin, car vous laisser ainsi... (Apercevant le bouquet qui est à sa ceinture et dont il s'empare.) Ah! voilà qui m'en donnera ; il ne quittera mon cœur que quand il aura cessé de battre.

AIR du vaudeville de *la Haine d'une Femme.*

Non, ce n'est point une chimère,
De mon sort vous prenez pitié ;
Je suis aimé, j'ai pu vous plaire,
Tout mon malheur est oublié !
Laissez-moi cet heureux délire,
Le trépas même en peut être charmé ;
En expirant je puis encor sourire,
Je suis aimé,
Je suis aimé !
Je puis mourir, je suis aimé !

(Grégorio et les spadassins lui ont montré de la main la porte à gauche. Il s'y élance ; Grégorio et ses gens y entrent après lui : la porte se referme.)

SCÈNE VII.

JULIA, seule.

Frédéric! Frédéric!... Oh! je ne puis croire encore à tout ce qui se passe, à tout ce que j'ai vu... non... non... je m'effraie à tort... ma sœur n'a jamais eu cette affreuse pensée, j'en suis sûre; et cependant c'est fait de lui, a dit cet homme, au moment où Dorsini paraîtra dans le château... Mais Dorsini a rompu avec ma sœur, il a juré de ne plus la voir, il ne viendra pas... non, il ne viendra pas... Ah! juste ciel! c'est lui!

SCÈNE VIII.

DORSINI, JULIA.

DORSINI, entrant par la porte à droite de la cheminée. — A la cantonade.

C'est bien, c'est bien.

JULIA, allant à lui.

Vous, monsieur, dans ces lieux?

DORSINI.

Il le faut bien, puisque c'est ici, chez elle... quelle audace! quelle impudence!... que l'on ose me donner rendez-vous.

JULIA.

Et qui donc?

DORSINI.

Ce Français, ce lâche qu'aujourd'hui j'ai attendu vainement au bord de l'Arno.

JULIA.

M. Frédéric? Ne l'accusez pas : des spadassins l'ont enlevé, conduit dans ce château!

DORSINI.

Des spadassins?

JULIA.

Il est condamné....

DORSINI.

Condamné!... mais, Julia, on vous a trompée... quelle loi, quel tribunal aurait ce droit? excepté moi qu'il a outragé, qui donc pourrait en vouloir à ses jours?

JULIA.

Qui? celle qu'il a calomniée, dont par son indiscrétion il a détruit pour jamais le repos et le bonheur; et le plus cruel de tout cela, c'est que ce n'est pas ma sœur, c'est moi qu'il aime, qu'il a toujours aimée, moi qu'il a demandée en mariage; c'est moi seule qui devrais avoir des droits sur lui.

DORSINI.

Que dites-vous?

JULIA.

Oui, monsieur, c'est moi; et là tout à l'heure encore, il me jurait... (Regardant sur la table.) Que vois-je! une lettre de lui! (Elle lit.) « Par suite d'une faute impardonnable, con-
« damné à perdre la vie en pays étranger, n'ayant ici ni
« famille, ni amis, je suis forcé de supplier M. Dorsini de
« vouloir bien être mon exécuteur testamentaire... »

DORSINI.

Moi!

JULIA, continuant.

« Je lègue tous mes biens et toute la fortune qui me re-
« vient de mon cousin Durand, à mademoiselle Julia Man-
« zoni; que cette fortune, que j'espérais partager avec elle,
« serve au bonheur d'un autre; mais quel qu'il soit, il ne
« pourra jamais l'aimer comme je l'aimais... »

DORSINI.

Achevez.

JULIA, lui donnant la lettre.

Tenez, monsieur, lisez vous-même.

DORSINI, lisant.

« De plus, je déclare sur mon honneur, et au nom de
« toute la croyance qui est due aux dernières paroles d'un
« mourant, je déclare que j'ai calomnié madame Lorenzi;
« j'ai commis ainsi un mensonge indigne d'un galant homme.
« C'est pour l'expier que je vais mourir. »

(Laura est entrée sur cette dernière phrase.)

SCÈNE IX.

DORSINI, LAURA, JULIA.

DORSINI, courant à elle.

Ah! madame, ah! Laura!... en proie à un premier mouvement de fureur, je n'ai écouté que ma jalousie; je vous ai outragée; mais tout me montre clairement la vérité; tout me prouve que je suis seul coupable; Laura, me pardonnez-vous?

LAURA, froidement.

Non, monsieur, il n'est plus temps.

JULIA.

O ciel!

LAURA.

Celui qui a pu me soupçonner un instant n'est plus digne de moi.

JULIA.

Même quand il reconnaît ses torts?

DORSINI.

Quand il veut les expier.

LAURA.

Votre conviction à vous ne me suffit pas, et aux yeux du monde, devant qui, hier encore, vous avez brisé tous nos nœuds, il faut pour vous et pour moi-même une réparation solennelle, éclatante.

JULIA.

Que voulez-vous de plus? y a-t-il quelque chose de mieux que cette lettre?

LAURA.

Peut-être; et si je réussis, seulement alors...

(On entend la ritournelle du chœur.)

JULIA.

Ah! mon Dieu! quel est ce bruit?

SCÈNE X.
Les mêmes; SGRIMAZZI.

SGRIMAZZI, à Laura.

Madame, madame, voici tout votre monde, vos invitations.

DORSINI.

Quoi! vous ne les avez pas décommandées?...

LAURA.

Non, monsieur.

JULIA.

Comment! un bal, une fête, en ce moment! il s'agit bien de cela! qu'on les renvoie.

LAURA.

Pourquoi donc? cela entre dans ma vengeance... Il me faut des témoins, et, je l'espère, vous ne me refuserez pas d'en être. Vous avez mes ordres, Sgrimazzi?

SGRIMAZZI.

Oui, signora; je demanderai de l'indulgence, l'improvisation a été si rapide.

LAURA.

Il suffit; faites entrer.

SGRIMAZZI.

Je suis à vos ordres, moi, et mes tiroirs.

(Les portes du fond s'ouvrent; tous les invités en habit de fête paraissent et entourent Laura, Julia et Dorsini. Pendant ce temps, le théâtre s'éclaire de tous côtés.)

SCÈNE XI.

Les mêmes; Personnes de la ville, Cavaliers et Dames.

AIR : Chantons ce mariage. (*Le Philtre.*)

LE CHŒUR.

Ce soir, amis, le bal, la comédie,
    Tous les plaisirs pour nous ;
    La beauté nous convie
    A ce gai rendez-vous.

LAURA.

Je vous avais invités, mes chers amis...

DORSINI, vivement.

Pour vous faire part de notre mariage.

LAURA, de même.

Mariage qu'il faut encore différer. Mais en attendant nous avons un petit intermède à vous offrir, intermède de la composition du signor Sgrimazzi.

SGRIMAZZI, s'inclinant.

Trop d'honneur, signora. Du signor Sgrimazzi, et d'un collaborateur qui désire garder l'anonyme. Prenez places.
(**Tout le monde se place sur le côté droit du théâtre, les dames assises devant, les hommes debout, derrière. Laura et Julia occupent les premiers sièges, Dorsini est debout auprès de Laura.**)

SGRIMAZZI.

MÉLODIE.

Mesdames et messieurs, silence, s'il vous plaît!
Pour peu qu'à mon génie Apollon soit en aide,
Nous allons vous donner ce soir un intermède
Neuf, joyeux et piquant... dont voici le sujet :
Un jeune et beau Français, à la tête étourdie
(On en trouve parfois), par une calomnie,

Compromet la vertu d'une femme d'honneur.
Elle veut se venger... et dans le fond du cœur
Elle conçoit d'abord l'idée italienne
D'employer contre lui le bras d'un spadassin...
Mais bientôt la pitié plus forte que la haine
La fait se raviser et changer de dessein...
Elle sait qu'un Français, qui rarement recule,
Peut bien braver la mort, mais non le ridicule.
Et pour punir d'un fat les propos insensés,
Il faut qu'une frayeur utile et salutaire
Le corrige... et l'instruise au grand art de se taire.
Je vous ai mis au fait... vous êtes tous placés ;
J'ai dit... nous commençons... silence ; paraissez !

SCÈNE XII.

Les mêmes ; la porte de gauche s'ouvre, et paraît FRÉDÉRIC, les yeux bandés, les mains liées, et conduit par DEUX HOMMES qui se retirent immédiatement.

FRÉDÉRIC, parlant à voix haute.

Eh bien ! puisque vous me conduisez à l'esplanade du château, y arriverons-nous aujourd'hui ? y sommes-nous enfin ?

SGRIMAZZI.

Oui, mon cher ami, nous y voilà.

FRÉDÉRIC.

Ah ! c'est vous, Sgrimazzi ; si j'avais les mains libres, et si ces messieurs le permettaient, je vous donnerais une poignée de main.

SGRIMAZZI.

On m'a permis de vous voir encore à vos derniers moments.

FRÉDÉRIC.

C'est aimable, on a ici une foule d'attentions... Eh bien ! puisque vous voilà, vous ferez mon épitaphe ; je vous charge de l'improviser à loisir, pour qu'elle soit bien; je vous charge aussi de faire mes adieux à mon ami Derville, et à votre femme; je suis bien fâché de vous avoir dit sur elle...

SGRIMAZZI, vivement et l'interrompant.

Ne parlons pas de cela.

FRÉDÉRIC.

Heureusement cela restera entre nous.

SGRIMAZZI, de même et comme pour le faire taire.

C'est bon, c'est bon, vous dis-je.

FRÉDÉRIC.

C'est juste, ce sont des affaires de famille, et devant ces figures de spadassins (Montrant les dames qui sont en face.) qui sont là en face de nous... elles sont affreuses, n'est-il pas vrai?

SGRIMAZZI.

Taisez-vous donc.

FRÉDÉRIC.

Je vais peut-être me gêner! Allons, mes amis, dépêchons-nous. Sgrimazzi, où est-il?

SGRIMAZZI, à sa gauche.

A côté de vous.

FRÉDÉRIC.

Vous êtes brave; avec ces maladroits, c'est le poste dangereux, et je ne voudrais pas y être. Un mot encore; vous trouverez dans le salon... le salon d'Othello et de Françoise de Rimini...

SGRIMAZZI.

J'y suis...

FRÉDÉRIC.

Vous trouverez, sur la table à gauche, une lettre adressée à M. Dorsini; veillez à ce qu'elle lui soit remise, et puis dites à madame Lorenzi que je regrette d'avoir fait manquer son mariage, de l'avoir calomniée.

SGRIMAZZI.

Ce que vous avez dit n'était donc pas vrai?

FRÉDÉRIC.

Eh! non, par malheur; j'ai menti. Ce qui me désole maintenant, car enfin, si j'avais dit la vérité, je mourrais avec moins de regrets.

JULIA, à part.

Ah! l'indigne!...

FRÉDÉRIC.

Mais, dites-lui en même temps que c'est une femme susceptible, une femme cruelle, barbare, avec laquelle il n'y a pas moyen de vivre, et que je ne lui pardonne pas ma mort; pas pour moi, ça m'est égal, mais pour une foule de personnes qui ne s'en consoleront jamais... Cette pauvre Julia, sa sœur!

JULIA, de même.

Eh bien! par exemple!...

(Elle veut aller à lui, Laura la retient.)

FRÉDÉRIC.

Qu'elle me pardonne, celle-là; c'est la seule que j'aie offensée, et cependant Dieu m'en est témoin, c'est la seule que j'aimais... Allons, êtes-vous prêts?

SGRIMAZZI, il fait signe aux dames, qui se lèvent, et se rangent en demi-cercle autour de Frédéric.

Ils le sont.

FRÉDÉRIC.

J'espère du moins que je ne mourrai pas comme un quinze-vingts, qu'il me sera permis de voir la mort en face, et de commander le feu.

SGRIMAZZI, lui déliant les mains.

On vous le permet.

FRÉDÉRIC.

A la bonne heure!... Adieu, Julia, adieu, tout ce que j'aime. (Il a tiré de son sein le bouquet de Julia et d'une main il le met sur son cœur.) Et vous, mes braves... là, au cœur... visez juste; si vous pouvez... (De l'autre main, il ôte lentement son bandeau, en disant.) En joue!... feu!

LE CHOEUR.

AIR :

Votre folie
Pouvait vous coûter la vie.
Plus de terreur !
Renaissez au bonheur.

FRÉDÉRIC, regardant autour de lui, ébloui par l'éclat des lumières, et étourdi par le bruit et la musique.

Où suis-je ?... qu'est-ce que cela signifie? s'est-on moqué de moi?

LE CHOEUR.

Votre folie, etc.

FRÉDÉRIC.

(Il aperçoit Sgrimazzi; il court à lui, et le prenant au collet.)
Pourquoi ne suis-je pas mort?

SGRIMAZZI.

Le voilà fâché qu'on ne l'ait pas tué!

FRÉDÉRIC.

Oui, morbleu! cela vaut mieux que d'être mystifié; et si une aventure comme celle-là se savait en France...

LAURA.

Qui pourrait le dire? personne, excepté vous, et l'on sait que vous êtes discret.

FRÉDÉRIC.

Je le serai désormais, je le jure, la leçon a été bonne ; j'en ai encore une sueur froide.

DORSINI.

Vous êtes mort si bravement !

FRÉDÉRIC.

Oui ; quand on est là, on fait de son mieux. Mais c'est égal, c'est un mauvais moment ; (A Laura.) et je vous en voudrai longtemps.

LAURA.

AIR : Soldat Français, né d'obscurs laboureurs.

Oublions tout : vous me rendez l'honneur,
Moi, je dois vous rendre la vie.
Plus de rancune, et qu'à l'instant ma sœur
Tous les deux nous réconcilie.

FRÉDÉRIC, transporté.

C'est encore un rêve, je crois...
Pour une telle récompense
Qui ne voudrait mourir vingt fois !
C'est après la mort, je le vois,
Que la félicité commence !

Mais pour cela, il faudrait être aimé... c'est la question ; et je n'en sais plus rien...

JULIA.

Vraiment !

FRÉDÉRIC.

Rien du tout.

JULIA.

Je vois alors que vous vous corrigez, et que vous devenez discret... Voilà ma main.

LE CHŒUR.

AIR : Vive, vive l'Italie.

Vive, vive l'Italie!
Point d'amour sans jalousie...
Vive, vive l'Italie!
C'est là qu'on aime vraiment!

LE CHAPERON

COMÉDIE-VAUDEVILLE EN UN ACTE

EN SOCIÉTÉ AVEC M. PAUL DUPORT

Théatre du Gymnase. — 6 Février 1832.

PERSONNAGES.	ACTEURS.
DE PRESLE, colonel.	MM. Paul.
ANTÉNOR JOUSSE.	Numa.
UN DOMESTIQUE	Bordier.
Mme DE TRENEUIL, jeune veuve	Mmes Volnys.
DELPHINE, sa sœur.	Allan-Despréaux.

A Paris, chez madame de Treneuil.

LE CHAPERON

Un salon. Deux portes latérales. La porte, à droite de l'acteur, est celle de l'extérieur; la porte à gauche, celle de l'appartement de madame de Treneuil; une table auprès de cette porte.

SCÈNE PREMIÈRE.

Mme DE TRENEUIL, puis DELPHINE.

Mme DE TRENEUIL, devant la table, et écrivant.

Oui, je l'ai juré, oui, je l'ai signé, cette lettre partira aujourd'hui... ensuite, et aussitôt après le mariage de ma sœur...

DELPHINE, entrant, à la cantonade.

Courez, dépêchez-vous... d'autres fleurs... on arrivera déjà, que je n'aurai pas achevé ma toilette.

Mme DE TRENEUIL, se levant.

Quoi donc, Delphine?

DELPHINE.

Ah! ma sœur, une contrariété affreuse; j'en ai presque pleuré. Si on savait ce que parfois plaisir nous coûte de peine! Figure-toi les fleurs de ma coiffure qui n'allaient pas avec les bouquets de ma robe... aussi c'est ta faute; quand tu m'abandonnes à moi-même, je ne fais que des étourderies... Ah çà!... mais toi aussi, en voilà une.

(Regardant madame de Treneuil, qui est en demi-deuil.)

AIR du vaudeville de la Robe et les bottes.

Pourquoi donc être ainsi parée ?
Ce costume ne convient plus,
Lorsque chez toi ce bal, cette soirée,
Rassemble tous mes prétendus ;
Quand mon choix, par cette alliance,
Va couronner tous leurs désirs,
Te mettre ainsi, c'est paraître d'avance
Porter le deuil de mes plaisirs.

Mme DE TRENEUIL.

Non vraiment ; mais tous ces jeunes gens qui te font la cour se croiraient peut-être obligés à inviter la maîtresse de la maison ; au lieu que mon costume les en dispense ; c'est comme si je portais écrit : « Messieurs, ne faites pas attention à moi ; allez tout droit à ma sœur. »

DELPHINE.

Que je te plains d'être si raisonnable ! se priver d'une contredanse... une contredanse ! Oh ! pour moi, je n'imagine pas de bonheur plus parfait ; c'est si vif, si animé ! la pensée va deux fois plus vite : légère comme nos pas, et c'est si amusant ! surtout quand on est, comme moi, une demoiselle à marier... n'y eût-il que cette réflexion, qui se présente involontairement : la main qui presse la mienne avec tant de douceur est celle peut-être qui doit me conduire à l'autel ; ce cavalier si aimable, si attentif, toujours penché vers mon oreille pour m'adresser de jolis riens, voilà, peut-être, celui que j'aimerai !... et dire cela à chaque fois qu'on change de danseur, vois-tu, ça produit une variété d'émotions dont on ne pourrait jamais se lasser.

Mme DE TRENEUIL.

Qu'entends-je! et que signifient de pareilles idées? vous, de la coquetterie, Delphine?

DELPHINE.

Comment! ce serait là de la coquetterie? alors voilà deux mois que je suis coquette sans le savoir, et à présent que j'en ai pris l'habitude, comment donc faire?

Mme DE TRENEUIL.

Se hâter de faire un choix; car moi qui suis ta sœur aînée, ta tutrice; moi qui ai promis à mon père mourant de te servir de mère et de te marier, je suis obligée de te conduire dans des bals, dans des assemblées qui m'ennuient à la mort, et toujours auprès de toi, obligée d'écouter tous les hommages, compliments et déclarations qui te sont adressés.

DELPHINE.

C'est tout naturel, vous êtes mon chaperon.

Mme DE TRENEUIL, souriant.

Oui, l'on appelle ainsi dans le monde celles qui, comme moi, ont une jeune fille sous leur garde.

DELPHINE.

Un drôle de nom qui me fait toujours penser au Petit Chaperon Rouge.

Mme DE TRENEUIL.

AIR du Baiser au porteur.

Oui, de la ruse et de la médisance,
  Du méchant, du loup ravisseur,
  Savoir préserver l'innocence,
D'un chaperon c'est l'emploi protecteur;
Tel est le mien... je veille sur ma sœur.
Garder autrui!... dangereux privilége!
Souvent moi-même, en dépit de ce nom,
J'aurais besoin, lorsque je te protége,
  Qu'on protégeât le chaperon.

DELPHINE.

Oh! je sais pourquoi tu dis cela.

9.

Mme DE TRENEUIL.

Comment?

DELPHINE.

Mon Dieu! oui, l'autre jour, au bal, chez M. Dorvilé, ce jeune homme qui te poursuivait si vivement, et qui s'est emparé, malgré toi, de ton bouquet, que tu avais laissé tomber, qu'il a bien fallu lui laisser...

Mme DE TRENEUIL.

Sans doute, et sous peine de faire scandale, car tous les yeux étaient fixés sur nous; et avec un fat, un présomptueux comme celui-là, il n'en faudrait pas davantage pour faire croire... Tiens, tu ne peux pas t'imaginer ce que ma position a de faux et de pénible, et il me tarde que tu sois décidée, pour quitter Paris et rentrer dans la retraite.

DELPHINE.

Eh bien! ma sœur, je ne voulais pas en convenir, mais voilà peut-être encore un des motifs qui retarderont mon choix, parce que je me dis : une fois mariée, établie dans le monde, je n'y aurai plus besoin de chaperon, et ma sœur le quittera. Oh! tu ne te trompais pas, c'est mon plaisir que j'y cherche, et voilà pourquoi je t'y retiens.

Mme DE TRENEUIL, avec amitié.

Voilà de tes mots, quand je veux te faire des reproches. Mais voyons, parlons raison, car c'est elle, et non pas moi, qui te fait un devoir de te prononcer; il me semblait que parmi tous tes adorateurs tu avais distingué M. Anténor.

DELPHINE.

Oh! je les distingue tous; mais celui-là a l'air de m'aimer davantage.

Mme DE TRENEUIL.

Et tu l'aimes aussi, je l'ai vu, j'en suis sûre... sage, modeste, d'un excellent naturel...

DELPHINE.

N'est-ce pas? avec lui, une femme serait maîtresse absolue.

Mme DE TRENEUIL.

Il a peu de fortune, mais des espérances... attaché à une des premières maisons de banque de Paris, héritier d'un oncle très-riche, un des hauts dignitaires du clergé; et puisqu'il t'aime beaucoup, et que tu l'aimes un peu...

DELPHINE.

Mon Dieu! ce n'est pas une raison, parce qu'enfin je n'aurais qu'à le prendre aujourd'hui, et qu'il s'en présentât demain un plus aimable, vois où j'en serais.

Mme DE TRENEUIL.

Delphine, y penses-tu?

DELPHINE.

Mais, toi, qui parles... toi, qui n'as que vingt ans, et qui es veuve.

AIR du vaudeville du *Piège*.

Toi, si jolie, et qu'entre nous,
Avec amour en tous lieux l'on contemple,
Pourquoi ne pas choisir un autre époux
Et me donner le bon exemple?
Puisqu'en effet, si je t'en crois,
Se marier est si bien dans le monde;
Ce qui fut bien une première fois,
Ne peut être mal la seconde.

Mme DE TRENEUIL.

Ne parlons pas de cela. (Montrant la table.) Je m'occupais là d'un autre projet, qui doit assurer mon repos et mon bonheur.

DELPHINE.

Comme tu me dis cela! est-ce que tu ne serais pas heureuse? Ah! ne parle pas ainsi, car cette idée-là va me faire pleurer, et j'aurais toute la soirée les yeux rouges; juge pour un bal!... tous mes prétendus me trouveraient laide, et ça n'avancerait pas mon mariage, car, vois-tu, à cause de toi, et pour me punir, je veux me marier tout de suite; pas plus tard que ce soir, mon choix sera fait ; je vais le peser mûrement pendant les contredanses ! et je te promets d'être invariablement fixée, quand on commencera la galope.

SCÈNE II.

Les mêmes ; UN DOMESTIQUE.

LE DOMESTIQUE, à Delphine.

Les fleurs que mademoiselle a envoyé prendre chez Batton sont dans sa chambre.

DELPHINE.

J'y cours bien vite.

LE DOMESTIQUE, à madame de Treneuil.

Il y a en bas quelqu'un qui demande si madame peut le recevoir ; M. de Presle.

Mme DE TRENEUIL.

M. de Presle ! celui à qui ma famille a eu tant d'obligations. (Au domestique.) Faites monter.

(Le domestique sort. Madame de Treneuil passe à droite.)

DELPHINE.

Ce nom-là !... ah ! j'y suis, un jeune homme qui, avant-hier, s'était assis près de moi, chez madame Dorvilé ; tu sais, cette soirée où est arrivée l'histoire du bouquet.

Mme DE TRENEUIL.

C'est vrai ; il en a été témoin.

DELPHINE.

Et puis il a disparu tout d'un coup, et on ne l'a plus revu de la soirée ; j'en ai été fâchée.

Mme DE TRENEUIL.

Est-ce que tu avais des vues sur lui ?

DELPHINE.

Pour la concurrence, c'était un de plus, et d'après tout le

bien que j'ai entendu dire de lui : un officier brave, spirituel, riche, qui a refusé la fille d'un pair de France *avant la loi*. Toutes ces demoiselles disaient tout haut qu'il a une passion dans le cœur; et chacune m'a dit ensuite tout bas que c'était pour elle. Comme il t'a parlé longtemps et avec un air d'intérêt!

Mme DE TRENEUIL.

Oui, nous nous étions vus souvent avant mon mariage, et il y a tant de charmes dans ces souvenirs de la première jeunesse...

DELPHINE.

Oh! je ne te questionne pas : est-ce que tu devines ce qui l'amène?

Mme DE TRENEUIL.

Moi? non.

DELPHINE.

Enfin, on le saura, puisqu'il vient de lui-même, il te dira pourquoi, il ne partira pas sans s'expliquer.

SCÈNE III.

Les mêmes; DE PRESLE, LE DOMESTIQUE.

LE DOMESTIQUE, annonçant.

Monsieur de Presle.

(Il entre dans l'appartement à gauche.)

DE PRESLE.

Pardon, madame, je crains bien d'être doublement indiscret, car vous n'êtes pas seule.

Mme DE TRENEUIL.

C'est ma sœur.

DE PRESLE.

Ah! oui, je me rappelle... c'est mademoiselle que vous

m'avez montrée avant-hier, à cette soirée, et qui éclipsait par sa grâce toutes ses jeunes compagnes.

DELPHINE, à part.

Il m'a remarquée ; j'en étais sûre !

Mme DE TRENEUIL.

Sans votre disparition subite, monsieur, j'aurais satisfait à votre demande, en lui présentant le fils d'un ancien ami de notre famille.

DE PRESLE.

Une circonstance imprévue que j'ai vivement regrettée... Trop heureux s'il m'est permis de réparer ma perte.

DELPHINE, à part.

Nous y voilà.

LE DOMESTIQUE, rentrant, à Delphine.

Le commis de Batton a dit qu'il était pressé, et si mademoiselle veut choisir les fleurs pour ce soir...

DELPHINE.

Oui, je vais y aller... (A part.) Quel ennui ! je serais peut-être mieux en cheveux ; mais non... de jolies fleurs ; et puis, il vient de me voir ainsi ; cela me changera. (Lui faisant la révérence.) Monsieur... (A part.) Il est fâché que je parte.

(Elle sort.)

DE PRESLE, à part.

Je suis enchanté que la petite sœur nous laisse.

Mme DE TRENEUIL, au domestique.

Dès qu'on arrivera, faites entrer dans le grand salon, et avertissez-moi ; allez.

(Le domestique sort.)

SCÈNE IV.

Mme DE TRENEUIL, DE PRESLE.

DE PRESLE.

J'ai mal pris mon temps, madame; à ces ordres, à ces apprêts, je vois que vous attendez du monde.

Mme DE TRENEUIL.

Quelques amis, une réunion bien modeste : une soirée de veuve, on dansera au piano, et si vous n'êtes pas effrayé...

DE PRESLE.

De rester auprès de vous... j'accepte avec empressement, et néanmoins avec un peu de regret, madame.

Mme DE TRENEUIL.

Comment?

DE PRESLE.

Me voilà forcé d'ajourner ce que j'avais à vous dire; car il s'agit d'un sujet trop important pour en parler au milieu d'un bal.

Mme DE TRENEUIL.

Savez-vous que vous excitez mon intérêt ; et puisqu'on n'arrive pas encore, voyons, deux mots seulement; eh bien, monsieur?

DE PRESLE.

Eh! quoi! madame, à mon embarras, vous n'avez pas deviné que je viens mettre entre vos mains le sort de ma vie entière?

Mme DE TRENEUIL, à part.

Encore un parti pour ma sœur; elle s'en doutait, la coquette; écoutons, c'est mon état. (Haut.) Eh bien?

DE PRESLE.

Avant d'entrer ici, tout me semblait facile, et maintenant

tout m'alarme; comment réussir à vous intéresser en ma faveur?... Les paroles, les phrases d'usage expriment si mal un sentiment vrai; du moins vous me saurez gré, je l'espère, de n'avoir recouru à aucune médiation... Madame Dorvilé, d'autres amies, ne m'auraient pas refusé la leur; eh bien! je n'en ai pas voulu, madame, c'est à vous seule que je m'adresse; ma cause ne sera plaidée que devant vous, et que par moi; si je m'y prends mal, n'importe... dans ma gaucherie même, vous verrez l'émotion d'un cœur bien épris, et vous en serez peut-être attendrie.

Mme DE TRENEUIL, avec un sourire bienveillant.

Le fait est que, depuis deux mois, voilà bien des déclarations que j'entends.

DE PRESLE.

Ciel!

Mme DE TRENEUIL.

Mais il y a dans la vôtre un naturel, un abandon qui persuadent.

DE PRESLE.

Ah! vous me rendez le courage, et quand je pense que même avant votre mariage... que depuis trois ans, sans avoir osé vous le dire, je vous aimais...

Mme DE TRENEUIL.

Moi, monsieur! comment, c'est à moi que vous vous adressiez?

DE PRESLE.

AIR : Un matelot à bord, loin du rivage.

Eh quoi! cet aveu vous étonne?

Mme DE TRENEUIL.
De l'attendre j'étais si loin...
Vous ne m'aviez nommé personne.

DE PRESLE.
J'ai cru n'en avoir pas besoin.

Me parlant sans cesse à moi-même
D'un sentiment et si vif et si doux,
Il me semblait que dire : *J'aime*,
Suffisait pour dire : c'est vous.

Mme DE TRENEUIL.

J'ai cru qu'il s'agissait de ma sœur.

DE PRESLE.

Et vous m'approuviez?

Mme DE TRENEUIL.

J'étais flattée pour Delphine d'une recherche aussi honorable, d'un parti aussi brillant.

DE PRESLE.

Et ces vœux ne vous semblent plus ni honorables, ni désirables, depuis que vous savez que c'est à vous qu'ils s'adressent.

Mme DE TRENEUIL.

Je ne dis pas cela.

DE PRESLE.

Vous le pensez, du moins; d'autres hommages ont prévenu le mien, je suis puni du respect que m'inspiraient vos vertus, de ce respect qui, pendant que vous étiez liée à un autre, m'a condamné au silence, m'a forcé à fuir votre vue. Mais enfin, et bien loin d'ici, du fond de l'Allemagne, j'apprends que vous êtes libre; j'accours, et j'hésitais encore à me déclarer; mais par bonheur, on prétend que des revers, des malheurs ont presque anéanti la fortune de M. de Treneuil et la vôtre; j'ai été plus brave alors; et je venais vous offrir des richesses que, pour la première fois, je me sentais heureux de posséder, et votre refus renverse tous mes projets, toutes mes espérances.

Mme DE TRENEUIL.

Calmez-vous, de grâce...

DE PRESLE.

Non, madame ; non, je vois que vous en aimez un autre... Son nom, de grâce, dites-moi son nom.

Mme DE TRENEUIL.

AIR : Restez, restez, troupe jolie. (*Les Gardes-marine.*)

Personne !... je n'aime personne,
Je l'atteste, je le promets !

DE PRESLE.

Ah ! grand Dieu ! que vous êtes bonne !
Insensé !... je vous accusais,
Déjà je me désespérais.
Mais non ; j'avais tort de me plaindre ;
De qui pourrais-je être jaloux,
Si pour rivaux je ne dois craindre
Que ceux qui sont dignes de vous ?

Mme DE TRENEUIL.

Nul autre, monsieur, ne le serait sans doute que vous, sans la résolution que j'ai prise de ne point me remarier... résolution que rien ne peut changer.

DE PRESLE.

Et moi j'espère que le temps, que mes soins, que mon amour...

Mme DE TRENEUIL, froidement.

Ne le croyez pas, monsieur : vous êtes trop galant homme, vous avez trop de droits à mon estime, pour que je veuille vous abuser, et à vous seul, et sous le sceau du secret, je veux bien confier ma situation... Pendant trois ans qu'a duré mon mariage, j'ai été la plus malheureuse des femmes, non pas que M. de Treneuil ne m'aimât beaucoup ; mais une jalousie aveugle, effrénée, dont lui-même gémissait, a empoisonné tous les instants de sa vie ; elle lui a fait négliger le soin de ses affaires et de sa fortune ; elle a hâté ses derniers moments, et lui a même survécu.

DE PRESLE.

Que dites-vous?

Mme DE TRENEUIL.

Prêt à mourir, il m'a fait jurer qu'après lui je ne serais jamais à un autre; et il est mort en emportant ce serment.

DE PRESLE.

Quelle horreur!

Mme DE TRENEUIL.

Et pourquoi donc?... si cette dernière marque d'amour lui a prouvé la sincérité de ma tendresse, l'injustice de ses soupçons, si elle a adouci ses derniers moments, je n'ai fait que mon devoir, et je m'en félicite.

DE PRESLE.

Abuser de la foi du serment, pour enchaîner votre avenir!

Mme DE TRENEUIL.

Enchaîner!... il le serait sans cela; car j'aime peu le monde, où je n'ai trouvé que des chagrins, et je suis décidée à le quitter.

DE PRESLE.

Est-il possible!

Mme DE TRENEUIL.

Le repos et la solitude conviennent seuls à mes goûts, à mon caractère, à mes serments; et aussitôt après le mariage de ma sœur, je compte me retirer à l'abbaye de Miremont.

DE PRESLE.

Vous n'exécuterez pas un semblable projet.

Mme DE TRENEUIL.

C'est déjà fait à moitié, car voici la lettre que j'écrivais ce matin à la supérieure, en lui annonçant ma prochaine arrivée.

DE PRESLE.

Ce n'est pas possible, vous réfléchirez; vous déchirerez cette lettre.

Mme DE TRENEUIL.

Vous ne me connaissez pas, monsieur. (Appelant.) André!

DE PRESLE.

Que voulez-vous faire?

Mme DE TRENEUIL.

Vous prouver que, quand j'ai pris une résolution que je crois sage et raisonnable, rien ne m'empêche de l'exécuter. (Au domestique qui entre.) Portez cette lettre à l'instant même à la poste.

(Le domestique sort.)

DE PRESLE, avec colère.

Madame, voilà qui est affreux!

Mme DE TRENEUIL, offensée.

Monsieur!

DE PRESLE.

Oui, sans doute, et puisque vous me réduisez au désespoir, je dois vous sauver d'une résolution que vous regretteriez plus tard; je m'attache à vous, je ne vous quitte pas... à défaut d'autre mérite, j'aurai du moins celui de la persévérance. Vous verrez sans cesse celui que vous rendez si malheureux; il sera là, devant vos yeux, comme un reproche continuel.

Mme DE TRENEUIL.

Monsieur...

DE PRESLE.

Et si cet amour dont je vous poursuis vous déplaît, vous gêne, vous contrarie... eh bien! tant mieux, je ne serai pas le seul à souffrir, vous serez comme moi, vous ne pourrez vous en défaire, vous y serez condamnée.

Mme DE TRENEUIL.

C'en est trop...

DE PRESLE.

Eh quoi! madame...

Mme DE TRENEUIL.

Oui, monsieur; et puisque la voix de l'amitié, puisque celle de la raison ne peuvent rien sur vous, il faut se résoudre à se séparer, à ne plus se voir, à se priver même de vos visites.

DE PRESLE.

O ciel! vous me renvoyez, vous me chassez...

Mme DE TRENEUIL.

Non, sans doute; mais c'est vous qui m'obligez à ne plus vous recevoir. Adieu, monsieur.

(Elle lui fait la révérence, et entre dans son appartement.)

SCÈNE V.

DE PRESLE seul.

Oui, sans doute, je partirai, je m'éloignerai, à l'instant même, pour me venger, pour la forcer à me céder, mon honneur y est engagé. Mais comment y parvenir? ce qu'elle m'a appris est terrible, car je la connais; et avec ses principes, un tel serment est un obstacle invincible. C'est-à-dire... invincible, tout peut se vaincre, tout peut s'oublier, quand on aime; mais c'est qu'elle ne m'aime pas encore; il faut donc, avant tout, se faire aimer, à force de soins et de tendresse, d'assiduité. (Avec dépit.) De l'assiduité!... et je ne peux plus même la voir, elle ne me recevra plus; sa porte m'est défendue!... c'est une gaucherie que j'ai faite là... Quitter la partie, c'est la perdre, et à quelque prix que ce soit, il faut trouver le moyen de m'introduire de nouveau chez elle, d'y être admis, de m'y installer... oui, sans doute... mais si je sais comment m'y prendre...

SCÈNE VI.

ANTÉNOR, DE PRESLE.

ANTÉNOR, à la cantonade.

Non, non, ne dérangez pas ces dames; j'attendrai, c'est une des prérogatives de mon état de prétendu... Eh mais! n'est-ce pas M. le comte de Presle?

DE PRESLE.

Anténor Jousse! mon ancien camarade de collège que depuis quatre ans je n'avais pas rencontré une seule fois dans le monde...

ANTÉNOR.

C'est que, pendant ce temps, mon cher ami, j'en ai été tout-à-fait retranché et séquestré; j'étais entré au grand séminaire.

DE PRESLE.

C'est donc vrai? je croyais qu'on le disait pour se moquer de toi.

ANTÉNOR.

Non vraiment; moi, je n'ai jamais eu d'ambition; mais ma mère en avait, et comme c'était alors le seul moyen de parvenir...

AIR : Du partage de la richesse. (Fanchon la vielleuse.)

Sous l'empire, où régnait la gloire,
Dans les dragons je dus être englobé;
Quand régna la soutane noire,
Elle voulut de moi faire un abbé.

DE PRESLE.

Et maintenant, où quiconque pérore,
Monte sans peine aux grandeurs de l'État,
Si ta mère vivait encore,
Infortuné, tu serais avocat,
Mon pauvre ami, tu serais avocat!

ANTÉNOR.

C'est probable, je n'aurais pas pu échapper les robes noires; mais alors, mon oncle, qui est évêque, devait me pousser et me protéger; j'aurais fait mon chemin, c'est-à-dire, non, parce que je n'avais pas de vocation; dans mes rêves, et même tout éveillé, je pensais toujours à un bon ménage, à une femme, à des enfants; c'était mal! cela m'aurait perdu... et à la mort de ma pauvre mère, j'ai quitté la soutane et je suis entré chez un agent de change pour faire mon salut.

DE PRESLE.

Est-il possible!

ANTÉNOR.

Oui, mon ami; il vaut mieux être un bon négociant qu'un mauvais...

DE PRESLE.

Tu as raison; quelque état que l'on choisisse, l'essentiel est de l'exercer en honnête homme...

ANTÉNOR.

Mon patron m'a pris en affection; il voulait même me donner un intérêt dans sa charge, et alors ma fortune serait faite; mais pour cela, il faudrait cent mille écus, et tout mon patrimoine réuni fait à peine le tiers de cette somme.

DE PRESLE.

N'as-tu pas des amis, qui seront trop heureux de venir à ton secours?

ANTÉNOR.

Est-il possible!

DE PRESLE.

Moi, tout le premier; j'ai plus d'argent qu'il ne m'en faut, et si cela peut t'obliger, je te prête les deux cent mille francs qui te manquent.

ANTÉNOR.

Ah! mon ami! mon cher ami! c'est étonnant, on nous enseignait là-bas que la société était perfide, le monde corrompu... Moi, depuis que j'y suis, je ne trouve que loyauté, générosité, désintéressement parmi les hommes.

DE PRESLE.

Fasse le ciel que tes illusions continuent ! Tu acceptes donc ?

ANTÉNOR.

C'est-à-dire, je ne refuse pas ; mais, vois-tu, j'ai écrit à mon oncle l'évêque, qui est fort riche, comme tu sais, pour le prier de m'avancer cette somme ; je n'ai pas encore reçu sa réponse, qui, j'en suis sûr, sera favorable ; et il aurait droit de se fâcher, ce bon oncle, si d'ici là je m'adressais à d'autres qu'à lui.

DE PRESLE.

C'est juste.

ANTÉNOR.

Mais je t'en garde la même reconnaissance ; et je proclamerai partout ton amitié, ta générosité.

DE PRESLE.

Du tout ; tu me feras le plaisir de n'en rien dire ; ou nous nous fâcherons. Mais tu aurais un autre moyen de me rendre service.

ANTÉNOR.

Lequel, mon ami ?

DE PRESLE.

Apprends-moi comment tu es reçu dans cette maison, et sur quel pied tu y viens.

ANTÉNOR.

J'y viens dans un but légitime ; mes idées de mariage me tiennent toujours, surtout depuis que j'ai vu mademoiselle Delphine, la sœur de madame de Treneuil, une jeune personne charmante.

DE PRESLE.

C'est possible ; je n'ai pas remarqué.

ANTÉNOR.

Ne me dis pas cela, cela me ferait de la peine pour toi ; moi je n'en dors pas, j'ai des vertiges, des extases... j'en perds la tête, je m'embrouille dans mes *reports* et dans mes *fin courant*, et je ne conçois au monde de félicité que par elle.

DE PRESLE.

Pauvre garçon ! et tes vœux sont-ils bien accueillis ? te voit-elle avec plaisir ?

ANTÉNOR.

Je n'en sais rien, mais elle rit quand elle me voit, c'est toujours cela... elle est si bonne !

AIR d'Aristippe.

Je suis toujours des traits de sa folie
Dédommagé par son bon cœur ;
A la moindre plaisanterie
Toujours succède une faveur ;
Un mot piquant me vaut une douceur.
Chacun me plaint d'un bonheur qu'on ignore...
Je laisse dire... et de moi, Dieu merci !
Pour peu qu'elle se moque encore,
Je suis sûr d'être son mari.

DE PRESLE.

Je comprends.

ANTÉNOR.

C'est pour elle que j'ai appris la musique, pour elle que j'ai appris la valse et la galope, et depuis ce temps-là elle m'a donné de l'espoir.

DE PRESLE.

Je t'en fais compliment.

ANTÉNOR.

Oui, mais nous sommes tant de danseurs, c'est-à-dire tant de concurrents !

DE PRESLE.

Comment cela?

ANTÉNOR.

Madame de Treneuil, pour laisser à sa sœur toute liberté dans son choix, s'est fait une loi et un devoir de recevoir chez elle tous ceux qui s'annoncent comme prétendants.

DE PRESLE.

Est-il possible!

ANTÉNOR.

Oui, mon ami; d'ici à ce que sa sœur se décide, tous sont admis; il y a de quoi faire une contredanse à seize.

DE PRESLE, vivement.

Dieu! que c'est heureux?

ANTÉNOR.

Et pourquoi?

DE PRESLE.

Parce que plus il y aura de concurrents, et plus tu auras de gloire à l'emporter.

ANTÉNOR.

Je ne tiens pas à la gloire.

DE PRESLE.

Tu as tort; et je ne sais comment te remercier de l'idée... non, de la nouvelle que tu viens de me donner. Tu es un brave et honnête garçon, qui, en tout temps, peux compter sur moi.

ANTÉNOR, le serrant dans ses bras.

J'y compte, mon ami, j'y compte; et, entre nous, c'est à la vie et à la mort.

DE PRESLE.

Tais-toi donc, voilà ces dames.

ANTÉNOR.

C'est vrai.

DE PRESLE.

Présente-moi à elles, je t'en prie.

ANTÉNOR.

De tout mon cœur.

SCÈNE VII.

DE PRESLE, ANTÉNOR, DELPHINE en parure de bal; Mme DE TRENEUIL.

Mme DE TRENEUIL, à part, apercevant de Presle.

Comment! encore ici, après un congé aussi formel; je ne le reconnais pas là.

(Anténor et de Presle s'inclinent.)

ANTÉNOR, prenant de Presle par la main.

Mesdames, j'ai l'honneur de vous présenter M. le comte de Presle, mon ancien camarade, un militaire des plus distingués.

DE PRESLE, passant entre Anténor et Delphine.

Mon ami Anténor est trop bon, il ne fallait pas moins que son patronage et sa recommandation pour oser vous adresser une demande qui me semble, à moi, toute naturelle, et que vous trouverez peut-être bien téméraire.

DELPHINE.

Et laquelle, monsieur?

DE PRESLE.

Je sais que de nombreux prétendants aspirent à la main de mademoiselle; et, sans aucun droit, je dirai même plus, sans aucun espoir, je viens cependant me mettre aussi sur les rangs.

DELPHINE et Mme DE TRENEUIL.

Est-il possible!

ANTÉNOR, s'éloignant de de Presle.

Quelle trahison !

DELPHINE.

Et c'est M. Anténor qui nous le présente ! voilà, par exemple, une confiance...

ANTÉNOR.

Du tout, mademoiselle.

DE PRESLE.

Je m'attendais bien à l'accueil peu favorable que je reçois.

DELPHINE.

Vous auriez tort, monsieur, d'interpréter en mauvaise part la surprise que me cause votre recherche, trop honorable, du reste, pour qu'on puisse s'en formaliser.

ANTÉNOR.

Encore un qu'on admet ! et être trompé ainsi par un ami de collège !

DE PRESLE.

Écoute donc ! on est rivaux en amour... et cela n'empêche pas l'amitié.

(Il lui tend la main.)

ANTÉNOR.

Laissez-moi, je ne veux plus rien de vous, et je ne croirai plus désormais à l'amitié des hommes. (Regardant madame de Treneuil.) Je ne croirai qu'à celle des femmes.

(Il remonte vers le haut du théâtre.)

Mme DE TRENEUIL, passant entre Delphine et de Presle.

Si quelqu'un ici a le droit de s'étonner d'une pareille démarche, il me semble, monsieur, que c'est moi.

DE PRESLE.

Du tout, madame, car c'est vous qui en êtes cause : ce sont vos avis, vos conseils qui m'y ont déterminé.

ANTÉNOR, venant entre madame de Treneuil et Delphine ; à madame de Treneuil.

Et vous aussi, madame, vous qui sembliez me porter quelque intérêt...

DE PRESLE, à madame de Treneuil.

J'ai écouté la voix de la raison, la vôtre, madame.

ANTÉNOR, à Delphine.

Et c'est par raison qu'il vous aime?

DE PRESLE.

Oui, mon ami, une raison impérieuse.

Mme DE TRENEUIL.

La seconde fois que vous voyez ma sœur...

DE PRESLE, galamment.

Eh mais ! une seule aurait suffi.

Mme DE TRENEUIL.

Mais songez donc, monsieur...

DE PRESLE.

Que vous laissez, m'a-t-on dit, la concurrence libre à tout le monde, et que j'aurais lieu, madame, de vous supposer (En appuyant.) des raisons toutes personnelles, si vous m'accordiez le privilége de l'exclusion.

Mme DE TRENEUIL, à part.

C'est-à-dire qu'il va me croire jalouse. (Haut.) Je ne dis plus rien, monsieur, que ma sœur prononce ; mais qu'elle prononce sur-le-champ.

DE PRESLE.

Ce n'est ni juste, ni raisonnable ; je n'ai pas, (Regardant Anténor.) comme bien des gens, un mérite évident et qui saute aux yeux ; le mien, si toutefois j'en ai, est difficile à découvrir, il lui faut le temps de se faire connaître, et il faut au moins que mademoiselle me permette, comme les autres, de lui faire ma cour.

DELPHINE, passant auprès de sa sœur.

Il me semble, ma sœur, qu'on ne peut pas empêcher...

ANTÉNOR.

Eh bien! qu'il se dépêche, et que cela finisse.

DE PRESLE, froidement.

Je commencerai dès que mon rival ne sera plus là : on ne peut pas exiger que je fasse ma déclaration devant témoin.

DELPHINE.

C'est juste.

Mme DE TRENEUIL.

C'est-à-dire que nous sommes de trop.

DE PRESLE, la retenant.

Non, madame, je connais trop les convenances; votre présence est de droit et de rigueur; vous êtes la tutrice, le chaperon de mademoiselle; et à ce titre, vous ne pouvez pas faire autrement que d'écouter ma déclaration d'amour.

ANTÉNOR, à madame de Treneuil qui fait un geste d'impatience.

Oui, madame, j'aime mieux que vous soyez là... Je serai plus tranquille, et puisqu'il faut que je m'en aille...

DE PRESLE.

Sans rancune, mon ami Anténor.

ANTÉNOR.

Si, monsieur; car moi, je ne suis pas comme vous, je ne vous prends pas en traître; et je vous déclare que si je peux trouver quelque bon moyen de vous nuire...

DE PRESLE.

C'est toujours comme cela entre amis.

ANTÉNOR, hésitant à s'en aller.

Sans adieu, madame; et vous, mademoiselle, je me recommande à vous : il va vous parler mieux que moi...

AIR : Il m'en souvient, longtemps ce jour.

Je sais qu'il est plus éloquent,

Il sait mieux plaire et mieux séduire ;
Il a plus d'esprit, de talent.

DE PRESLE, à part, et riant.

Si c'est ainsi qu'il croit me nuire !...

ANTÉNOR.

Il va, comme futur mari,
Vanter son amour, sa constance ;
Mais tout ce qu'il va dire ici,
Songez que c'est moi qui le pense.

(A de Presle, avec fierté, en sortant.) Adieu, monsieur.

(Il entre chez madame de Treneuil.)

SCÈNE VIII.

DE PRESLE, Mme DE TRENEUIL, DELPHINE.

DELPHINE, à part.

Ce pauvre Anténor ! il me fait de la peine, mais ce n'est pas un mal qu'il ait quelque inquiétude : sans cela, il serait trop tranquille et trop sûr de son fait.

Mme DE TRENEUIL.

Maintenant, monsieur, vous êtes satisfait ; j'espère qu'au moins vous ne me retiendrez pas plus longtemps.

DE PRESLE.

Je tâcherai, madame, sans toutefois en répondre ; car vous sentez que l'exposé d'une passion, ça demande toujours quelques développements. Je sais bien que ces sortes de choses ne sont guère amusantes, quand on ne les écoute pas pour son compte ; mais lorsque c'est par état, et qu'il y a nécessité...

Mme DE TRENEUIL.

Oh ! peu m'importe, je n'ai pas besoin d'entendre, et j'ai là mon ouvrage.

(Elle va s'asseoir auprès de la table.)

DE PRESLE.

Votre ouvrage ; à merveille, madame, je n'y pensais pas ; mais cela me mettra tout à fait à mon aise.

DELPHINE, à part, pendant que madame de Treneuil s'assied.

Je suis curieuse de voir comment il va me faire la cour ; un militaire dont on vante l'esprit, ça doit être amusant.

(Elle s'assied à côté de sa sœur et les yeux baissés.)

DE PRESLE s'assied auprès de Delphine, et après quelques instants de silence.

Mademoiselle, ce que j'ai à vous dire est bien simple : je désire être admis au nombre de vos prétendants.

DELPHINE, à part, après un silence.

Comment ! voilà tout... les autres qui me faisaient de si jolies phrases ! (Haut.) Monsieur, est-ce là le seul motif ?

DE PRESLE.

Une telle question prouve la candeur et l'ingénuité de votre âme ; car de la manière dont je me présente, ma réponse ne peut pas être douteuse. Je suis amoureux, mademoiselle : dans ma position c'est de rigueur.

DELPHINE.

Amoureux ?

DE PRESLE, avec expression.

Ah ! oui, l'on peut m'en croire ; et je ne serais pas ici, je le jure, si je n'y avais été entraîné par un penchant irrésistible.

DELPHINE, à part.

Allons, c'est un peu mieux. (Haut.) Mais ce penchant a été bien prompt, car vous me connaissez à peine ; et si j'étais sûre que vous fussiez sincère...

DE PRESLE.

Je m'y engage.

DELPHINE.

Je vous demanderais à quelle circonstance je dois attribuer votre amour pour moi.

Mme DE TRENEUIL, bas.

Delphine...

DELPHINE, bas.

Mais dame! ma sœur, il faut bien prendre des informations : un soin qui vous regardait. Je fais là votre ouvrage.

DE PRESLE.

Un autre, mademoiselle, vous parlerait de ces coups soudains de la sympathie, si familiers dans les romans et au théâtre; mais ce sont là des moyens tellement prodigués, qu'on n'y croit plus guère aujourd'hui. Moi, c'est différent, cet amour que je vous témoigne, mademoiselle, l'idée m'en est venue en pensant à madame votre sœur.

DELPHINE.

A ma sœur...

Mme DE TRENEUIL, se levant.

Monsieur, que voulez-vous dire ? oubliez-vous ?...

DE PRESLE, se levant.

Pardon, madame. N'oubliez pas vous-même, de grâce, que vous n'êtes ici qu'un témoin impartial et désintéressé. Comme chaperon, vous regardez, vous écoutez; mais voilà tout. Je suis seul juge des moyens que j'emploie pour faire la cour à mademoiselle; et celui-là n'est peut-être pas le moins naturel et le moins persuasif. (Il se rassied.) Oui, mademoiselle, je me suis dit : Une jeune personne élevée sous l'influence d'un pareil exemple, formée à l'école de tant de vertus et de qualités, recevant à chaque instant du jour ces impressions dont il est impossible de se défendre, mais ce doit être un modèle de raison, d'amabilité, de grâce. Ce doit être la perfection même! Je ne me suis pas trompé, mademoiselle; et vous concevez maintenant que j'ai d'excellentes raisons pour me dire amoureux de vous.

DELPHINE, bas à madame de Treneuil.

Ma sœur, remerciez-le-donc; il me semble que ça vous regarde plus que moi.

DE PRESLE, regardant avec passion madame de Treneuil qui baisse les yeux.

Oui, mademoiselle, car jamais je n'ai aimé comme aujourd'hui.

DELPHINE.

Comment! monsieur, vous avez aimé déjà?

DE PRESLE.

Oui, mademoiselle.

DELPHINE.

Par exemple !

Mme DE TRENEUIL, se levant.

Monsieur, une telle confidence, à ma sœur!

DE PRESLE.

Et pourquoi non, madame? Oui, mademoiselle; c'est par ma franchise que je veux vous intéresser à moi, et en ce moment surtout, j'en ai besoin plus que vous ne pouvez le croire; écoutez-moi, d'abord, vous jugerez après. Une jeune personne... je ne vous dirai rien de ses qualités, de ses grâces, vous l'auriez trop vite nommée...

DELPHINE.

Je la connais donc?

DE PRESLE.

Vous devez la connaître.

DELPHINE, à part.

Ah! voyons si je devinerai.

DE PRESLE.

Depuis longtemps je l'adorais, et c'était pour la mériter que j'étais parti pour l'armée; nous étions à la veille d'un combat décisif, et je me disais : Demain, je serai mort, ou digne d'elle. Comprenez mon désespoir : une lettre fatale m'informe de son prochain mariage! Éperdu, hors de moi, je voulais partir, déserter mon poste. Ce sang que je devais à mes frères d'armes, c'est pour elle, c'est pour la disputer à un rival, que j'aurais voulu le verser; mais l'honneur, le devoir!... hélas! quelques jours après, j'avais revu mon pays, je volais auprès d'elle; il était trop tard.

DELPHINE.

Trop tard! elle était mariée... et vous l'aimiez?

DE PRESLE.

Oui, mademoiselle; autant qu'on peut aimer; je le croyais du moins. Eh bien! je vous dirai avec la même franchise, et vous devez me croire, que l'amour que j'éprouvais alors n'était rien... (Regardant madame de Tréneuil.) auprès de celui que j'éprouve aujourd'hui.

DELPHINE.

Est-il possible!

DE PRESLE.

Quelle différence! il fallait rougir autrefois de ma passion, il fallait la cacher à tous les yeux; mais maintenant celle que j'aime est libre; je puis avouer un amour dont je suis fier; et quels que soient les moyens que j'emploie pour l'obtenir, ils ont un but trop pur et trop légitime pour qu'elle puisse m'en vouloir.

DELPHINE.

Non certainement, monsieur, je ne vous en veux point de chercher à me faire la cour... (Ils se lèvent.) et tout ce que vous me dites là... est tout à fait bien... pour les paroles. (A part.) Il n'y a que les gestes et les regards. C'est singulier, il n'a pas l'air de tourner les yeux vers moi.

DE PRESLE.

Eh bien! mademoiselle?

DELPHINE.

Tenez, monsieur, il y a dans vos discours quelque chose qui a l'air d'être vrai, et qui intéresse; qui fait qu'on voudrait vous savoir heureux, qu'on se reprocherait de vous laisser dans l'incertitude, et voilà pourquoi, quoique cela me fasse de la peine, je vous avouerai tout de suite... que quant à moi...

DE PRESLE.

Ah! mademoiselle! si c'est un refus que vous me réservez, daignez le suspendre encore. Je sais bien qu'on ne peut pas aimer en un jour, et à la première vue. Ainsi, je ne vous presse pas, prenez du temps, tout le temps qu'il faudra.

AIR : Traitant l'amour sans pitié. (*Voltaire chez Ninon.*)

> Je ne veux que soupirer,
> Et longtemps, amant sensible...
> Oh! le plus longtemps possible,
> Permettez-moi d'espérer.
> C'est par le temps, la constance,
> Les épreuves, la souffrance,
> Qu'on peut, du moins je le pense,
> Mériter le nom d'époux!...
> Laissez-moi donc, je vous prie,
> Vous aimer toute la vie,
> Pour être digne de vous.

DELPHINE.

Toute la vie... c'est un peu long.

DE PRESLE.

Ça m'est égal... la seule faveur que je réclame, c'est la liberté de revenir, de vous voir quelquefois, tous les jours, le matin, le soir, à votre convenance, et de ne vous parler que devant votre sœur, toujours devant elle.

Mme DE TRENEUIL.

Monsieur...

DE PRESLE, à Delphine à genoux.

Accordez-moi cette permission; et en revanche, je m'engage à ne rien vous demander de plus.

DELPHINE.

Mais relevez-vous, monsieur, relevez-vous.

DE PRESLE.

Vous consentez... Ah! que je suis heureux!

SCÈNE IX.

Les mêmes; ANTÉNOR.

ANTÉNOR.

Dieu! que vois-je! et qu'entends-je!

DE PRESLE.

On me permet d'espérer... voilà tout. C'est là ce qui te fâche?

ANTÉNOR.

D'abord, monsieur, je vous prierai de supprimer ces familiarités-là, parce qu'enfin comme je ne vous tutoie plus...

DE PRESLE.

C'est juste.

ANTÉNOR.

Et en outre, je vous préviens que je vais parler contre vous, et pour faire connaître à mademoiselle la personne à qui elle permet d'espérer, je ne dirai qu'une seule chose, mais horrible, mais épouvantable... que je viens d'apprendre à l'instant.

Mlle DE TRENEUIL, avec émotion.

Qu'entends-je!

DE PRESLE.

J'allais partir... mais je reste... je ne serai pas fâché d'avoir quelques renseignements sur mon compte.

ANTÉNOR.

Comme ce n'est pas pour vous que je les ai pris, je ne suis pas obligé de vous les donner.

DE PRESLE.

Il me semble cependant que, quand on accuse, ce doit être en face.

DELPHINE.

C'est juste!

DE PRESLE.

Quant à moi, je m'engage envers mon adversaire à ne pas l'interrompre; qu'il lance contre moi son réquisitoire, je m'assieds là, muet, immobile, et fort de mon innocence.

(Il s'assied dans un fauteuil.)

DELPHINE, à part.

Par exemple, voilà qui excite ma curiosité. (Haut à Anténor.) Allons, parlez donc.

Mme DE TRENEUIL.

Parlez, Anténor.

ANTÉNOR.

A cet empressement, je vois bien qu'on est maintenant pour lui; vous aussi, madame de Treneuil! Il vous a séduite, mais cela ne durera pas, quand je vous dirai que lui, qui recherche mademoiselle en mariage, il aime une autre femme.

DELPHINE.

Est-il possible!

ANTÉNOR.

Et qu'il s'est battu pour elle, la semaine dernière, à la suite d'un bal; on vient de le dire dans le salon; et s'il ose le nier, j'ai un moyen de le confondre, en vous montrant la blessure qu'il a reçue.

Mme DE TRENEUIL, avec émotion.

O ciel! une blessure!

ANTÉNOR.

Vous voilà, comme moi, madame, effrayée d'abord, parce qu'on a beau haïr ses amis, le premier mouvement est pour eux; mais rassurez-vous, presque rien, une égratignure à la main droite; c'est une permission du ciel, tout juste ce qu'il fallait pour rendre témoignage à la vérité.

DELPHINE.

Moi, qui m'étais attendrie, qui le croyais la franchise même !

(Anténor et Delphine remontent jusqu'au haut du théâtre.)

Mme DE TRENEUIL, à de Presle.

Vous avez entendu, monsieur?

DE PRESLE, se levant avec le plus grand sang-froid.

Parfaitement, madame.

Mme DE TRENEUIL.

Quant à moi, tout cela me serait bien indifférent; mais comme tutrice de ma sœur, comme obligée de veiller à son avenir, je ne puis me dispenser de vous interroger; qu'avez-vous à répondre ?

DE PRESLE.

Que dans le récit d'Anténor, de monsieur Anténor, il entre beaucoup d'exagération; des faits mal présentés, plus mal interprétés encore; et qu'après tout, j'espère être jugé sur ma conduite ultérieure, et non pas sur les rapports toujours suspects d'un rival, qui ne cherche à me perdre dans votre esprit que pour diminuer la concurrence.

(Il se rassied.)

ANTÉNOR.

Voilà ce qui vous trompe, monsieur. Je n'ai agi que pour le bonheur de mademoiselle Delphine, son bonheur à venir; car moi je n'ai plus de prétentions, je me retire.

Mme DE TRENEUIL.

Que dites-vous?

ANTÉNOR.

Qu'en me mettant sur les rangs pour épouser mademoiselle, qui a cent mille écus de dot, j'espérais lui apporter une fortune égale à la sienne, mais je comptais, pour cela, sur mon bon oncle l'évêque, à qui j'avais demandé deux cent mille francs; et je reçois de lui, à l'instant...

Mme DE TRENEUIL.

Cette somme?

ANTÉNOR.

Non, une lettre, où il refuse de m'envoyer cet argent.

Mme DE TRENEUIL.

Est-il possible!

ANTÉNOR.

Du reste, il m'envoie sa bénédiction ; mais vous sentez que cela ne suffit pas pour épouser celle qu'on aime.

AIR : J'en guette un petit de mon âge. (*Les Scythes et les Amazones.*)

Ainsi, je pars, mademoiselle ;
Recevez mes derniers adieux ;
Puisqu'un autre hymen vous appelle,
Puissiez-vous faire un choix heureux.
Par les grands airs craignez d'être éblouie,
Cherchez surtout candeur et bonne foi ;
Enfin, prenez un mari comme moi,
Afin d'être toujours chérie.

DELPHINE, le retenant.

Monsieur Anténor, vous qui êtes si bon, vous seriez malheureux! oh! non, j'ai pu être légère, frivole ; maintenant je me le reprocherais, et quoique vous soyez presque sans fortune, si ma sœur y consent, il me semble que c'est vous que je préfère.

ANTÉNOR, hors de lui.

Est-il possible!

DE PRESLE, passant entre Delphine et Anténor.

Permettez, permettez ; vous n'en êtes pas encore sûre.

ANTÉNOR.

Comment cela?

DE PRESLE.

Mademoiselle a dit : *il me semble...* expression pleine de tact, de prudence et de raison.

ANTÉNOR.

Il ne s'agit pas de raison, puisqu'elle me préfère...

DE PRESLE.

Pour le moment!... premier moment d'enthousiasme et de sensibilité, qui ne prouve rien ; il faut attendre le temps et la réflexion...

Mme DE TRENEUIL.

Mais il me semble, à moi, que ma sœur vous a dit assez nettement...

DELPHINE.

Oui, monsieur.

DE PRESLE.

Non, mademoiselle.

DELPHINE, avec impatience.

Et je vous répète encore...

DE PRESLE.

Vous n'en savez rien vous-même.

ANTÉNOR.

Est-il obstiné !

DELPHINE.

Il ne me croira pas !

DE PRESLE.

Non, sans doute, tant que votre sœur sera là. (A madame de Treneuil.) Oui, madame, vous exercez sur votre sœur une influence à laquelle mademoiselle cède sans le savoir ; votre présence lui dicte ce qu'il faut dire.

ANTÉNOR.

Je vous dis que non.

DE PRESLE.

Je vous dis que si.

SCÈNE X.

Les mêmes; UN DOMESTIQUE.

LE DOMESTIQUE.

Voici des dames qui arrivent au salon.

Mme DE TRENEUIL.

Je vais les recevoir, Anténor, Delphine, vous me suivrez.

(Elle sort.)

DE PRESLE, continuant toujours.

Et je suis bien sûr que si je restais seulement cinq minutes avec mademoiselle, je la ferais changer d'idée.

DELPHINE.

Est-il possible !

ANTÉNOR, vivement à Delphine.

Mademoiselle veut-elle me permettre de lui offrir la main?

DELPHINE.

Vous avez peur?

ANTÉNOR.

Moi! après ce que je vous ai dit de lui, après ce que vous avez fait pour moi... oh! non, plus de défiance.

DE PRESLE.

Eh bien! alors...

ANTÉNOR.

Eh bien !...

DE PRESLE, lui faisant signe de partir.

Eh bien !...

ANTÉNOR.

Eh bien! oui, et pour humilier son amour-propre, pour qu'il soit bien persuadé de votre indifférence, j'accorde les cinq minutes, ne fût-ce que pour lui prouver qu'on ne le craint pas ; et puis je serai là, et les portes du salon seront ouvertes.

DELPHINE.

Puisque vous le voulez, et pour vous faire plaisir, j'accepte. (A part.) Que peut-il avoir à me dire ? (Haut à Anténor.) Mais vous, n'oubliez pas que nous ouvrons le bal ensemble.

ANTÉNOR.

AIR du vaudeville du *Premier Prix*.

Oh! je reviendrai tout de suite,
Au premier coup d'archet.

DELPHINE.

C'est bien.

ANTÉNOR, à de Presle.

Vous le voyez, moi je vous quitte.

DELPHINE.

Mais allez donc...

ANTÉNOR.

Je ne crains rien !
Oui, quoiqu'à mon apprentissage,
Je veux me montrer désormais
Digne d'entrer en mariage ;
Et pour le prouver je m'en vais.

SCÈNE XI.

DELPHINE, DE PRESLE.

DE PRESLE, regarde autour de lui si on ne peut l'entendre.
Personne...

DELPHINE.

Non, monsieur ; et maintenant que ma sœur n'est plus là et que je ne suis plus, comme vous disiez, sous son influence, je vous répète de moi-même...

DE PRESLE, gaiement.

Que vous ne m'aimez pas.

DELPHINE.

Oui, monsieur; qu'avez-vous à dire à cela?

DE PRESLE.

Que je le savais, et que j'en suis enchanté.

DELPHINE.

Eh bien! par exemple...

DE PRESLE.

Et maintenant que je n'ai plus d'espoir, je déclare à vous, mais à vous seule, qu'Anténor peut disposer de ma fortune; moi qui ne suis pas son oncle mais qui suis son ami, je l'établirai, je lui prêterai tout ce qu'il faut.

DELPHINE.

Et tout cela, en ma faveur : c'est de l'héroïsme. Pauvre jeune homme! vous êtes donc bien amoureux de moi?

DE PRESLE.

Pas du tout...

DELPHINE.

Qu'entends-je!

DE PRESLE.

Eh quoi! à travers l'ambiguité obligée de mes paroles, était-il donc si difficile de voir à qui elles s'adressaient?

DELPHINE.

A ma sœur. Eh bien! vrai, je m'en suis douté un moment; et si vous l'épousiez, que je serais heureuse!

DE PRESLE.

Il y a tant d'obstacles!

DELPHINE.

Je le sais bien.

DE PRESLE.

Vous seule pouvez m'aider à les vaincre.

DELPHINE.

Parlez, disposez de moi; je serai si contente de faire votre bonheur, celui de ma sœur!

DE PRESLE.

Et celui d'Anténor...

DELPHINE.

Les deux noces à la fois!... Que faut-il faire?

DE PRESLE.

Déclarer tout haut, et sans hésitation, que vous m'aimez, que vous m'acceptez pour mari.

DELPHINE.

A la bonne heure... Je préviendrai Anténor.

DE PRESLE.

Du tout, je m'y oppose.

DELPHINE.

Mais songez donc! Le tourmenter encore...

DE PRESLE.

Tant mieux. J'ai besoin de sa rage et de ses fureurs; ça entre dans mon plan d'attaque.

DELPHINE.

Je lui dirai de gémir... de s'emporter.

DE PRESLE.

Il n'a pas assez de sang-froid pour cela; et à la gaucherie de sa colère, votre sœur devinerait... Enfin je ne veux que vous pour auxiliaire.

DELPHINE.

Pauvre Anténor! je ne pourrai jamais lui faire un pareil chagrin.

DE PRESLE.

Alors, c'est que vous ne l'aimez pas, puisque c'est le seul moyen d'assurer son mariage et sa fortune.

DELPHINE.

J'entends bien. Au moins, sera-ce long?

DE PRESLE.

Le moins que je pourrai; et si vous me secondez bien...

DELPHINE, avec effort.

Me voilà prête.

DE PRESLE.

Bien vrai, ma jolie belle-sœur?

DELPHINE.

Oui.

DE PRESLE.

Point de faiblesse!

DELPHINE.

Non.

AIR de *Renaud de Montauban*.

DE PRESLE.

Commençons donc; je les entends.

DELPHINE.

Je tremble!...

DE PRESLE.

Quel enfantillage!

DELPHINE.

Vous le voulez?

DE PRESLE.

Il le faut.

DELPHINE.

J'y consens.
De le tromper ayons donc le courage!
Et puis, au fait, c'est pour son bien.

DE PRESLE.

C'est trop juste, et combien de belles
A leurs amants sont infidèles,

Sans que ça leur rapporte rien,
Sans que cela rapporte rien !

SCÈNE XII.

ANTÉNOR, DELPHINE, DE PRESLE, Mme DE TRENEUIL.

ANTÉNOR à Delphine, allant auprès d'elle.

Mademoiselle, voici bientôt la première contredanse, je venais vous en avertir.

Mme DE TRENEUIL, à Delphine.

Et moi, je viens te chercher ; on te demande de tous côtés, et je ne m'attendais pas à te trouver seule ici, avec monsieur.

ANTÉNOR.

Ne la grondez pas, de grâce ; c'est moi qui en suis cause.

Mme DE TRENEUIL.

Vous, Anténor ?

DE PRESLE.

Oui, madame ; et je dois remercier ce cher ami du service qu'il vient de me rendre : il m'a permis d'éclairer mademoiselle sur ses véritables sentiments.

ANTÉNOR.

Que dit-il ?

DE PRESLE.

J'étais bien sûr qu'un mouvement de sensibilité spontanée avait seul dicté son premier choix, mais la réflexion devait m'être favorable.

ANTÉNOR.

Qu'est-ce que j'apprends là ?... Mais non, ce n'est pas possible !

Mme DE TRENEUIL.

Delphine, serait-il vrai ?

DELPHINE, baissant les yeux et hésitant.

Ma sœur...

DE PRESLE, bas.

Songez à votre promesse.

Mme DE TRENEUIL.

Eh bien ?

DE PRESLE, poussant Delphine.

Allons donc...

DELPHINE.

Eh bien ! je croyais que d'abord... j'en conviens... Mais ce que monsieur vient de me dire m'a décidée en sa faveur.

ANTÉNOR et Mme DE TRENEUIL.

Ciel !

DE PRESLE, à madame de Treneuil.

Vous voyez, je ne lui fais pas dire.

ANTÉNOR, allant à de Presle.

Monsieur, cela ne se passera pas ainsi, et nous verrons...

DELPHINE et Mme DE TRENEUIL.

Monsieur Anténor...

ANTÉNOR.

Non, non, il ne faut pas croire qu'à cause de mon ancien état...

DE PRESLE.

Plaire à coups de pistolet, joli système !

ANTÉNOR.

Il a raison !... et moi qui les ai laissés ensemble cinq minutes, cinq minutes ! pas davantage. (Regardant alternativement Delphine et de Presle qui se font des signes.) Et des signes d'intelligence... Je suis anéanti... et c'est d'autant plus mal à vous, mademoiselle, que si vous m'aviez dit cela seulement il y a un quart d'heure, je ne m'étais pas encore arrangé pour être heureux, il n'y aurait pas eu de contre-coup ; et peut-être plus tard, l'absence, la résignation, et de bonnes lectures... Mais à présent!... Ah! j'en mourrai.

DELPHINE, à part.

La! juste ce que j'avais prévu.

Mme DE TRENEUIL.

Anténor, mon ami!

(De Presle passe à la droite de Delphine.)

ANTÉNOR.

Non, madame; pourquoi vous attendrir sur mes infortunes? Ne prenez pas cette peine-là; je commence à m'y faire : dans la même journée, un ami d'abord; ensuite un oncle; et puis une amante. Il n'y a que vous, madame, vous seule qui ne changiez pas, qui ne changerez jamais, et que rien ne pourra séduire. Aussi, dorénavant, amitié, parenté, amour, je ne croirai plus à rien, qu'à votre bonté, qu'à votre générosité. Je vais chercher mon chapeau.

DELPHINE, à part.

Dieu!... (Haut et vivement.) Anténor!...

DE PRESLE, bas.

Imprudente!

ANTÉNOR, se retournant.

Vous me rappelez, mademoiselle?

DELPHINE.

Moi? non. (Prélude dans la coulisse par la porte qui est restée ouverte.) Ah! si fait, le prélude de la contredanse... (Bas à de Presle d'une voix suppliante.) Rien que cela.

(Il lui fait un léger signe de consentement, et lui rappelle ensuite qu'elle doit se taire, par un geste rapide, auquel elle répond par un clin d'œil.)

ANTÉNOR.

Quoi! vous exigez encore?...

DELPHINE.

AIR de la Galope.

Oui, si je ne m'abuse,

Voici le premier air;
Allons, s'il me refuse,
Il me le paira cher.

ANTÉNOR.

De souffrir cet outrage
Je saurai m'efforcer :
Oui, j'aurai du courage,
Et je m'en vais danser.

Ensemble.

DELPHINE.

Oui, de la contredanse
Voici le gai refrain;
Et je crois que la danse
Bannira son chagrin.

Mme DE TRENEUIL.

Il me brave, il m'offense;
Je l'éloignais en vain;
Croit-il, par sa présence,
Détruire mon dessein?

DE PRESLE.

Son cœur, de résistance
Contre moi s'arme en vain,
Et ma persévérance
Changera son dessein.

ANTÉNOR.

Pour moi, plus d'espérance,
Mon malheur est certain;
Et cette contredanse
Est un nouveau chagrin.

(Anténor donne la main à Delphine, et sort avec elle; la porte se referme, et on cesse d'entendre la musique.)

SCÈNE XIII.

Mme DE TRENEUIL, DE PRESLE.

(De Presle a suivi Anténor et Delphine, et au moment d'entrer dans le salon il s'arrête, et s'inclinant, il dit à madame de Treneuil.)

DE PRESLE.

Vous me permettrez, madame, de les suivre... dans mon intérêt...

Mme DE TRENEUIL.

Un mot, de grâce, monsieur.

DE PRESLE, à part et revenant.

On ne me renvoie plus, on me retient.

Mme DE TRENEUIL.

J'ai une explication à vous demander sur votre conduite, qui d'un bout à l'autre me paraît une énigme inexplicable.

DE PRESLE, froidement.

Rien de plus simple, madame. Repoussé par vous, je me suis adressé à votre sœur. Je lui ai fait la cour, et je suis décidé à l'épouser.

Mme DE TRENEUIL.

A l'épouser! Et si je l'instruis des aveux que vous m'avez faits aujourd'hui même ?...

DE PRESLE.

Vous le pouvez, madame, cette menace m'alarme peu. Si j'ai su prendre quelque ascendant sur elle, vous ne le détruiriez pas par là. On se fie à ceux qu'on aime, on n'a pas de peine à s'en croire véritablement aimé, et alors (Avec expression.) on ne leur oppose plus une longue résistance.

Mme DE TRENEUIL.

Eh quoi! tirer avantage de la crédulité d'une jeune fille...

DE PRESLE.

Et à qui la faute, si ce n'est à vous qui m'y forcez?

Mme DE TRENEUIL.

Ah! vous en convenez : Vous l'avez trompée.

DE PRESLE.

Madame...

Mme DE TRENEUIL.

Et puis-je savoir par quelle magie, quel pouvoir merveilleux vous avez acquis ce prompt ascendant dont vous êtes si fier?

DE PRESLE.

Une magie toute simple : l'accent de la vérité.

Mme DE TRENEUIL.

De la vérité?

DE PRESLE.

Oui, madame; en suppliant votre sœur, comme votre image est toujours présente à ma pensée, je me suis involontairement figuré que c'était à vous que je m'adressais; et, une fois que j'ai eu fait ce premier effort d'imagination, le reste m'a été facile. J'ai mis tant de feu dans l'expression de mes sentiments, je lui ai peint avec des couleurs si vives le désespoir qui m'attendait, s'il fallait vivre loin de vous... je veux dire loin d'elle... que cette jeune personne n'a pas pu s'empêcher d'être attendrie, en se voyant aimée à ce point-là.

Mme DE TRENEUIL.

Aimée! à merveille, monsieur... par ce récit vous essayez encore de me faire croire à une passion impérieuse, irrésistible : cela est bon pour ma sœur... mais pour moi, je n'ignore pas que cette prétendue passion vous laisse quelques intervalles de loisir. Car j'hésitais à vous en reparler, attendu que, quant à moi, je vous le répète, rien ne m'est plus indifférent. Mais enfin, une intrigue amoureuse, un duel l'autre semaine. (De Presle, sans lui répondre, tire un bouquet fané de son sein et l'y replace aussitôt.) Que vois-je! Ah! de Presle! (Elle se cache la tête dans les mains. Il l'observe. Un silence. Elle reprend avec beaucoup d'émotion.) Quoi! c'est pour ravoir ce bouquet dont un fat s'était emparé, que vous avez exposé vos jours?

AIR : Soldat français, né d'obscurs laboureurs.

Quelle folie!... ô ciel!... si j'avais su...
Mais j'en vois une encor bien plus à craindre
Dans le projet que vous avez conçu,
Par un dépit que le temps peut éteindre...
Vous de ma sœur vouloir être l'époux!
C'est aux regrets vouer votre existence;
Et maintenant ce n'est plus par courroux
Que je persiste à parler contre vous,
 Monsieur, c'est par reconnaissance.

DE PRESLE.

Vous êtes bien bonne, madame, de vous intéresser à mon sort; ce n'est pas votre habitude.

Mme DE TRENEUIL.

Eh! monsieur, si ce n'est pas pour vous, c'est pour le bonheur de Delphine, auquel vous ne pensez pas.

DE PRESLE.

Eh mais! je vous ferai le même reproche, et avec plus juste raison; car c'est vous que cela regarde plus que moi. Comme sa tutrice, vous êtes responsable; et son malheur, puisque c'en est un de m'appartenir, vous ne devez l'attribuer qu'à vous seule, à vous qui, d'un mot, pouviez l'empêcher.

Mme DE TRENEUIL.

Moi!... et comment?

DE PRESLE.

En vous dévouant pour elle.

Mme DE TRENEUIL.

Monsieur...

DE PRESLE.

Je sais ce qu'un tel parti a de pénible pour vous... mais sans cela, où serait le mérite, où serait le sacrifice?... Je vous l'ai dit, madame : ou votre mari, ou votre beau-frère; ou le malheur de votre sœur, ou le vôtre; choisissez.

Mme DE TRENEUIL.

Ni l'un, ni l'autre; car ma sœur ne peut se marier sans mon consentement, et je le refuse.

DE PRESLE.

Contraindre son penchant !

Mme DE TRENEUIL.

J'aime mieux sa douleur aujourd'hui que ses reproches plus tard. Et comme sœur, comme tutrice, je l'obligerai bien à m'obéir.

DE PRESLE.

De la tyrannie !... Cela porte malheur, madame, et dès que vous sortez de l'ordre légal, dès que vous tombez dans le despotisme, je sais les moyens qui me restent, et j'y aurai recours.

(Il salue et sort.)

SCÈNE XIV.

Mme DE TRENEUIL, seule.

Peut-on pousser plus loin l'audace ! me braver à ce point ! Il s'en repentira ! Il ne sait pas le service qu'il vient de me rendre. Oui, ce n'est plus par un scrupule exagéré peut-être, c'est pour lui... pour lui seul que je le refuse, et cela vaut mieux. Je pourrais me croire dégagée d'un serment arraché à la faiblesse ou à la crainte; je pourrais oublier toutes mes résolutions, je serais prête à me remarier, que tout autre aurait sur lui la préférence... Je le dis sans dépit, sans colère, car je n'en ai plus. Je suis tranquille; et si ce n'étaient les craintes que m'inspire l'avenir de ma sœur... Est-ce qu'en réalité elle l'aimerait à ce point-là ? Au fait, c'est possible; une jeune personne à qui on répète qu'on l'aime éperdûment, ne peut s'empêcher d'être émue. Moi-même, tout-à-l'heure, je ne sais ce que j'éprouvais, et s'il faut qu'il ait produit le même effet sur Delphine, comment m'y prendrai-je pour la détacher de lui? Voilà surtout ce qui est affreux de sa part! c'est ce calcul de me réduire au rôle d'esclave avec lui, ou de tyran avec ma sœur!... Cela est indigne, cela révolte! et il y a des moments où on pleurerait d'être isolée, sans défense, où l'on voudrait à tout prix avoir un appui, un vengeur. Ah! il était le mien auparavant; au lieu de m'outrager, il me protégeait! Et cette blessure, ce duel, ce bouquet!... Allons, allons, ne pensons plus à cela; car je dois le haïr, et peut-être n'en aurai-je plus le courage.

SCÈNE XV.

Mme DE TRENEUIL, ANTÉNOR.

ANTÉNOR.

Ah! madame, si vous saviez; quel complot! quel tissu d'horreurs!

Mme DE TRENEUIL.

Qu'avez-vous donc?

ANTÉNOR.

Je viens de les voir tous les deux... Ils dansaient.

Mme DE TRENEUIL.

N'est-ce que cela?

ANTÉNOR.

Oh! vous n'y êtes pas. Je me suis glissé doucement derrière eux. J'ai cru d'abord que M. de Presle m'avait vu, mais non, grâce au ciel, et la preuve c'est qu'il continuait à lui parler avec feu; il lui disait : « Oui, votre sœur s'oppose formellement à notre union. »

Mme DE TRENEUIL.

C'est vrai.

ANTÉNOR.

Ah! je vous remercie! Non, au contraire, c'est cela qui sera cause de tout. Car M. de Presle ajoutait : « Il ne nous reste plus d'autre moyen qu'un enlèvement, et ce soir, après le bal... »

Mme DE TRENEUIL.

Et qu'a répondu Delphine?

ANTÉNOR.

Elle a répondu... je ne puis le croire encore, elle a répondu : « J'allais vous le proposer. » En ce moment, elle se retournait pour balancer, elle m'a aperçu. Elle a achevé tranquillement sa figure; et moi, ne sachant plus celle que j'avais à faire, j'accours, me voilà : je ne sais où donner de la tête; je ferai quelque malheur, c'est sûr, car je ne laisserai pas enlever mademoiselle Delphine.

Mme DE TRENEUIL.

Elle vient de ce côté, c'est elle.

ANTÉNOR.

Ah! mon Dieu! madame, soutenez-moi. Voilà la fièvre qui me prend, j'ai froid.

Mme DE TRENEUIL.

Laissez-moi l'interroger par degrés, avec ménagement. Vous, surtout, pas un mot.

ANTÉNOR.

Ah! je voudrais parler, que je ne pourrais pas.

(Il va s'asseoir auprès du guéridon.)

SCÈNE XVI.

Les mêmes; DELPHINE.

DELPHINE, à part.

Les voilà... à présent je suis au fait de mon rôle, et bien aguerrie contre ses reproches et sa colère.

Mᵐᵉ DE TRENEUIL.

Tu viens de danser, Delphine?

DELPHINE.

Oui, ma sœur.

Mᵐᵉ DE TRENEUIL.

Et avec qui, ma chère enfant?

DELPHINE.

Mais...

Mᵐᵉ DE TRENEUIL.

Tu hésites... tu te caches de moi, ta meilleure amie!

DELPHINE, à part.

Ah! si elle y met cette douceur-là...

Mᵐᵉ DE TRENEUIL.

Eh bien!... réponds.

ANTÉNOR.

Ah! mon Dieu! mademoiselle, pourquoi ne pas le nommer? on sait bien que c'est lui, M. de Presle; il ne vous quitte plus, il est toujours là.

Mᵐᵉ DE TRENEUIL.

Anténor!...

ANTÉNOR, se levant.

Oui, madame, oui, je vous ai promis de me taire; aussi, je ne dirai rien, ça ne me regarde pas, qu'il propose à mademoiselle de l'enlever, qu'elle y consente, ça m'est bien égal; quand on n'aime plus les personnes...

Mᵐᵉ DE TRENEUIL.

Il se pourrait! tu aurais eu la faiblesse?

DELPHINE.

Eh bien! oui, c'est vrai, j'ai tort; mais tant qu'il me parlera, qu'il me pressera, je ne pourrai pas lui résister, c'est plus fort que moi, tous les raisonnements n'y pourraient rien. (Affectant de pleurer.) Ça ne servirait qu'à me faire pleurer davantage.

(Elle cherche des yeux son mouchoir qu'elle a laissé sur le guéridon. Anténor le saisit avec empressement et le lui présente.)

ANTÉNOR.

Le voilà, mademoiselle. (A part.) J'en aurais plus besoin qu'elle.

Mme DE TRENEUIL.

Malheureuse enfant ! mais comment a-t-il pris cet empire sur toi ?

DELPHINE, avec intention.

Eh ! le moyen de ne pas être sensible à son hommage : n'est-il pas brave, aimable, spirituel ?

(En ce moment Anténor passe à la droite de madame de Treneuil.)

Mme DE TRENEUIL.

Je ne dis pas non ; mais...

DELPHINE.

Je ne vous parle pas de son rang et de sa fortune ; mais n'a-t-il pas un mérite éclatant, l'estime et les suffrages de tout le monde ?

Mme DE TRENEUIL.

Je ne dis pas non, mais...

ANTÉNOR, bas à madame de Treneuil.

Mais pourquoi en convenir ?

DELPHINE.

Vous avouez donc, avec moi, que jamais personne n'a été plus digne d'être aimé, n'est-ce pas, ma sœur ?

AIR : Que d'établissements nouveaux. (*L'Opéra-Comique.*)

Et voir un amant sans défaut,
Qui, devant vous, pleure, soupire,
Et ne demande qu'un seul mot
Afin d'apaiser son martyre,
Dites-moi donc par quel moyen
Refuser sans être inhumaine...

Ce mot qui fera tant de bien,
Et qui coûte si peu de peine?

Dame! il m'aime tant.

Mme DE TRENEUIL.

Eh! c'est là que je t'arrête; s'il t'avait trompée?

DELPHINE.

Oh! non, ma sœur.

Mme DE TRENEUIL.

S'il ne t'épousait que par dépit?... s'il en aimait une autre?...

DELPHINE.

Lui! je ne le croirai jamais.

ANTÉNOR.

Quel aveuglement!

Mme DE TRENEUIL.

Si on te le prouvait?

DELPHINE.

Ce n'est pas possible.

Mme DE TRENEUIL.

Si, moi qui te parle, je n'avais qu'un mot à dire pour le détacher de toi, pour l'amener à mes pieds...

DELPHINE.

Vous, ma sœur? Ah! je voudrais bien voir cela.

Mme DE TRENEUIL.

Eh bien! tu le verras, pour un moment seulement, et pour te préserver du danger que tu cours.

ANTÉNOR.

Oui, madame, c'est un devoir...

DELPHINE.

Oh! je ne crains rien, et je vous en défie.

Mme DE TRENEUIL.

Ah! tu m'en défies... c'est bien malgré moi que j'aurai

recours à la ruse, à la tromperie ; mais ton intérêt le veut... Le voici... Je suis d'une colère... vous allez voir, mademoiselle.

ANTÉNOR.

Oui, mademoiselle, vous allez voir.

DELPHINE, à part.

Je ne puis pas le prévenir ; mais n'importe, une fois qu'il l'aura prise au mot...

SCÈNE XVII.

LES MÊMES ; DE PRESLE.

Mme DE TRENEUIL.

Venez, venez, monsieur ; nous connaissons vos projets.

ANTÉNOR.

On les connaît.

DE PRESLE.

Ce n'est pas difficile, madame ; je ne les cache à personne.

Mme DE TRENEUIL.

Ne cherchez pas de détours. Vous l'emportez, monsieur, je dois m'avouer vaincue ; j'avais promis à mon père d'assurer l'avenir de sa seconde fille, de tout sacrifier pour elle, jusqu'aux promesses qui m'étaient les plus chères, jusqu'à mon propre bonheur ; grâce à vous, il ne me reste plus que ce moyen-là de tenir ma parole ! eh bien ! puisqu'on m'y force, puisque, pour l'arracher à la séduction, je dois m'immoler moi-même, je me rappelle ce que vous m'avez dit tout à l'heure : voilà ma main.

(Elle la lui présente.)

DE PRESLE

Je ne l'accepte pas, madame.

Mᵐᵉ DE TRENEUIL.

Comment!

ANTÉNOR.

Encore cela!

DELPHINE, à part.

Ah! mon Dieu! à force de feindre de l'amour pour moi, est-ce que ça serait devenu vrai? Pauvre Anténor!

Mᵐᵉ DE TRENEUIL, se remettant à peine de son trouble.

Quoi! monsieur... (Avec dépit..) un refus! après tant d'instances? Ainsi, vous m'avez trompée, moi... nous tous!... et dans quel but?

ANTÉNOR.

Le plaisir de faire de la peine... il n'en a pas d'autre.

Mᵐᵉ DE TRENEUIL.

Répondez donc, monsieur.

DE PRESLE.

Et que vous dirais-je, quand je me vois si mal jugé par vous? pouviez-vous croire que je voudrais d'une main que le cœur ne suivrait pas... que je me contenterais de ne lire dans vos yeux que la haine en échange de ma tendresse; d'enchaîner à mon sort une victime au lieu d'une amie; de savoir enfin que je vous ai vouée pour jamais au malheur?... (Vivement.) Oh! vous venez de le dire, et par là vous avez presque fait en un moment ce que n'avaient pu faire ni le temps, ni la séparation, ni la perte de toute espérance. Ah! si je vous avais obtenue de vous-même, si mon amour pour vous avait triomphé d'un vain scrupule, d'un serment nul aux yeux de Dieu et des hommes; si un seul mot échappé du cœur, un geste, un regard, m'avait appris que je ne vous suis pas indifférent; ah! Julie! c'est alors qu'à l'ivresse, au délire de ma joie, vous auriez connu tout votre empire. Tantôt même, en venant à vous, à quelles illusions je me livrais! Ce bouquet, ce gage que j'ai payé de mon sang... je me disais : Qu'elle ne le voie pas, qu'elle ignore tout; et si mes vœux sont exaucés, le jour de notre union, comme je jouirai de sa surprise, en lui offrant cette preuve de mon dévouement, cet emblème plus beau, plus digne d'elle que tous les bouquets de mariée. Ce jour-là, elle le portera pour moi, et ensuite il ne me quittera plus. Vain espoir! maintenant je vous le rends; reprenez-le, il ne peut plus rester sur mon sein; car pour l'y placer encore, il faudrait l'avoir reçu des mains de l'amour; tenez, madame...

(Il le lui présente.)

Mme DE TRENEUIL, après avoir hésité un instant.

Ah! gardez-le!

DE PRESLE, tombant à ses pieds.

Qu'entends-je?

DELPHINE.

Ma sœur!

ANTÉNOR, passant auprès de Delphine et à sa gauche.

Ah! c'est bien fait, mademoiselle : vous aussi, on vous trahit!... ça vous apprendra.

DELPHINE, sautant de joie.

Que je suis contente!... mon petit Anténor, vous voilà agent de change; voilà votre fortune faite. Remerciez votre beau-frère; car il l'est... ce n'est pas sans peine...

ANTÉNOR.

Plaît-il? qu'est-ce qu'il lui prend? Oh! mon Dieu! il l'a tant séduite que de désespoir elle en perd la raison.

DELPHINE.

Du tout, ni la raison, ni mon amitié pour vous, car je n'ai pas changé un seul instant.

ANTÉNOR.

Qu'entends-je? quoi! de Presle!... Ah! je devine, et à présent, je crois aux amis, aux femmes, à tout.

Mme DE TRENEUIL, à Delphine.

Tu étais donc du complot?

DELPHINE.

Dame! vous deviez faire mon mariage; eh bien! c'est moi qui fais le vôtre.

(On entend la musique.)

DELPHINE, à Anténor.

La musique; vite, vite, Anténor, et vos gants!

Mme DE TRENEUIL.

AIR de la Galope.

D'un premier mariage
Oubliant les tourments,
De nouveau je m'engage,
Malgré tous mes serments;
J'attends votre suffrage :
Ah! qu'au gré de mes vœux,
Mon second mariage,
Grâce à vous, soit heureux!

Ensemble.

DELPHINE, ANTÉNOR et DE PRESLE.

Ah! par votre suffrage,
Puisse, au gré de ses vœux,
Son second mariage
Avoir un sort heureux!

Mme DE TRENEUIL.

J'attends votre suffrage :
Ah! qu'au gré de mes vœux,
Mon second mariage,
Grâce à vous, soit heureux!

LE SAVANT

COMÉDIE-VAUDEVILLE EN DEUX ACTES

EN SOCIÉTÉ AVEC M. MONVEL.

THÉATRE DU GYMNASE. — 22 Février 1832.

PERSONNAGES.   ACTEURS.

M. DE WURTZBOURG, conseiller aulique. . . . . MM. Klein.
REYNOLDS . . . . Gontier.
LE DOCTEUR SCHULTZ. . . . . Firmin.
FRÉDÉRIC STOP, sous-lieutenant au régiment de
　l'archiduc Charles. . . . . Bercour.
HANTZ, serviteur de Reynolds . . . . Bouffé.

Mme DE WURTZBOURG . . . . Mmes Julienne.
HÉLÈNE, nièce de M. et Mme de Wurtzbourg . . . Despréaux.

En Allemagne. Dans l'appartement de Reynolds, au premier acte ; à la maison de campagne de M. de Wurtzbourg, au deuxième acte.

LE SAVANT

ACTE PREMIER

Le cabinet de Reynolds. — La bibliothèque occupe le fond et les parties latérales; plusieurs objets d'histoire naturelle, bustes, coquillages, armures antiques au-dessus des livres. A droite de l'acteur, et un peu sur le devant, une grande table chargée de livres de toute espèce, papiers, globes, cartes de géographie, etc. Du même côté, et au fond, la porte de la chambre à coucher. Porte d'entrée au fond.

SCÈNE PREMIÈRE.

HÉLÈNE, HANTZ.

HÉLÈNE, entr'ouvrant la porte.

Il n'est pas là?

HANTZ.

Non, mademoiselle.

HÉLÈNE, à l'antichambre.

Restez, Catherine, et attendez-moi. (A Hantz.) Comment va-t-il ce matin?

HANTZ.

Mieux, grâce à vous, car, sans vos bontés, c'en était fait de mon cher et honoré maître.

HÉLÈNE.

Ne parlons pas de cela.

HANTZ.

Vous qui, tous les jours, du premier étage, où vous demeurez, ne craignez pas de monter ici, au quatrième, pour apporter des soins et des consolations à un pauvre malade.

HÉLÈNE, souriant.

Qui, grâce au ciel, ne l'est plus, car je vois qu'il est sorti; et il a même oublié que c'était le jour de ma leçon. Vous lui direz que ce n'est pas bien.

HANTZ, la retenant.

Ah! restez, mademoiselle, restez; il va rentrer : il serait fâché de ne pas vous avoir vue.

HÉLÈNE.

AIR du vaudeville de l'Écu de six francs.

Alors, parfois donc il se fâche?

HANTZ.

Lui!... jamais... je le connais bien.
Travaillant toujours sans relâche,
Il ne dit rien, ne s' mêl' de rien;
Tout ce qu'on fait est toujours bien.
Mes caprices, quels qu'ils puiss'nt être,
En tout temps par lui sont soufferts;
Et d' puis six ans que je le sers,
C'est toujours moi qui suis le maître.

HÉLÈNE.

Et comment l'avez-vous connu?

HANTZ.

Voici l'histoire : j'ai été pendant quarante ans bedeau et suisse à la cathédrale de Cologne; je dis bedeau et suisse, car je remplissais alternativement les deux emplois; quand le suisse était malade, c'est moi qui tenais sa place... et sans vouloir dire de mal de mes anciens seigneurs... devenu vieux, ils m'ont mis à la porte, sans un florin dans ma poche; moi! un invalide; presque un ancien militaire... car, lorsque, pendant quarante ans, on a porté la hallebarde...

HÉLÈNE.

C'est juste.

HANTZ.

J'étais donc sur le pavé, et prêt à mourir de faim... je vous le demande, à quoi peut servir un bedeau destitué?... lorsqu'en passant dans la rue, je heurte violemment, et sans l'apercevoir, un homme qui lisait en marchant, et qui était si peu sur ses gardes, qu'il fut renversé du coup; c'était le professeur Reynolds!

HÉLÈNE.

Et voilà comment vous vous êtes rencontrés la première fois?

HANTZ.

Oui, mademoiselle; et quoiqu'il eût une large bosse au front, il me remerciait de son livre qui était tombé, et que je lui rendais en l'essuyant de mon mieux; de là il vint à m'interroger, et quand il apprit...

AIR du vaudeville du Dîner de garçons.

Qu' j'étais vieux, infirme, et sans bien,
Et quelqu'état que je choisisse,
Que je n'étais plus bon à rien...
Lors il me prit à son service.
Près de lui, depuis ce moment,
Je jouis d' tous les avantages,
Car il me paie exactement
Pour ne rien faire, et franchement,
Je ne lui vole pas ses gages.

HÉLÈNE.

Plus je regarde son cabinet, sa bibliothèque, plus je le trouve heureux ici!... c'est un vrai paradis!

HANTZ.

Hum! hum!... un paradis!... pas tout-à-fait; le paradis,

si je m'en souviens, c'est un beau jardin en plein air; tandis qu'ici...

HÉLÈNE.

Mon Dieu! le paradis est partout où l'on est heureux. (Regardant les livres de la bibliothèque.) Et je ne vois pas là ses ouvrages à lui, ceux qu'il a composés; ils sont dans toutes les bibliothèques, excepté dans la sienne... car tu ne sais pas que ton maître, le docte Reynolds, est un homme d'un grand talent, d'un immense savoir, qui sera un jour un des plus beaux génies de l'Allemagne.

HANTZ.

Vous croyez?... tant pis.

HÉLÈNE.

Et pourquoi donc?

HANTZ.

Voyez où cela le mène : à être malade, à se tuer! Et comment en serait-il autrement?... il ne fait pas autre chose que lire et écrire depuis le matin jusqu'au soir, et quelquefois même toute la nuit; pas d'air, pas d'exercice... ça lui épaissit le sang; et il mourra quelque jour d'apoplexie.

HÉLÈNE, effrayée.

Ah! mon Dieu!

HANTZ.

Et à son âge, car il est jeune encore, il a à peine trente-quatre ans.

HÉLÈNE.

Vraiment!

HANTZ.

C'est l'étude qui le vieillit; et puis, faut-il s'étonner qu'il soit si triste, si mélancolique?... toujours courbé sur ce qu'il appelle des *classiques*, de gros livres grecs et latins qui lui donnent un tas d'idées diaboliques et païennes; car, voyez-vous, mam'selle, un classique, c'est ni plus ni moins qu'un païen; et vrai, là, sans médisance, je crois que mon maître en tient un peu.

HÉLÈNE.

Y pensez-vous!

HANTZ.

Hélas! oui; quand par hasard la procession passe sous nos fenêtres, et qu'on entend ces belles voix des chantres et cette douce musique des serpents, il n'y tient plus, il jette sa plume, il se démène comme si on l'exorcisait; est-ce étonnant!

HÉLÈNE.

Sans doute; car M. Reynolds est si honnête homme, si bon!...

HANTZ.

Lui! il aime tout le monde; quand je dis tout le monde, faut pourtant en excepter les chaudronniers, les armuriers, les serruriers, les maréchaux!... et les tambours donc!.. oh! les tambours le mettent aux champs; et quand il y a une revue, ou une parade, il n'y est plus

SCÈNE II.

Les mêmes; REYNOLDS.

REYNOLDS, son chapeau sur la tête, et un livre à la main.

Belle édition, ma foi!... édition de 1560; les anciens son nos maîtres en tout, (Regardant avec tendresse le livre qu'il tient.) excepté en imprimerie.

HANTZ, voulant l'interrompre.

Monsieur...

REYNOLDS, regardant son livre.

Ils ne connaissaient pas les Elzevirs, les Didot, les Crapelet!... Les belles pages! comme elles sont noires, et moisies par le temps!... je défierais toute l'université d'en déchiffrer une lettre!

HANTZ, à Hélène.

En voilà encore pour quinze jours sans boire ni manger; parlez-lui, mademoiselle, car moi, il ne m'entendra jamais.

HÉLÈNE, s'approchant de Reynolds qui est plongé dans sa lecture.

Monsieur Reynolds... point de réponse... (Le tirant par son habit.) Mon cher maître...

REYNOLDS.

Ah! c'est vous, Hélène! vous, ma bienfaitrice! (A Hantz qui est passé à sa gauche.) Pourquoi n'es-tu pas venu m'avertir?... Pourquoi ne m'as-tu pas dit?...

HANTZ.

Voilà une heure que je vous le crie.

REYNOLDS.

Vraiment!... c'est singulier! (Lui donnant son livre.) Tiens, prends ce livre, porte-le dans ma chambre, sur ma cheminée; là, tout ouvert; ne le ferme pas, car pour retrouver ce passage-là, il faudrait encore feuilleter tout le volume.

HANTZ, emportant le livre tout ouvert.

Oui, monsieur!... (A part en s'en allant.) Quels caractères diaboliques!... se peut-il qu'un chrétien vive de cela!...

(Il entre dans la chambre de Reynolds.)

SCÈNE III.

HÉLÈNE, REYNOLDS.

REYNOLDS.

Ma tête est si lourde, si fatiguée...

HÉLÈNE.

Que, si vous n'y prenez garde, vous perdrez la mémoire.

REYNOLDS.

Jamais, jamais je n'oublierai ce que je vous dois; je souffrais tant, je ne savais plus où j'étais ; mes livres, mon grand ouvrage, mon ouvrage commencé, j'avais tout oublié, je ne pensais plus, j'allais mourir.

AIR : Muse des jeux et des accords champêtres.

Un froid mortel, une langueur étrange,
Glaçaient mes sens !... et quand j'ouvris les yeux,
A mes côtés apercevant un ange,
Je me suis cru transporté dans les cieux.

HÉLÈNE, souriant.

Pour un savant que j'estime et j'honore,
L'erreur est grande.

REYNOLDS.

A présent, je le voi,
Oui, dans le ciel je n'étais pas encore,
(La regardant.)
C'était le ciel qui descendait vers moi.

HÉLÈNE.

Lui, et puis le docteur que j'ai envoyé chercher ; et sans son secours...

REYNOLDS.

Oui, ce bon Schultz, mon ancien ami, l'ami de ma famille ; j'avais oublié de l'avertir, et c'était mal à moi de mourir sans lui ; il me l'a bien reproché, et rien ne pourra m'acquitter jamais envers vous deux.

HÉLÈNE.

N'est-ce pas moi qui vous suis redevable? vouloir bien me donner des leçons d'italien et de français, vous, monsieur Reynolds, un si grand savant! c'est bien de l'honneur.

REYNOLDS.

Non ; mais c'est commode pour vous : dans la même maison, quelques escaliers seulement à monter, et tous les deux jours, quand je vous vois arriver avec la vieille Catherine, votre gouvernante...

HÉLÈNE.

Nous interrompons vos travaux.

REYNOLDS.

Non; cela me repose, cela me délasse, comme de la belle poésie de Gœthe ou de Klopstock, et il me semble que ce jour-là, je me porte mieux.

HÉLÈNE, vivement.

Oh! je viendrai tous les jours.

REYNOLDS.

Je n'osais pas vous le proposer.

HÉLÈNE.

Par malheur, ce ne sera que dans bien longtemps; car je vais partir pour trois mois, monsieur Reynolds.

REYNOLDS.

Partir! et pourquoi donc?... négliger vos leçons, vos études!...

HÉLÈNE.

Il le faut; c'est un voyage que je vais faire tous les ans, chez un oncle dont je suis l'unique héritière, et qui est très-riche.

REYNOLDS.

Qu'importe la richesse, auprès de la science?

HÉLÈNE.

Sans doute; mais ma mère qui tient peu à la science, et beaucoup à la fortune, n'a d'autre bien que cette petite maison où nous demeurons; et pour ne pas se brouiller avec mon oncle, elle m'envoie passer trois mois à sa campagne; je pars ce matin, et je viens vous faire mes adieux.

REYNOLDS.

Trois mois! c'est bien long; vous oublierez ce que vous savez, vous m'oublierez peut-être aussi.

HÉLÈNE.

Oh! non, ne le croyez pas, car cette année-ci ce voyage me fait une peine, et surtout une frayeur...

REYNOLDS.

Et pourquoi donc?

HÉLÈNE.

C'est que mon oncle et ma tante veulent me marier.

REYNOLDS.

Vous marier ! c'est étonnant !... comment peut-on se marier? cela ne me serait jamais venu à l'idée.

HÉLÈNE.

Ni à moi non plus; mais je vous le dis à vous, en qui j'ai confiance, pour que vous me disiez ce que vous en pensez.

REYNOLDS.

Ce que je pense du mariage ?

HÉLÈNE.

Oui.

REYNOLDS.

Je ne sais.

HÉLÈNE.

Vous qui êtes si savant !

REYNOLDS.

C'est pour cela. Dans nos auteurs anciens et modernes, il y a autant de raisons pour la négative que pour l'affirmative; et je me rappelle, il y a quelque temps, avoir jeté à ce sujet quelques idées sur le papier.

HÉLÈNE.

Et ce papier, où est-il ?

REYNOLDS.

Je l'ignore, j'en ai tant; (Montrant la table.) là, peut-être, avec mille autres; et si je le retrouve, je vous l'enverrai.

HÉLÈNE.

Vous me le promettez?

REYNOLDS.

Certainement.

HÉLÈNE.

Et moi, quels que soient vos conseils, je vous promets de les suivre. Adieu, monsieur Reynolds.

REYNOLDS.

Adieu...

(Il baisse la tête, rêve quelque temps, puis se remet à travailler à la table.)

HÉLÈNE, revenant timidement.

J'aurais bien encore quelque chose à vous dire, mais c'est que je n'ose pas. (Voyant Reynolds qui ne l'écoute plus.) Mon cher maître...

REYNOLDS, vivement.

Ah! vous voilà de retour?... tant mieux.

HÉLÈNE.

Non, je n'étais pas partie; et je vois que déjà vous vous êtes remis à l'ouvrage.

REYNOLDS, se levant.

Toujours, quand j'ai du chagrin; avec le travail on oublie tout.

HÉLÈNE.

Même ses amis.

REYNOLDS.

Non, mais leur absence. Que vouliez-vous me dire?

HÉLÈNE.

C'est là le difficile; j'étais venue pour cela, et je m'en irais, je crois, sans vous en parler... Vous n'êtes pas riche, vous ne vouliez rien pour vos leçons, et j'ai demandé pour vous, à mon oncle, cette place de recteur.

REYNOLDS.

Pour moi! oh! je vous remercie, gardez-la.

HÉLÈNE.

Vous me refusez?

REYNOLDS.

Elle peut être nécessaire à d'autres, et moi je n'en ai pas besoin; mes manuscrits, mes travaux, voilà mon être, mon existence, et tout ce qui pourrait m'en distraire, même pour me rendre heureux, me paraîtrait le plus grand des malheurs ; je mourrai ici, la plume à la main, et au milieu de mes livres, comme le guerrier sur le champ de bataille ! mort moins glorieuse, mais aussi utile, peut-être ! J'ai là... (Portant la main à son front.) là, un ouvrage qui m'usera avant le temps, mais qu'importe !

AIR : Un jeune Grec assis sur des tombeaux.

A-t-il vécu, celui qui, plein de jours,
Ne laisse rien qu'un souvenir stérile ?
Mais de sa vie en abrégeant le cours,
A tous les siens s'il sait se rendre utile ;
Si ses écrits, brûlant d'un feu nouveau,
Ont éclairé son pays qu'il honore,
Que de ses jours s'éteigne le flambeau,
Il ne meurt pas, et bravant le tombeau,
   Par ses bienfaits il vit encore !

HÉLÈNE.

Ah ! monsieur Reynolds, ne parlez pas ainsi.

REYNOLDS.

Cet ouvrage-là, Hélène, vous le lirez après moi ; je n'en ai encore écrit que deux volumes, et il y en aura six... c'est bien long, c'est égal, vous le lirez... vous me le promettez ; c'est de ses amis qu'on doit attendre du dévouement... vous vous direz peut-être : « C'est l'ouvrage d'un bavard, d'un rêveur... mais d'un rêveur honnête homme, et cet homme-là était mon ami. »

HÉLÈNE.

Oh ! il le sera toujours.

REYNOLDS.

Il y a surtout un chapitre où j'ai pensé à vous ; je croyais l'avoir écrit avec quelque éloquence, quelque chaleur... et il me semble maintenant qu'il pourrait être mieux... Oui, oui, dans son *de Amicitiâ*, Cicéron n'a rien dit de pareil... il n'a pas parlé de l'amitié des femmes... « *Quâ à Diis immorta-*

libus nihil melius habemus, nihil dulcius... » est-ce *dulcius* ou *jucundius* qu'il y a dans le texte?

HÉLÈNE.

Je n'en sais rien...

REYNOLDS.

C'est juste; je m'en vais le voir... Où est mon Cicéron? où cet étourdi de Hantz l'aura-t-il fourré? Ah! je le lisais hier soir, en me déshabillant... et je l'ai serré là, dans ma chambre à coucher.

(Il entre dans sa chambre.)

SCÈNE IV.

HÉLÈNE, seule.

Oui, dans sa chambre, à ce qu'il croit; car il est si distrait et si original... et si je pouvais lui épargner la peine de le chercher... C'est *Cicéron* qu'il a dit, et si je le trouvais là sur cette table... (Elle cherche parmi les livres.) Ah! un papier de sa main. (Elle lit.) *Sur le Mariage...* C'est celui dont il me parlait ce matin; lisons : « *Des inconvénients du Mariage.* » (Elle lit tout bas, et s'arrête effrayée.) Ah! mon Dieu! mon Dieu!... je n'aurais jamais cru qu'il y en eût tant... Mais c'est que c'est vrai, rien n'est plus vrai; et rien que d'y penser, j'en suis toute tremblante... Qui vient là? le docteur...

(Elle plie le papier, et le cache dans la poche de son tablier.)

SCÈNE V.

HÉLÈNE, SCHULTZ.

SCHULTZ, saluant.

Mademoiselle Miller!... j'étais sûr de la trouver ici.

HÉLÈNE.

Et pourquoi, monsieur le docteur?

SCHULTZ.

Je venais de voir dans l'antichambre la vieille Catherine, votre gouvernante, qui attend que la leçon soit finie, leçon qui doit bien vous ennuyer.

HÉLÈNE.

Pouvez-vous dire cela, vous qui connaissez M. Reynolds!... Quand un instant il oublie ses livres, et souvent il veut bien les oublier pour moi, il est impossible d'avoir une conversation plus aimable, plus attachante... Je l'écouterais parler la journée entière.

SCHULTZ.

Je crois bien; je l'ai vu autrefois prévenant, attentif, galant même.

HÉLÈNE.

C'est vrai; il l'est beaucoup, et sans s'en douter.

SCHULTZ.

Mais dès qu'un manuscrit, un bouquin, ou une médaille ont frappé ses yeux, ce n'est plus le même homme, il est dans un autre siècle. Mais où est-il donc en ce moment?

HÉLÈNE.

Il est là, à chercher un Cicéron.

SCHULTZ.

Vraiment!... comme c'est aimable!... oublier, pour l'amour de l'antiquité, une jeune et jolie personne, qui est chez lui!

HÉLÈNE.

Tenez, tenez, le voilà, monsieur le docteur. Adieu, je vous laisse.

SCHULTZ, la retenant.

AIR : Je ne veux pas qu'on me prenne.

Pourquoi donc? plus que toute autre
Votre présence lui plaît.

HÉLÈNE.

Il préférera la vôtre.

SCHULTZ, souriant.
Je ne crois pas.

HÉLÈNE.
Oh! si fait.

SCHULTZ.
Vous, son élève... il vous aime.

HÉLÈNE.
Moins que vous... je m'en souviens,
Vous me le disiez vous-même,
Il aime mieux les anciens.

Adieu, monsieur le docteur.

(Elle sort.)

SCÈNE VI.

REYNOLDS, qui est entré en lisant, SCHULTZ.

REYNOLDS, lisant Cicéron.

« *Solem è mundo tollere videntur qui amicitiam è vitâ tollunt.* » Retrancher l'amitié de la vie, c'est enlever le soleil au monde. Quelle belle latinité! quelle pureté! que c'est beau!

(Schultz, sans lui rien dire, prend la main droite dont il tient le livre; Reynolds, sans le regarder, prend le livre de la main gauche, et continue à lire pendant que Schultz lui tâte le pouls.)

SCHULTZ, avec humeur et à voix haute, en lui tâtant le pouls.
Mauvais, très-mauvais.

REYNOLDS, se retournant avec indignation.
Mauvais! Cicéron?

SCHULTZ.
Eh! non, votre pouls.

REYNOLDS.
Ah! c'est vous, docteur?

SCHULTZ.

Oui, moi, et la fièvre.

REYNOLDS.

Que vous m'apportez.

SCHULTZ.

Ce n'est pas la peine; car elle ne vous quitte pas; et si vous croyez entrer ainsi en convalescence... vous mourrez, et cela me fera du tort.

REYNOLDS.

A vous?

SCHULTZ.

Oui, on croira que c'est moi qui vous ai tué, et ce sera l'étude, ce sera votre obstination à ne pas suivre mes ordonnances. Mais aujourd'hui, que vous le vouliez ou non, il faudra bien m'obéir; d'abord, il vous faut de l'air, du mouvement, de la dissipation... Vous quitterez cet appartement... j'ai fait mettre écriteau.

REYNOLDS.

Docteur!

SCHULTZ.

Et puis, si vous le voulez bien, nous allons, une fois pour toutes, parler raison; car je suis un vieil ami à vous, et à tous les vôtres, je les ai tous vu naître, je les ai tous élevés, soignés, et enterrés, car de la famille, vous êtes le seul à présent.

REYNOLDS.

C'est vrai.

SCHULTZ.

Et c'est à ce sujet qu'il faut s'entendre : quand vous étiez le cadet d'une noble et illustre maison, quand les honneurs, la fortune, la tendresse paternelle étaient exclusivement réservés à vos aînés, et qu'on ne vous offrait pour tout avenir qu'une place obscure dans le fond d'un cloître, je conçois que froissé d'une injuste préférence, vous ayez abandonné patrie et parents pour vous livrer à l'étude, pour vous réfugier ici, à un quatrième étage, et ne rien devoir qu'à vous-même et à votre travail : c'était bien, c'était noble; je vous ai toujours approuvé et défendu. Mais maintenant que la mort de votre dernier frère vous laisse un beau titre et un immense héritage, votre nouvelle fortune vous impose de nouveaux devoirs, et le comte de Frankenstein ne peut plus vivre comme le faisait le professeur Reynolds.

REYNOLDS.

C'est-à-dire, docteur, que pour vous faire plaisir, il faut que je renonce à mes goûts, à mes habitudes, à mon bonheur.

SCHULTZ.

Non pas y renoncer, mais l'arranger autrement... Vous ne voudrez point passer pour un avare.

REYNOLDS.

Non, sans doute... J'achèterai des livres, de belles éditions, des manuscrits... Je fonderai des prix dans les universités, des chaires pour les savants, des pensions pour les vieux professeurs, et je dirai à chacun d'eux en leur tendant la main :

AIR : Le choix que fait tout le village. (Les deux Edmond.)

Sans rien avoir, comme vous, cher confrère,
Je voyageais, leste et gai pèlerin,
Lorsque voilà, pauvre millionnaire,
Un lourd fardeau qui m'accable en chemin!
O vous que rien n'arrête en votre route,
Venez m'aider; un peu d'aide fait tout...
Seul... sous le poids je fléchirais sans doute,
Mais à nous tous, nous en viendrons à bout.

SCHULTZ.

A la bonne heure! c'est bien, cela commence.

REYNOLDS.

Et puisque nous en sommes sur ce chapitre, avez-vous envoyé au vieux Daniel Stop?.....

SCHULTZ.

Ces vingt mille florins?

REYNOLDS.

Oui, ce pauvre vieux Stop, c'est mon premier maître de latin, celui qui m'a appris à décliner *musa*, la muse ; il a dû être bien surpris...

SCHULTZ.

Il était mort, laissant un fils sans fortune.

REYNOLDS.

C'est à lui qu'il fallait envoyer...

SCHULTZ.

C'est ce que j'ai fait.

REYNOLDS.

C'est bien...

(Il va à la table, prend quelques papiers sur lesquels il jette les yeux.)

SCHULTZ.

Oui, c'est bien pour votre cœur, pour votre satisfaction personnelle. Mais pour votre santé, cela ne suffit pas ; ces études assidues, cette vie sédentaire, claustrale, que vous vous obstinez à mener ; cet emprisonnement volontaire auquel vous vous condamnez, ne conviennent nullement à votre âme naturellement ardente. Vous devez sentir vous-même que vous abrégez vos jours.

REYNOLDS, toujours occupé de ses papiers.

Je ne dis pas non ; mais qu'y faire?

SCHULTZ.

Tout le contraire de ce que vous faites. Recherchez les amusements, les distractions qu'autorise votre nouvelle position dans le monde. Achetez un bel hôtel, recevez de la société, allez à la chasse, dans vos bois, livrez-vous au plaisir de la table, donnez des bals!

REYNOLDS.

Moi, des bals!

SCHULTZ.

Pourquoi pas? Vous dansiez autrefois.

REYNOLDS, avec indignation.

Danser, danser!... J'espère bien, monsieur, que vous n'avez pas voulu m'offenser?

SCHULTZ.

Eh! non, morbleu! et il me semble que mon ordonnance n'est pas si difficile à suivre et que bien des gens s'en accommoderaient.

REYNOLDS, revenant auprès de Schultz.

Oui, bien des gens; mais non pas moi, car tout ce que vous me proposez là, docteur, futilités, temps perdu... (Mouvement de Schultz.) Temps perdu, vous dis-je, et il faut être avare du temps, il faut le ménager; car la vie en est faite, et songez donc que pendant tous ces amusements-là, mon grand ouvrage n'avancerait pas... je n'en ai encore écrit que deux volumes.

SCHULTZ, froidement.

Combien vous en reste-t-il à écrire?

REYNOLDS.

Quatre, grand in-octavo.

SCHULTZ.

Et quel temps estimez-vous qu'il vous faille pour tout achever?

REYNOLDS.

Au moins huit ans. Deux années par volume.

SCHULTZ.

Alors, ne vous inquiétez pas, il ne sera jamais fini.

REYNOLDS, avec effroi.

Jamais fini!

SCHULTZ.

L'ouvrage en restera au troisième volume.

REYNOLDS.

Est-il possible !

SCHULTZ.

Car en continuant ainsi vous n'avez pas deux ans à vivre.

REYNOLDS.

Et mes souscripteurs, que diront-ils ?

SCHULTZ.

Vous leur manquerez de parole.

REYNOLDS.

Et ma réputation d'honnête homme ! et ma gloire de professeur, et toutes mes espérances détruites !... Docteur, docteur, je veux achever mon grand ouvrage... donnez-m'en les moyens ; et quoi qu'il doive m'en coûter...

SCHULTZ.

Vous me promettez de suivre mon ordonnance ?

REYNOLDS.

Je le jure.

SCHULTZ.

Quelle qu'elle soit ?

REYNOLDS.

Quelle qu'elle soit !

SCHULTZ.

Eh bien ! je vous l'atteste par Galien et par Hippocrate, il n'est pour vous, dans ce moment, qu'un seul moyen de salut... un seul... c'est de vous marier.

REYNOLDS, avec effroi.

Me marier !... Docteur, vous ne me parlez pas sérieusement.

SCHULTZ.

Si vraiment.

REYNOLDS.

Me marier !... Mon état est donc bien désespéré...

SCHULTZ.

Oui; croyez-en votre ami, votre second père. Pour secouer cette préoccupation du cerveau, ce marasme qui vous obsède, il faut d'autres soins qui, chaque jour, viennent vous distraire; il faut une agitation continuelle, une sorte de tracasserie de tous les moments... en un mot, il vous faut malgré vous du tourment et du bonheur... et pour cela, il n'y a qu'une femme.

REYNOLDS, rêvant.

Une femme !

SCHULTZ.

AIR : Il m'en souvient, longtemps ce jour.

Oui, j'en suis sûr, contre vos maux
Cette recette est souveraine ;
Une femme, et puis des marmots.

REYNOLDS, effrayé.

Quoi ! des enfants ?

SCHULTZ.

Une douzaine.
On nous accuse en vingt endroits
De vouloir dépeupler la terre,
Mon ordonnance, cette fois,
Aura du moins fait le contraire !

REYNOLDS.

Une femme !

SCHULTZ.

Oui, sans cela, j'en réponds, vous devenez fou, et votre mort aux Petites-Maisons discrédite à jamais les lettres et l'étude.

REYNOLDS.

Vous croyez ?

SCHULTZ.

Les mères de famille empêcheraient leurs enfants d'apprendre à lire.

REYNOLDS.

Est-il possible! il serait très-fâcheux, en effet, que la science reçût un pareil échec pour un mari de plus ou de moins. Mais c'est que, voyez-vous, j'ai depuis si longtemps, contre le mariage...

SCHULTZ.

Tant de préventions...

REYNOLDS.

Non, non, d'excellents arguments que je ne me rappelle plus maintenant, mais que je retrouverai peut-être... (Cherchant sur la table.) J'avais écrit sur une feuille de papier volante, toutes les raisons en faveur du mariage. Sur une autre j'avais écrit toutes les raisons contre... et j'aurais voulu faire la balance. (Prenant une feuille.) Et tenez, tenez, docteur, je crois que c'est cela, voyez plutôt, et lisez...

(Il passe à la gauche de Schultz.)

SCHULTZ.

Volontiers... (Lisant.) « Veux-tu ne plus être seul sur la
« terre?... veux-tu alléger tes peines, et doubler ton bon-
« heur? marie-toi. »

REYNOLDS, étonné.

Comment!

SCHULTZ, lisant toujours.

« Artiste, homme de lettres, savant, pour aimer ton
« humble logis, pour y rester, pour t'y complaire, marie-
« toi. »

REYNOLDS, de même.

Est-il possible!

SCHULTZ.

« Pour te délasser de tes travaux, pour y trouver un nou-
« veau prix, pour que des yeux brillants de bonheur et de
« joie partagent tes succès et te fassent chérir la gloire,
« homme, marie-toi. »

REYNOLDS.

J'ai écrit cela?... c'est singulier.

SCHULTZ.

« Pour que d'avides collatéraux ne se disputent point le « fruit de ton travail, et ne viennent pas d'un œil cupide « compter tes richesses et tes jours, pour que les soins et « l'amour environnent ta vieillesse, pour que des bras « jeunes et vigoureux soutiennent tes pas chancelants, pour « que tu transmettes à d'autres toi-même tes biens, ta gloire « et l'honneur de ton nom, aie des enfants, aie une femme... « marie-toi. »

REYNOLDS, avec chaleur.

Oui, oui, j'avais raison, quand je pensais cela.

SCHULTZ.

Certainement; et comme c'est écrit!

REYNOLDS.

Mais je voudrais bien voir les objections que je me faisais alors, et je ne les trouve pas là.

SCHULTZ.

Il n'y en a pas... il ne peut pas y en avoir; il n'y a rien à dire, qu'à se marier, pour être d'accord avec vous-même.

REYNOLDS.

Puisqu'il le faut, je ne dis pas non; mais c'est à une condition, c'est que vous vous chargerez, docteur, de me trouver une femme... quelconque...

SCHULTZ.

Cela me regarde.

REYNOLDS.

Car les demandes, les démarches, les présentations...

SCHULTZ.

Cela me regarde.

REYNOLDS.

La cour à faire à la famille ou à la future...

SCHULTZ.

Cela me regarde.

REYNOLDS.

A la bonne heure ! J'entends rester ici, chez moi, ne me mêler de rien... C'est déjà bien assez d'épouser...

SCHULTZ.

C'est juste ; et dès aujourd'hui même, je trouverai ce qui vous convient, ce ne sera pas long.

REYNOLDS.

Vous avez donc une ennemie à qui vous en voulez ! car, franchement, qui voudra jamais de moi ?

SCHULTZ.

Une femme bonne, aimable, charmante.

REYNOLDS.

Pauvre femme ! que je la plains ! et si elle est bonne, et que je la rende malheureuse, cela me fera de la peine. Écoutez-donc, docteur, je l'aimerais presque autant méchante... je n'aurais rien à me reprocher.

SCHULTZ.

Ne m'avez-vous pas dit que cela me regardait ?

REYNOLDS.

C'est juste... c'est juste... vous avez ma procuration.

AIR de la Valse des Comédiens.

Adieu, docteur, le jour fuit, le temps passe,
Et je n'ai fait encor rien d'aujourd'hui.

(Il s'assied à la table.)

SCHULTZ.

Et moi, je vais pour vous, à votre place,
Voir la famille... e dans une heure... ici.

REYNOLDS, prenant sa plume.

Dépêchons-nous ! partez... moi, je demeure
Pour travailler.

SCHULTZ.
Ce matin ?... à quoi bon ?

REYNOLDS.
Dépêchons-nous... je n'ai donc plus qu'une heure
Pour m'en donner, et faire le garçon.

Ensemble.

REYNOLDS.
Adieu, docteur, le jour fuit, le temps passe,
Et je n'ai fait encor rien d'aujourd'hui ;
Employons bien ce dernier jour de grâce
Que le docteur me laisse encore ici.

SCHULTZ.
Dépêchons-nous, le jour fuit, le temps passe,
Je vais pour vous m'employer aujourd'hui ;
Et de ce pas, je vais à votre place
Voir la famille, et dans une heure... ici.

(Il sort.)

SCÈNE VII.

REYNOLDS, seul.

Une heure, a-t-il dit... marié dans une heure, ou c'est tout comme... Quel dommage ! C'est si agréable d'être seul, chez soi, dans sa bibliothèque, au milieu de tous ses auteurs ! Quelle bonne compagnie !... Quelle société peut être comparée à celle de deux ou trois cents hommes d'esprit, qui, symétriquement rangés sur des rayons, ne parlent que quand on les interroge, et se taisent quant on veut... O mes amis ! mes vieux amis ! est-ce qu'il faudra vous abandonner ?... non, non, jamais une main étrangère ne sèmera parmi vous le désordre et ne vous fera perdre vos places habituelles, ces places que vous occupez depuis si longtemps ; je vous le promets... Hein! qui vient déjà nous déranger?...

SCÈNE VIII.
REYNOLDS, HANTZ, puis FRÉDÉRIC.

REYNOLDS.
Qu'est-ce que c'est? qu'est-ce que tu veux?

HANTZ.
C'est un jeune homme, un militaire, qui demande à vous parler.

REYNOLDS, avec humeur.
Un militaire! je ne peux pas, je n'y suis pas, je travaille.

HANTZ.
Mais, monsieur... il est là, le voici.

(Frédéric entre.)

REYNOLDS.
Qui donc?

HANTZ.
Ce jeune homme.

FRÉDÉRIC, à Reynolds.
Monsieur, j'ai bien l'honneur de vous saluer.

REYNOLDS, sans se déranger.
Monsieur, je voudrais l'avoir pareillement, mais dans ce moment je suis occupé; je commence un chapitre; si vous voulez attendre qu'il soit fini...

FRÉDÉRIC.
Ce n'est pas la peine, ne vous gênez pas, je ne tiens pas à vous parler.

HANTZ, lui offrant une chaise.
Alors, et si vous ne venez que pour le regarder, c'est plus facile.

FRÉDÉRIC.

Qu'est-ce qu'il dit, celui-là?

HANTZ.

Dame! monsieur est assez curieux pour cela, et si vous le connaissez...

FRÉDÉRIC.

Du tout.

HANTZ.

Vous venez donc pour faire sa connaissance?

FRÉDÉRIC.

En aucune façon, je ne viens pas pour lui, mais pour son appartement, qui est à louer pour quinze florins par mois, car j'ai vu écriteau.

HANTZ.

A louer! notre appartement est à louer? est-il possible, monsieur?

REYNOLDS, toujours à travailler.

Hein! qu'est-ce que c'est?

HANTZ, lui criant aux oreilles.

Monsieur dit que notre appartement est à louer.

REYNOLDS.

Est-ce que je sais? qu'il s'informe au docteur, c'est lui que cela regarde; tout ce que je demande à monsieur, c'est de me laisser finir mon chapitre.

FRÉDÉRIC, parlant à Reynolds qui écrit toujours.

Volontiers, monsieur; car je vous avouerai franchement que je n'ai jamais rien compris à la science, quoique j'eusse un père qui en vendait; c'est pour cela que je me suis fait militaire, carrière dans laquelle j'ose dire que j'ai eu quelques succès; non pas à la guerre, nous n'en avons pas eu depuis 1814, mais dans toutes les garnisons où a séjourné le régiment de l'archiduc Charles, cité pour la précision de la manœuvre et la rapidité des conquêtes. Il faut vous dire aussi que j'ai adopté un nouveau système, qui change toute la tactique... autrefois on faisait la cour aux jeunes personnes!... moi je m'adresse aux tantes, aux mères, aux aïeules, et autres ascendants maternels.

AIR : L'amour qu'Edmond a su me taire.

Aux grand'mamans, par un trait de génie,
Je fais d'abord ma déclaration ;
Cela, chez nous, se nomme en stratégie
L'art de tourner une position...
Car, pour réduire une place, je pense
  Qu'un des moyens les plus sensés,
C'est d'attaquer les endroits sans défense,
Qui dès longtemps ne sont plus menacés.

Ce qui, jusqu'ici, m'a parfaitement réussi ; je suis à la veille d'épouser une riche héritière grâce à la tante qui me protége, et comme il y a encore de grand'parents à elle qui habitent cette maison, j'ai vu avec plaisir un appartement vacant (Plus près de Reynolds et parlant plus haut.) parce que le voisinage... le rapprochement... vous comprenez ?...

REYNOLDS.

Ah ! que diable, monsieur, je n'ai pas encore fini mon chapitre, et vous êtes là à me déranger.

FRÉDÉRIC.

En aucune façon ; on est seulement bien aise, quand on veut sous-louer, de dire qui on est.

HANTZ.

Eh bien ! vous pouvez recommencer, car il n'a pas entendu un mot.

FRÉDÉRIC.

Laisse-donc ! nous nous entendons à merveille. (A Reynolds.) Et si au lieu de quinze florins par mois, monsieur veut me laisser l'appartement pour dix... (Appuyant.) dix florins...

REYNOLDS, à Hantz qui est auprès de lui à sa gauche.

Qu'est-ce qu'il dit ?

HANTZ et FRÉDÉRIC, criant ensemble.

Dix florins.

REYNOLDS, fouillant dans sa poche.

Eh! si ce n'est que cela... tenez, monsieur, en voilà vingt-cinq, et faites-moi le plaisir de me laisser tranquille.

FRÉDÉRIC, s'appuyant sur la table, et jetant par terre un gros volume.

Qu'est-ce que c'est?

REYNOLDS, se levant avec vivacité.

Ah! mon Dieu! mon Tacite qui est par terre!... mon Tacite, et toutes mes annotations.

(Il ramasse les papiers qui étaient dans le livre.)

FRÉDÉRIC, étonné.

AIR du vaudeville de *Turenne*.

Quoi! lui que rien n'étonnait?... il s'irrite,
Parce que j'ai renversé ses bouquins!...

REYNOLDS.

Qu'osez-vous dire? un bouquin! mon Tacite!
Tous mes héros... mes empereurs romains!

FRÉDÉRIC, riant.

Ils sont à bas!

REYNOLDS, avec colère.

Sous les coups des Germains.
O barbarie! ô Vandale! ô délire!

HANTZ, cherchant à l'apaiser.

Quoi! dans la chut' de cet *in-octavo*?...

REYNOLDS.

Il me semblait assister de nouveau
A la chute du bas-empire.

SCÈNE IX.

LES MÊMES; SCHULTZ.

SCHULTZ.

Ah! mon cher ami, que je vous embrasse

REYNOLDS.

Et vous aussi, docteur? tout le monde après moi !

SCHULTZ.

Je vous disais bien que ce ne serait pas long; réjouissez-vous, tout va bien.

REYNOLDS.

Tout va mal, voilà mes notes sur Tacite qui sont dérangées, et Dieu sait ce qu'il me faudra de temps pour remettre tout en ordre !

SCHULTZ.

Vous aurez le temps d'y songer, après votre mariage, qui est en bon train.

HANTZ, à Reynolds.

Votre mariage !... est-il possible ?... vous vous mariez?

REYNOLDS.

Eh ! oui ; par ordonnance du médecin.

SCHULTZ.

J'ai fait la demande, non pas à la mère, ce n'est pas elle qui a le plus de pouvoir; je me suis adressé à l'oncle et à la tante, de qui cela dépend; bonne famille, du crédit, de la considération ; on m'a fort bien accueilli. (Le secouant pour le faire écouter.) Vous entendez?

REYNOLDS.

A la bonne heure !

SCHULTZ.

Mais maintenant on demande à vous voir.

REYNOLDS.

Dès que j'aurai remis en ordre mon Tacite.

SCHULTZ, avec impatience.

Et il faudra au moins huit jours pour cela.

REYNOLDS.

Huit jours !... il en faudra au moins quinze, et c'est monsieur qui en est la cause.

SCHULTZ.

Il ne s'agit pas de monsieur, mais de la famille de votre prétendue, qui vous attend aujourd'hui à dîner, à sa maison de campagne, à six lieues de la ville.

REYNOLDS.

Moi, dîner en ville!

SCHULTZ.

Chez M. de Wurtzbourg, conseiller aulique; rien que cela.

(Pendant ce temps Reynolds a pris une plume et écrit debout.)

FRÉDÉRIC, vivement à Schultz.

Comment! monsieur le conseiller de Wurtzbourg?

SCHULTZ.

Lui-même.

FRÉDÉRIC.

C'est une de ses nièces que monsieur va épouser?

SCHULTZ.

Sa propre nièce, et il n'en a qu'une.

FRÉDÉRIC, à part.

C'est ce que nous verrons.

SCHULTZ, à Reynolds.

Et quand vous connaîtrez la personne... c'est une surprise que je vous ménage. L'important maintenant est de partir; car, pour aller dîner à la campagne, à six lieues d'ici, nous n'avons pas de temps à perdre, et il faut vous habiller; entendez-vous?

REYNOLDS, qui écrit toujours.

M'habiller, et pourquoi?

SCHULTZ, à Hantz.

Ce serait trop long à lui expliquer. Préparons ses affaires, une toilette de prétendu : linge blanc, bas de soie, habit neuf, s'il en a... car avec les philosophes et les penseurs, il faut penser à tout.

(Il entre avec Hantz dans la chambre de Reynolds.)

SCÈNE X.
REYNOLDS, FRÉDÉRIC.

FRÉDÉRIC.

Il me tardait, monsieur, que nous fussions seuls.

REYNOLDS.

Et à moi aussi; plus je suis seul, et plus cela me convient.

FRÉDÉRIC, sèchement.

Je ne vous tiendrai pas longtemps; cinq minutes seulement. (Reynolds tire sa montre.) Vous allez vous marier?

REYNOLDS.

Oui, monsieur; mon docteur le veut.

FRÉDÉRIC.

Vous épousez la nièce de M. de Wurtzbourg?

REYNOLDS.

C'est le docteur qui s'est mêlé de cela.

FRÉDÉRIC.

Et moi, monsieur, je vous conseille de ne point passer outre.

REYNOLDS.

Je vous remercie bien de vos conseils. Mais vous me parlez là de mon mariage, je croyais que vous aviez à me parler de mon loyer.

FRÉDÉRIC, avec impatience.

Ah! monsieur...

REYNOLDS, regardant toujours à sa montre.

Après cela vous m'avez demandé cinq minutes, et que nous les employions à parler de cela ou d'autres choses, cela revient au même.

FRÉDÉRIC.

Non, monsieur, c'est bien différent; car vous saurez que

j'aime celle qu'on vous destine, que j'ai même l'agrément de sa tante, qui me distingue particulièrement.

REYNOLDS.

C'est possible!... voyez le docteur; moi, cela ne me regarde pas.

FRÉDÉRIC.

C'est selon; car s'il faut vous le dire, j'ai quelques raisons de croire que je ne suis pas indifférent à la jeune personne.

REYNOLDS.

Monsieur, ce sont là des détails de ménage; voyez le docteur; moi, je n'ai pas le temps, et je n'ose pas vous dire que les cinq minutes...

FRÉDÉRIC.

Eh bien! monsieur, puisqu'il en est ainsi, je n'ai plus qu'un mot à vous dire. (Lui serrant la main.) Nous nous reverrons.

REYNOLDS, avec candeur.

Je ne demande pas mieux, quoique vous ayez eu tort de jeter par terre mon Tacite.

FRÉDÉRIC.

Je viendrai ici, demain, avec un ami.

REYNOLDS.

Ici, avec un ami; je vous avouerai que cela me gênera un peu.

FRÉDÉRIC.

Préférez-vous que nous vous attendions?

REYNOLDS.

Cela me convient mieux.

FRÉDÉRIC, le saluant.

A vos ordres; voici mon adresse.

(Il sort.)

REYNOLDS, le saluant.

Vous êtes trop bon. (Hantz portant les affaires de Reynolds qui se promène, pendant que Hantz le suit et lui présente ses vêtements.) Et certainement dès que je le pourrai... et si j'y pense, j'irai voir ce jeune homme.

HANTZ, le suivant.

Monsieur... voilà...

REYNOLDS, de même.

Il est mieux que je ne croyais ; et si ce n'est qu'il a les mouvements trop brusques...

(Il retourne prendre sa plume.)

HANTZ, le suivant toujours.

Mais, monsieur...

SCÈNE XI.

Les mêmes ; SCHULTZ.

SCHULTZ.

Eh bien ! partons-nous ? sommes-nous prêts ?... Comment ! sa toilette n'est pas même commencée ?...

HANTZ.

Vous voyez ; j'attends que monsieur veuille s'y prêter un peu.

SCHULTZ.

Eh ! parbleu ! si tu le consultes, nous n'en finirons jamais. (Tirant Reynolds par le bras.) Allons, mon cher ami, allons, il faut nous hâter.

(Hantz lui ôte sa redingote ; puis Schultz le fait asseoir dans le fauteuil. Reynolds, tenant toujours sa plume et un papier, se prête à leurs soins. Il s'assied ; pendant ce temps, Hantz lui ôte ses souliers, et lui met ses bas de soie qu'il attache à sa culotte courte.)

SCHULTZ, qui s'est assis auprès de la table, causant avec lui.

Vous avez terminé avec ce jeune homme ?

REYNOLDS, *écrivant toujours sur son genou ou sur le dos de Hantz qui arrange sa chaussure.*

Ah! oui, il faudra que vous lui parliez... je n'ai pas trop compris; aussi, je lui ai dit de s'entendre avec vous... Son adresse est là sur cette table.

SCHULTZ, lisant.

« *Frédéric Stop*, sous-lieutenant au régiment de l'archiduc « Charles. » Est-il possible !... C'est le fils de votre ancien professeur.

REYNOLDS.

Du vieux père Daniel Stop, qui m'a appris *musa*, la muse!

SCHULTZ.

Et c'est à lui qu'ont été remis sans doute les vingt mille florins; car on m'a assuré que le fils du professeur était militaire, et justement dans ce régiment-là.

REYNOLDS.

Son fils! je ne m'en serais jamais douté... Dieu veille sur son bonheur! car il avait un honnête homme de père, un savant latiniste; et je me souviens qu'autrefois, en troisième... (On entend au dehors un bruit de tambour dans le lointain.) Encore ce maudit tambour! (Il se lève vivement.) Il a juré de me poursuivre.

SCHULTZ.

Vous avez raison; il n'y a pas moyen de rester à la ville. Dépêchons-nous, car nous avons six lieues à faire, et il est midi.

(Le tambour, qui était loin, s'approche de plus en plus et Reynolds redouble ses crispations nerveuses, il jette sa plume et se promène avec colère. Hantz et le docteur l'aident à passer son habit.)

FINALE.

Ensemble.

AIR : Rataplan, rataplan. (Mme MALIBRAN.)

REYNOLDS.

Ce tambour me met en fuite,
Rataplan, rataplan !
Il est toujours, rataplan,
A ma poursuite,
Rataplan, plan, plan, plan...
Il me déchire le tympan
Avec son maudit roulement,
Son roulement,
Rrrrr rataplan, plan, plan, plan.

SCHULTZ et HANTZ.

Rataplan, ce bruit l'irrite,
Rataplan, rataplan !
Et va soudain, rataplan...
Hâter sa fuite,
Rataplan, plan, plan, plan.
Dépêchons, partons à l'instant,
Dépêchons, on nous attend,
On nous attend, on nous attend,
Rrrrr rataplan, plan, plan, plan.

SCHULTZ.

A partir que l'on s'apprête.

REYNOLDS.

Ne faudrait-il pas avant
M'occuper de ma toilette?

SCHULTZ.

Elle est faite.

REYNOLDS, *se regardant.*

Est-ce étonnant !

HANTZ.

Mon pauvre maître, quel présage !

Ainsi, je m'en doute bien,
Tout se f'ra dans son ménage,
Et sans qu'il y soit pour rien.

Ensemble.

REYNOLDS.
Ce tambour me met en fuite, etc.

SCHULTZ et HANTZ.
Rataplan, ce bruit l'irrite, etc.

(Ils sortent tous trois.)

ACTE DEUXIÈME

Un riche salon dans la maison de campagne de M. de Wurtzbourg. Au fond, deux corps de bibliothèque en acajou. Portes à droite et à gauche; et, au fond, porte donnant sur le jardin. A gauche de l'acteur, et sur le devant, une table sur laquelle sont plusieurs livres de divers formats. A droite, et près de la porte, un petit guéridon.

SCÈNE PREMIÈRE.

Mme DE WURTZBOURG, M. DE WURTZBOURG; ils entrent par le fond.

M. DE WURTZBOURG, froidement.

Et moi, madame de Wurtzbourg, je ne le veux pas.

Mme DE WURTZBOURG, vivement.

Vous ne connaissez que ce mot-là.

M. DE WURTZBOURG, froidement.

C'est le seul pour gouverner.

Mme DE WURTZBOURG.

Et avec cela, en ménage comme ailleurs, rien ne se fait.

M. DE WURTZBOURG.

C'est possible, mais on gouverne. Et, je vous le répète, je ne veux point pour mari de ma nièce de votre M. Frédéric Stop.

Mme DE WURTZBOURG.

Et qu'avez-vous à dire contre lui?... Un jeune officier charmant.

M. DE WURTZBOURG.

Un fat qui veut se donner des manières françaises!... et vous le protégez parce qu'il vous fait la cour, parce que dans tous les bals il vous fait danser.

Mme DE WURTZBOURG.

Non, monsieur; mais parce qu'il est aimable, spirituel, léger...

M. DE WURTZBOURG.

Laissez-moi donc tranquille! la légèreté allemande m'assomme, et je sais ce qu'elle pèse... car l'autre soir, en dansant avec vous, M. Stop m'a marché sur le pied.

Mme DE WURTZBOURG.

Je vous demande aussi ce que vous veniez faire là, quand nous dansions le galop de Vienne!

M. DE WURTZBOURG.

Madame, madame, ne parlons pas de cela; quoique conseiller aulique, je sais ce que je dis, j'y vois clair, trop clair peut-être. Je ne veux pas que M. Stop épouse ma nièce, c'est déjà bien assez de...

Mme DE WURTZBOURG.

Qu'est-ce que c'est?

M. DE WURTZBOURG.

De danser le galop de Vienne avec ma femme : cela jette de la déconsidération sur un conseiller aulique; M. de Metternich n'aime pas cela.

AIR des *Deux Précepteurs.*

Je crains que près de lui déjà
Cela ne me mette en disgrâce.

Mme DE WURTZBOURG.

Si l'on destituait pour ça,
Que de maris seraient sans place!
Au contraire, nous en voyons
Que leurs femmes ont fait connaître,

Et qui ne seraient rien peut-être
S'ils étaient demeurés garçons.

M. DE WURTZBOURG.

Qu'est-ce que c'est, madame, et que voulez-vous dire par là?

Mme DE WURTZBOURG.

Je dis... je dis que j'ai donné ma parole à M. Stop, que je lui ai donné des espérances...

M. DE WURTZBOURG.

Des espérances...

Mme DE WURTZBOURG.

Que ma nièce devait réaliser. Et maintenant que lui répondrai-je?

M. DE WURTZBOURG.

Vous répondrez que je ne veux pas, pour ma nièce, un militaire sans fortune.

Mme DE WURTZBOURG.

Il en a, il a vingt mille florins.

M. DE WURTZBOURG.

Et d'où cela lui vient-il?

Mme DE WURTZBOURG.

Je l'ignore; mais il les a : son notaire vous l'attestera.

M. DE WURTZBOURG.

Eh bien! alors, vous lui direz toujours que je ne veux pas.

Mme DE WURTZBOURG.

Et pourquoi?

M. DE WURTZBOURG.

Parce que j'ai un autre parti qu'on m'a proposé et que j'ai accepté, le seul et le dernier héritier de la famille de Frankenstein, et qui est, dit-on, si riche, que celui-là, j'espère, ne sera pas exigeant sur la dot.

Mme DE WURTZBOURG.

C'est donc là le motif?

M. DE WURTZBOURG.

Non, madame; je veux le bonheur de ma nièce; mais un bonheur qui ne me coûtera rien m'est doublement précieux; et puis s'allier à un Frankenstein, à un comte du saint-empire, cela fait bien, cela donne du relief à un conseiller aulique ; M. de Metternich aime cela.

Mme DE WURTZBOURG.

Toujours M. de Metternich! vous n'avez que lui en tête.

M. DE WURTZBOURG, la regardant.

Plût au ciel, madame, que je n'eusse pas autre chose en tête !

Mme DE WURTZBOURG, avec impatience.

Eh! monsieur!...

M. DE WURTZBOURG.

Et puis enfin, madame, une dernière considération qui l'emporte sur toutes les autres : on assure que monsieur le comte est un savant très-distingué; et moi qui suis membre de la société bibliographique de Vienne et de Berlin, correspondant de l'Institut de Paris, je ne suis pas fâché d'ajouter à la masse des lumières que possède déjà la famille.

Mme DE WURTZBOURG.

Et voilà pourquoi vous sacrifiez votre nièce?

M. DE WURTZBOURG.

La sacrifier !

Mme DE WURTZBOURG.

Oui, monsieur, car elle aime le jeune Frédéric, et vous contrariez son inclination, vous la forcez à épouser un vieillard.

M. DE WURTZBOURG.

Il a trente-trois ans.

Mme DE WURTZBOURG.

Un homme ridicule.

M. DE WURTZBOURG.

Il a deux cent mille florins de rente.

Mme DE WURTZBOURG.

Un Crésus, en un mot, qu'elle ne peut aimer, qu'elle n'aimera pas ; et, malgré vous et M. de Metternich, vous verrez ce qui arrivera.

M. DE WURTZBOURG.

Taisez-vous, madame, taisez-vous ; car voici votre nièce.

Mme DE WURTZBOURG.

C'est à elle que je m'en rapporte, monsieur ; et si vous voulez la consulter...

M. DE WURTZBOURG.

Je ne demande pas mieux.

Mme DE WURTZBOURG.

Au fait, c'est celle que cela regarde.

SCÈNE II.

Les mêmes ; HÉLÈNE, entrant par le fond.

M. DE WURTZBOURG.

Approchez, ma chère Hélène, approchez ; d'où venez-vous ?

HÉLÈNE.

Du jardin, où je me promène depuis une heure... depuis mon arrivée.

M. DE WURTZBOURG.

Il me semble qu'elle a les yeux rouges.

HÉLÈNE.

Non, mon oncle.

Mme DE WURTZBOURG.

Vous avez pleuré ?

HÉLÈNE.

Un peu, mais sans raisons, sans motifs.

Mme DE WURTZBOURG.

Pauvre enfant! un pressentiment... Écoutez-moi, ma chère amie; au dernier bal, où nous avons été ensemble à la ville, vous avez remarqué un jeune homme qui ne vous a pas quittée?

HÉLÈNE.

Lequel, ma tante?

M. DE WURTZBOURG.

C'est-à-dire qu'il y avait foule.

Mme DE WURTZBOURG, à Hélène.

Un jeune officier de dragons, M. Frédéric Stop.

HÉLÈNE.

Ah! oui, ma tante.

Mme DE WURTZBOURG, à son mari.

Vous voyez. (A Hélène.) Vous avez dansé ensemble... Qu'en pensez-vous?

HÉLÈNE.

Je ne sais, je ne l'ai pas regardé.

M. DE WURTZBOURG, à sa femme.

Vous l'entendez.

Mme DE WURTZBOURG.

Nous disons toutes comme cela. (A Hélène.) Mais il faut, Hélène, ici parler franchement; s'il se présentait pour mari?

HÉLÈNE, à part.

Ah! mon Dieu!

Mme DE WURTZBOURG.

Et qu'il ne dépendit que de vous d'accepter, qu'est-ce que vous feriez?

HÉLÈNE.

Je refuserais.

Mme DE WURTZBOURG, avec colère.

Petite sotte!

M. DE WURTZBOURG, avec joie.

Ma chère nièce, voilà qui fait honneur à ton goût; et tu as bien fait de parler avec franchise, parce que ce n'est pas nous qui voudrions jamais contraindre ton inclination. Et si au lieu de M. Stop, un jeune officier qui n'a rien que la cape et l'épée, il se présentait un homme de mérite, un homme riche et titré... M. le comte de Frankenstein, par exemple, qui t'offrit sa main et sa fortune... qu'est-ce que tu dirais?

HÉLÈNE, lui prenant la main avec tendresse.

Oh! mon bon oncle, je refuserais.

M. DE WURTZBOURG.

Qu'est-ce à dire?

Mme DE WURTZBOURG.

Cette chère enfant, elle a raison; elle aimerait encore mieux M. Stop.

HÉLÈNE.

Du tout!

M. DE WURTZBOURG.

Elle préfère le comte.

HÉLÈNE.

En aucune manière! ni l'un ni l'autre.

Mme DE WURTZBOURG.

Et qu'est-ce qu'il vous faut donc?

M. DE WURTZBOURG.

Qu'est-ce que vous voulez?

HÉLÈNE.

Rester comme je suis... Je ne veux pas me marier.

Mme DE WURTZBOURG.

Et pourquoi, s'il vous plaît?

HÉLÈNE.

Ah! c'est que j'ai lu un livre... non, un cahier, sur lequel sont décrits avec tant de vérité tous les inconvénients du mariage, que, depuis ce temps, je ne veux plus en entendre parler.

M. DE WURTZBOURG.

Eh bien! par exemple!

HÉLÈNE.

Tenez, mon oncle, lisez plutôt, (Elle lui donne le cahier.) et vous verrez vous-même les inconvénients du mariage.

M. DE WURTZBOURG, saisissant avec colère le cahier qu'il jette sur la table à gauche.

Qu'est-ce que c'est que de pareilles niaiseries? Croyez-vous que cela m'apprendra quelque chose?... et que je ne sache pas depuis longtemps à quoi m'en tenir?

HÉLÈNE.

Alors vous devez voir qu'il a raison. Et celui qui a écrit cela a tant de talent et de savoir, que j'ai toute confiance en lui.

AIR : J'en guette un petit de mon âge. (*Les Scythes et les Amazones.*)

D'après ce que je viens de lire,
On aura beau me supplier;
J'aimerais mieux, s'il faut le dire,
Mourir que de me marier.
Oui, oui, ma tante, il dit dans son ouvrage
Que de chagrin l'on meurt en s'épousant;
Alors, autant vaut mourir sur-le-champ,
On a de moins le mariage!

M. DE WURTZBOURG.

A-t-on jamais vu raisonnement pareil? c'est votre tante qui vous suggère ces idées-là. Mais arrangez-vous; j'ai donné ma parole au comte de Frankenstein; il doit venir aujourd'hui même, ici, à cette campagne, avec un ami qui fait ce mariage. J'entends qu'on le reçoive d'abord avec un air gracieux, heureux et joyeux. Après cela, nous verrons.

HÉLÈNE.

Mais, mon oncle...

M. DE WURTZBOURG.

Et s'il ne vous convient pas, si je suis obligé de retirer ma parole, je ne me mêle plus de votre avenir, et je vous renvoie à la ville chez votre mère.

HÉLÈNE, timidement et faisant la révérence en baissant les yeux.

Oui, mon oncle.

Mme DE WURTZBOURG.

Pauvres femmes! nous sommes toujours victimes de notre douceur et de notre soumission. (Bas à Hélène en l'emmenant.) Venez, mon enfant : du courage, résistez, et je vous soutiendrai.

(Elles sortent par la porte latérale à droite.)

SCÈNE III.

M. DE WURTZBOURG, seul.

En vérité, il me faut pour gouverner ma femme et ma nièce plus de peine que M. de Metternich lui-même n'en a à mener tout le conseil. Il est vrai que dès qu'il faut donner un avis, ma femme est là qui parle, qui parle, tandis que nous autres conseillers, avec le ministre, quelle différence !...

AIR du vaudeville du *Piége*.

Nous n'opinons que du bonnet,
Et qu'il recule ou qu'il avance,
Depuis trente ans, sénat muet,
Nous gardons toujours le silence.
Et quelqu'esprit qu'on voie en lui briller,
A ce grand homme il faudrait, sur mon âme,
Autant de mal pour nous faire parler
Que pour faire taire ma femme!

SCÈNE IV.

M. DE WURTZBOURG, SCHULTZ, REYNOLDS.

M. DE WURTZBOURG, à Schultz.

Que c'est aimable à vous d'arriver de si bonne heure.

SCHULTZ, tenant Reynolds par la main, et s'apprêtant à le présenter à M. de Wurtzbourg.

Monsieur, nous nous sommes empressés, mon ami et moi...
(Reynolds se dégage de la main de Schultz, et s'en va dans la galerie.)

M. DE WURTZBOURG.

Eh bien! où est donc monsieur le comte?

SCHULTZ.

J'ai l'honneur de vous le présenter. (Se retournant.) Eh bien!... (Retournant vers la porte.) Il est là dans cette galerie en contemplation devant des armures antiques, et devant une vieille gravure. (Il sort, et ramène un instant après Reynolds qu'il tient par la main, et lui dit :) C'est monsieur de Wurtzbourg, le conseiller aulique, votre oncle futur, que vous aviez tant d'impatience de voir.

REYNOLDS, vivement, allant à Wurtzbourg.

Ah! monsieur!... que je vous fasse mes compliments... je suis enchanté, ravi...

SCHULTZ.

A la bonne heure, au moins. (A part.) Je ne l'ai jamais vu si expansif.

M. DE WURTZBOURG, s'inclinant.

Monsieur le comte, c'est moi qui suis trop heureux de faire votre connaissance, et vous pouvez être assuré que moi et ma femme...

REYNOLDS.

Elle a deux cents ans, n'est-ce pas, pour le moins?

M. DE WURTZBOURG.

Deux cents ans, ma femme?...

REYNOLDS.

Non, la gravure que je viens de voir, là, dans votre premier salon.

M. DE WURTZBOURG.

C'est possible.

REYNOLDS.

J'en suis sûr; c'est une des secondes qui aient été faites en bois; la première de toutes, qui est de Laurent Coster ou de Mentel, date de 1440.

M. DE WURTZBOURG.

Vous croyez?

REYNOLDS.

Si j'y crois! comme en Dieu... La vôtre, qui représente la bataille de Lépante, par Christophe Chrieger, doit être du XVIe siècle.

M. DE WURTZBOURG.

C'est vrai.

REYNOLDS.

D'après cela, je vois que monsieur est un amateur, et je l'en estime davantage.

M. DE WURTZBOURG.

Certainement, votre estime m'est bien précieuse; surtout d'après les projets d'alliance dont m'a parlé notre ami commun, le docteur Schultz.

SCHULTZ.

Projet que monsieur le comte a accueilli avec ardeur, et il n'attend que le moment de pouvoir faire sa cour à ces dames, à madame de Wurtzbourg, et à votre aimable nièce.

M. DE WURTZBOURG.

Ces dames sont occupées à donner quelques ordres, et je suis désolé de ce qu'elles font attendre monsieur le comte.

REYNOLDS, qui pendant ce temps a regardé la bibliothèque.

Vous avez là une bibliothèque superbe.

M. DE WURTZBOURG.

Vous ne voyez rien ; je suis peu fort sur la gravure, mais pour ce qui est des livres, c'est différent, je suis membre de la société bibliographique de Berlin.

REYNOLDS, avec joie.

Il serait possible ! cette société qui a rendu de si grands services.

M. DE WURTZBOURG, avec complaisance.

« *Quorum pars magna fui...* »

REYNOLDS.

Du Virgile ! Touchez là. Dès qu'on parle la langue du pays... du pays latin, on est compatriote.

M. DE WURTZBOURG, lui rendant la poignée de main.

Mon cher compatriote... mon cher neveu.

REYNOLDS, allant à la table, et regardant les livres qui s'y trouvent.

Vous avez là de belles éditions.

M. DE WURTZBOURG.

Et de plus, une jolie nièce, je m'en vante ; vous la verrez.

REYNOLDS.

On peut donc voir ?

M. DE WURTZBOURG.

Certainement.

REYNOLDS, examinant les livres.

Un beau TÉRENCE... un PLAUTE... un PÉTRONE magnifique.

(Prenant le livre et le montrant à M. de Wurtzbourg.)

AIR : *Un homme pour faire un tableau.* (*Les Hasards de la guerre.*)

Avec tous les fragments nouveaux...
Grand Dieu ! quelle joie est la mienne !
Que ces caractères sont beaux !

M. DE WURTZBOURG.

Imprimés par Robert Estienne !

REYNOLDS.

Et c'est la bonne édition...
Voici, page soixante-seize,
Ces deux fautes d'impression
Qui ne sont pas dans la mauvaise.

M. DE WURTZBOURG.

C'est juste... et nous pouvons vérifier... je l'ai là.

REYNOLDS, retournant à la table.

En vérité ! c'est un aimable homme que M. le conseiller ! toutes les éditions...

M. DE WURTZBOURG.

J'ai mieux que cela encore.

REYNOLDS, vivement.

Vraiment !

M. DE WURTZBOURG.

Une nièce dont les qualités et les attraits, unis à la modestie...

REYNOLDS, poussant un cri.

C'est magnifique ! admirable ! Tout ce que je désirais depuis longtemps... une bible primitive !

SCHULTZ.

La belle trouvaille !

REYNOLDS.

Barbare que vous êtes !... C'est de Guttemberg... Guttemberg lui-même ! l'inventeur de l'imprimerie... (A M. de Wurtzbourg.) Peut-on toucher ?

M. DE WURTZBOURG.

Certainement.

REYNOLDS, prenant la bible, et passant entre Schultz et M. de Wurtzbourg.

O chef-d'œuvre de l'esprit humain ! première pierre du

monument éternel élevé par le génie à la civilisation du monde... (A Schultz.) Comment, vous n'êtes pas ému, attendri ? Moi, mon cœur bat avec violence... en contemplant ces lettres presque usées, qui, semblables à des caractères magiques, ont chassé la barbarie, fait jaillir la lumière, propagé les bienfaits de la science et rendu impérissables les produits du génie ! (A M. de Wurtzbourg.) Que vous êtes heureux, monsieur, de posséder un tel trésor !... Moi, je donnerais tout au monde...

SCHULTZ.

Y pensez-vous ?

REYNOLDS.

Oui, oui, docteur; vous le disiez ce matin : c'est une belle chose que la fortune; j'en sens maintenant tout le prix... et si je puis jamais acquérir une bible pareille...

M. DE WURTZBOURG.

Celle-là est à vous.

REYNOLDS.

Dites-vous vrai ?

M. DE WURTZBOURG.

C'est le présent de noce.

REYNOLDS, lui sautant au cou.

Ah ! mon oncle ! mon cher oncle !... Eh bien ! docteur, je sens que vous aviez raison, et que je m'habituerai au mariage.

SCHULTZ.

Vraiment !

REYNOLDS.

Tout ce que j'en vois jusqu'ici me semble si doux, si agréable ! Des gravures, des livres ! je crois encore être chez moi, et puis un oncle charmant, un homme instruit, qui a de si belles éditions !

SCHULTZ, passant entre Reynolds et Wurtzbourg.

A merveille... c'est donc une affaire arrangée et conclue. Vous vous convenez tous les deux.

M. DE WURTZBOURG et REYNOLDS.

Certainement.

M. DE WURTZBOURG.

Sauf le consentement de ma nièce...

REYNOLDS.

Pour cela, je ne m'en inquiète pas; c'est l'affaire du docteur.

SCHULTZ.

Je réponds de tout.

M. DE WURTZBOURG.

Est-il possible!

SCHULTZ.

Allez seulement prévenir ces dames; quant à moi, et puisque maintenant les paroles sont données, j'ai une visite à faire dans les environs. Vous me donnez bien jusqu'au dîner, n'est-il pas vrai?

(Reynolds est allé à la bibliothèque.)

M. DE WURTZBOURG.

A merveille, je vais dans ce salon. Mais je crains de laisser seul monsieur le comte.

SCHULTZ.

Lui... il ne pense plus à nous... il est avec ses livres.

AIR de la valse de *Robin des Bois*.

Il est capable, en lisant ce grimoire,
D'oublier tout, jusqu'au dîner... mais moi,
De l'estomac j'ai toujours la mémoire,
Et reviendrai, j'en donne ici ma foi.
A ses anciens il rend une visite,
1 croit les voir...

M. DE WURTZBOURG.

Mais ce sont, en effet,
D'illustres morts que sa main ressuscite.

15

SCHULTZ.

Il devrait bien me donner son secret.

Ensemble.

M. DE WURTZBOURG.

A mon bonheur encor je ne puis croire,
Un tel savant était digne de moi ;
Et pour ma nièce aujourd'hui quelle gloire !
Il faudra bien qu'elle accepte sa foi.

SCHULTZ.

Il est capable, en lisant ce grimoire,
D'oublier tout, jusqu'au dîner ; mais moi,
De l'estomac j'ai toujours la mémoire,
Et reviendrai, j'en donne ici ma foi.

(Wurtzbourg et Schultz sortent.)

SCÈNE V.

REYNOLDS, seul.

Que je l'admire encore, et tout à mon aise ; mettons-nous là, sur cette table. (Il s'assied devant la table, pose la bible qu'il ouvre avec précaution.) C'est agréable d'avoir un bibliophile dans sa famille ; c'est un avantage de plus que le docteur et moi n'avions pas compté dans tous ceux qu'offre le mariage. (Jetant les yeux sur le cahier que M. de Wurtzbourg a jeté à la seconde scène sur la table.) Tiens ! qu'est-ce que je vois là ! un cahier de mon écriture ! un écrit de moi ici ! Prodigieux ! (Lisant.) « *Des inconvénients du mariage.* » (Il lit tout bas et s'interrompt.) Est-il possible !... (Il lit encore.) Voilà une foule d'arguments que j'avais totalement oubliés, et qui me semblent d'une force... (Lisant.) « Si ce qu'il y a de plus difficile au monde, est de
« trouver le bonheur pour soi, à plus forte raison quand il
« faut le chercher pour deux, pour trois, pour quatre... et
« indéfiniment... car, qui sait le nombre d'enfants dont on
« est menacé en mariage ?... Qui peut le prévoir ? »... Ce n'est pas moi assurément ; il n'y a rien à répondre à cela.

(Lisant.) « Artiste, homme de lettres, savant, ta vie t'appar-
« tenait, elle ne t'appartiendra plus ; en perdant ton indépen-
« dance, tu perdras ton talent ; il sera absorbé, étouffé,
« anéanti par les détails et les tracas du ménage... et com-
« ment écouter l'inspiration du génie, quand la voix d'une
« femme en colère, quand les cris de vos enfants au berceau
« vous poursuivent jusque dans le silence du cabinet? »
C'est, ma foi, vrai, et je n'y avais jamais pensé. (Il se lève avec agitation.) Des enfants !... cela doit crier, depuis leur naissance, depuis le berceau ; et quand ils sont malades, quand ils font des dents... (Se promenant vivement.) Effroyable ! effroyable à imaginer ! et cette idée-là seule me donne mal à la tête. (Parcourant le cahier.) « La coquetterie, les assemblées, les bals...
« Tu mèneras ta femme au bal, où tu passeras pour un
« mauvais mari. » C'est vrai. « Et si tu l'y conduis, tu ne
« dormiras pas. » C'est vrai. « Et si tu la fais conduire par
« d'autres, tu dormiras encore moins, la jalousie troublera
« ton sommeil... » C'est vrai, très-vrai. Le mariage est donc une insomnie, un cauchemar perpétuel !... et moi qui ne me marie que pour finir mon grand ouvrage ! Travaillez donc quand on n'a pas dormi ! (Il jette le cahier sur le guéridon à droite.) Quel bonheur qu'il soit encore temps ! Car enfin si je n'avais retrouvé ce papier-là que le lendemain de mes noces, jugez de ce qu'il serait arrivé...

SCÈNE VI.

HANTZ, REYNOLDS.

HANTZ, entrant mystérieusement.

Ah! mon maître! mon cher maître! vous voilà. Je voudrais bien vous parler.

REYNOLDS.

C'est facile.

HANTZ.

Je le sais bien, mais le difficile, c'est que vous m'écoutiez... et cependant il y va de votre bonheur.

REYNOLDS.

Qu'est-ce que c'est?

HANTZ.

Vous m'avez appris ce matin votre mariage, et je n'ai rien dit, parce qu'avec vous, il n'y a pas moyen... mais cette nouvelle-là m'a donné pour vous le frisson, depuis les pieds jusqu'à la tête.

REYNOLDS.

Et pourquoi?

HANTZ.

Je me disais : Monsieur qui ne pense à rien, ne pensera jamais qu'il est marié.

REYNOLDS.

Je ne pense à rien!...

HANTZ.

Non, monsieur, car ce matin encore, au moment où nous descendions l'escalier, vous êtes remonté pour prendre votre Tacite.

REYNOLDS.

Oui; je l'ai là, dans ma poche.

HANTZ.

Non, monsieur, il est là dans la mienne. Mais vous, c'est votre pantoufle que vous avez ramassée à la place, et emportée par mégarde.

REYNOLDS, la regardant avec étonnement.

C'est singulier!

HANTZ.

Et je vous prie même de me la rendre parce que ça me dépareille...

REYNOLDS.

Tiens, mon garçon, voilà tout ce que j'ai de pantoufles sur moi.

HANTZ.

Jugez d'après cela seul si vingt fois par jour vous n'oublierez pas votre femme; et elle, de son côté, n'aurait pas non plus grand'peine à vous oublier... d'après surtout ce que je viens d'entendre.

REYNOLDS.

Et qu'as-tu entendu?

HANTZ.

J'étais dans le jardin, caché par une treille, lorsque deux personnes sont venues s'asseoir de l'autre côté, et j'ai reconnu la voix de ce jeune homme qui voulait ce matin louer votre appartement.

REYNOLDS.

M. Frédéric Stop, le fils du professeur.

HANTZ.

Il causait avec la maîtresse de la maison, madame de Wurtzbourg, et il était question de vous. Il paraît que cette femme-là vous en veut, et ne peut pas vous souffrir.

REYNOLDS.

Après...

HANTZ.

Et l'officier disait en vous apostrophant :

AIR : Ces postillons sont d'une maladresse.

« Puisque tu tiens à former cette chaîne,
  Maudit savant! par moi tu trouveras,
    Auprès de ta nouvelle Hélène,
  Le sort heureux d'un nouveau... Ménélas. »
Qu'est qu'ça veut dir'? je ne le comprends pas.

REYNOLDS.

Moi, je comprends.

HANTZ.

Tremblez; car, je le gage,
On vous prépare encor quelques échecs :
C'est du nouveau.

REYNOLDS.

Du tout; ancien usage
Renouvelé des Grecs.

Et tu dis donc qu'il a l'air bien amoureux?

HANTZ.

Oui, monsieur.

REYNOLDS.

Pauvre jeune homme! et tu dis que la tante ne veut pas de moi pour son neveu, et qu'elle me déteste?

HANTZ.

Oui, monsieur.

REYNOLDS.

Pauvre femme!

HANTZ.

Et qu'est-ce que vous dites à cela?

REYNOLDS, froidement.

Rien.

(Il va s'asseoir devant la table et écrit.)

HANTZ.

Comment! est-ce que vous allez vous remettre à travailler, après ce que je viens de vous apprendre?

REYNOLDS.

Non, j'écris à la tante que je ne veux pas faire leur malheur à tous, et que je renonce au mariage.

HANTZ.

Ah! que c'est bien à vous... (Voyant que Reynolds écrit une autre feuille.) Et qu'est-ce que vous écrivez encore là?... Excusez, c'est que j'ai toujours peur de quelque distraction.

REYNOLDS.

Au jeune officier... à M. Stop... pour lui dire que je renonce en sa faveur à tous mes droits.

HANTZ.

Quelle générosité !

REYNOLDS, écrivant toujours.

Je n'y ai pas de mérite; car c'est maintenant dans mon intérêt et dans mes principes. Hantz, as-tu été marié?

HANTZ.

Oui, monsieur, il y a bien longtemps, du temps où j'étais bedeau et suisse à Cologne, et j'étais bien malheureux.

REYNOLDS, écrivant toujours.

Ta femme avait donc un amant?

HANTZ.

Non, monsieur... elle en avait deux.

REYNOLDS, laissant tomber sa plume.

C'est étonnant. (Cherchant son cahier et se rappelant qu'il l'a jeté sur le guéridon; il le montre à Hantz, en lui disant.) Donne-moi ce cahier. (Hantz le lui apporte.) C'est un nouvel argument que je te devrai, et que je veux y inscrire. Mais auparavant porte cette lettre à madame de Wurtzbourg, et l'autre à M. Frédéric Stop.

HANTZ.

Soyez tranquille, je n'y manquerai pas, et ils l'auront dans un instant.

(Il fait quelques pas vers la porte.)

REYNOLDS, qui est prêt à écrire sur son cahier.

Tu as dit deux ?

HANTZ, s'arrêtant et revenant auprès de Reynolds.

Oui, monsieur... le loueur de chaises et le sonneur de cloches.

REYNOLDS.

Le sonneur...

HANTZ.

Tout le monde vous le dira ; cela a fait assez de bruit dans la ville. Je vais porter vos deux lettres.

(Il sort.)

SCÈNE VII.

HÉLÈNE, REYNOLDS, à la table.

HÉLÈNE, entrant avec crainte par la porte à gauche.

AIR de *la Galope.* (Mme MALIBRAN.)

Que mon cœur est ému !
Pour voir ce prétendu,
L'on me cherche, on m'appelle,
Et j'ai fui
Jusqu'ici ;
Car d'avance pour lui
Je ressens une haine mortelle.

REYNOLDS.

Maintenant, il le faut,
Quittons-les au plus tôt...

HÉLÈNE.

Pour calmer ma frayeur et ma peine,
Je n'ai pas un ami,
Pas un seul, aujourd'hui.

REYNOLDS, se levant et voyant Hélène.

Ah ! grands dieux ! qu'ai-je vu ? c'est Hélène !

Ensemble.

HÉLÈNE.

Quoi ! c'est vous que je vois près de moi, dans ces lieux ?
Quel bonheur, mon cher maître !
C'est vous que j'appelais et qu'imploraient mes vœux,
Et soudain je vous vois apparaître.

REYNOLDS.

O hasard étonnant ! c'est elle, dans ces lieux,

Que je vois apparaître !
Et du trouble soudain que j'éprouve à ses yeux,
Je ne puis encore être le maître.

HÉLÈNE.

Qui se serait attendu à vous trouver ici, dans cette campagne !... et que vous faites bien d'arriver pour me défendre, me protéger ! Imaginez-vous qu'on veut me faire épouser un homme très-riche, que je déteste; que j'abhorre !

REYNOLDS, avec intérêt.

Et qui donc?

HÉLÈNE.

Le comte de Frankenstein.

REYNOLDS, stupéfait.

Est-il possible !... est-ce que c'est vous, Hélène, qui êtes la nièce de M. de Wurtzbourg?

HÉLÈNE.

Hélas! oui.

REYNOLDS, la regardant avec émotion.

Je n'en puis revenir encore. (Tristement.) Et vous détestez ce pauvre comte, sans le connaître?

HÉLÈNE.

Certainement.

REYNOLDS.

Et quand vous le connaîtrez?

HÉLÈNE.

Ce sera bien pire encore.

REYNOLDS.

Et pourquoi?

HÉLÈNE.

Parce que je ne veux ni de son titre, ni de sa fortune. Je ne veux pas me marier, car je me suis promis de suivre vos conseils, de n'avoir pas d'autre opinion que la vôtre; et comme je la connais maintenant, comme je l'ai lue dans ce cahier...

(Montrant le cahier qui est sur la table.)

REYNOLDS.

Ah! vous avez lu?...

HÉLÈNE.

Oui, monsieur; et puisque vous êtes opposé au mariage...

REYNOLDS.

Certainement, je le suis; mais il se peut que des gens de mérite soient d'un avis contraire, car sur ce chapitre-là, voyez-vous, on peut dire : oui et non.

HÉLÈNE.

Vous avez dit non, c'est écrit; et j'aurais bien mauvaise idée de vous, si vous changiez du soir au matin.

REYNOLDS.

Le ciel m'en préserve! mais pour vous faire ma confidence, je vous avouerai, Hélène, que je suis moi-même dans un grand embarras... car on veut aussi me marier.

HÉLÈNE.

Ah! par exemple, j'espère que vous refuserez aussi.

REYNOLDS.

Il n'y a qu'un instant, j'y étais décidé.

HÉLÈNE.

A la bonne heure... c'est bien... il faut du caractère.

REYNOLDS.

Et maintenant que la réflexion me vient, il me semble qu'il en est du mariage comme de toutes les choses d'ici-bas, qui ont toutes leur bon et leur mauvais côté; de sorte que celui qui en dit du mal n'a pas tort, et celui qui en dit du bien a raison.

HÉLÈNE, avec dépit.

Et vous, monsieur, qu'est-ce que vous dites?

REYNOLDS.

Je dis que ce peut être la source de tous les biens, comme de tous les maux ; et qu'alors il s'agit seulement de bien choisir.

HÉLÈNE.

Et comment ?

REYNOLDS.

En cherchant quelqu'un dont le caractère convienne à nos bonnes qualités, et surtout à nos défauts ; car nos défauts sont une partie essentielle de nous-mêmes, dont nous ne voulons pas nous séparer même en ménage ; et vous qui connaissez les miens, voyons, Hélène, qu'est-ce que vous me conseillez ?

HÉLÈNE.

De rester comme vous êtes.

REYNOLDS, soupirant.

Je m'en doutais.

HÉLÈNE.

Oui, monsieur : vous êtes trop difficile à marier, il vous faudrait une femme exprès.

REYNOLDS, soupirant.

C'est ce que je me disais.

HÉLÈNE.

Une femme douce et bonne, et pas très-jolie, cela ne servirait à rien.

AIR : Vos maris en Palestine. (*Le comte Ory.*)

Pas d'esprit, c'est inutile ;
Car vous en avez pour deux ;
Mais pourtant assez habile
Pour éloigner de vos yeux
Du ménage les soins fâcheux.
D'une femme ayant la tendresse,
Et d'un homme l'amitié,
Que tout son temps soit employé

A vous faire oublier sans cesse
Que vous êtes marié.

REYNOLDS.

C'est vrai; voilà justement ce qu'il me faut.

HÉLÈNE.

Il faut encore que, sans vous suivre dans les hautes régions de la science, elle puisse cependant s'intéresser à vos études, prendre part à vos succès, s'enorgueillir de votre gloire... (Se rapprochant de lui.) Et puis, parler avec vous de votre grand ouvrage.

REYNOLDS.

C'est cela, c'est bien cela.

HÉLÈNE.

Une femme enfin qui, connaissant la bonté de votre cœur, ne s'offensât point des singularités de vos manières et consentît à être, après l'étude, ce que vous aimeriez le mieux.

REYNOLDS, vivement.

Non, non; elle avant tout, avant tout au monde. Oui, voilà la femme qu'il me faudrait; et vous croyez, Hélène, que je ne pourrai jamais en rencontrer une pareille?

HÉLÈNE.

Je ne sais.

REYNOLDS.

Vous n'en connaissez pas?

HÉLÈNE, baissant les yeux.

Une peut-être... (Vivement.) Mais c'est impossible, il ne faut pas y penser.

REYNOLDS.

Et pourquoi donc?

HÉLÈNE.

Parce qu'on la destine à ce comte de Frankenstein que je ne puis souffrir.

REYNOLDS, transporté.

Est-il possible! ah! je suis trop heureux! et après un tel aveu, apprenez, ma chère Hélène...

(Dans ce moment, Frédéric, entrant brusquement, se jette dans les bras de Reynolds et l'embrasse.)

SCÈNE VIII.

HÉLÈNE, FRÉDÉRIC, REYNOLDS.

FRÉDÉRIC.

Ah! monsieur, que de bontés, et comment vous remercier?...

REYNOLDS, à part, avec embarras.

Dieu!... celui-là auquel je ne pensais plus!

FRÉDÉRIC.

Après la lettre que je viens de recevoir de vous, cette lettre si généreuse...

REYNOLDS, lui faisant signe.

Il suffit, monsieur, il suffit; nous allons parler de cela. (Passant au milieu, à Hélène.) Vous, ma chère Hélène, allez trouver votre oncle, il vous dira, il vous expliquera... moi, je ne peux pas, j'ai à causer avec monsieur; mais en attendant, qu'il passe chez le notaire, et fasse dresser le contrat à l'instant même.

HÉLÈNE, à part.

Mais qu'est-ce qu'ils ont donc?

AIR du vaudeville des *Blouses.*

Que veut-il dire?... un contrat! pourquoi faire?

FRÉDÉRIC.

Oui, grâce à lui, nous voilà tous d'accord...
Mais se mêler de tout, jusqu'au notaire,
Que de bontés!... ah! vraiment c'est trop fort.

HÉLÈNE.

D'où vient ce trouble?... est-ce de la folie?
J'en perds la tête et je n'y comprends rien.

REYNOLDS.

Ni moi non plus ; mais quand on se marie,
C'est ce qu'il faut, pour que tout aille bien.

Ensemble.

REYNOLDS.

Que le cher oncle aille chez le notaire,
Et point de dot... il peut garder son or!
Elle est à moi! quel trésor sur la terre
Pourrait payer un semblable trésor?

HÉLÈNE.

Comme il s'empresse! un contrat... un notaire...
De résister plus longtemps j'aurais tort;
Pareille ardeur de sa part doit me plaire,
Et sans regret je lui livre mon sort.

FRÉDÉRIC.

Ah! le beau trait! et songer au notaire!
Quel homme aimable, et combien j'avais tort,
Moi qui voulais le traiter en corsaire,
C'est de ses mains que j'obtiens ce trésor.

(Hélène sort.)

SCÈNE IX.

REYNOLDS, FRÉDÉRIC.

REYNOLDS, avec embarras.

En vérité, mon cher monsieur Stop, vous me voyez confus.

FRÉDÉRIC.

C'est moi qui le suis!... me céder tous vos droits! vous engager solennellement à renoncer à la main d'Hélène, et vous occuper même du notaire et du contrat!

REYNOLDS, avec embarras.

C'est-à-dire, monsieur, il faut que vous sachiez...

FRÉDÉRIC.

Je n'y pouvais croire; mais c'est bien écrit, c'est signé de votre main, et je vais vous devoir mon bonheur.

REYNOLDS, avec embarras.

Certainement, mon cher ami, je voudrais qu'il en fût ainsi; mais ça n'est plus possible.

FRÉDÉRIC.

Qu'est-ce à dire?... quand j'ai votre promesse!

REYNOLDS.

Je ne dis pas non; c'est moi qui ai tort... j'ai agi comme un fou... comme un étourdi... mais quand j'ai renoncé à ma femme, je ne l'avais pas vue encore, je croyais que c'était une autre.

FRÉDÉRIC.

Cela n'y fait rien.

REYNOLDS.

Cela fait beaucoup; il y avait erreur en la personne, *error in personâ*... et tous les jurisconsultes du monde vous diront que cela annule une promesse... *pactum annihilat*...

FRÉDÉRIC.

Peu m'importe; quand on s'engage, il faut tout prévoir...

REYNOLDS.

Je ne pouvais pas prévoir que je plairais, qu'on m'aimerait; vous conviendrez vous-même que c'était impossible.

FRÉDÉRIC, avec dépit.

Ah! l'on vous aime, vous!

REYNOLDS.

Oui, mon cher ami; ce n'est pas ma faute, et j'en appelle ici à votre générosité, à votre conscience... vous êtes jeune, joli garçon, un beau militaire, vous ne manquerez jamais de femmes qui se prendront de belle passion pour vous, tandis que moi, c'est bien différent.

AIR du vaudeville du Baiser au Porteur.

> Peut-être au monde il n'en est qu'une
> Qui veuille me donner son cœur;
> Laissez-moi mon humble fortune,
> Cela vous portera bonheur.
> L'amour de vingt autres maîtresses
> Paira cet effort généreux...
> Le ciel, dit-on, augmente nos richesses,
> Quand nous donnons aux malheureux!

Ainsi, vous me rendez ma promesse?

FRÉDÉRIC.

Non, monsieur.

REYNOLDS.

Je ne ferai plus valoir qu'une seule considération; je me marie par ordonnance du médecin, il y va de mon existence, de ma raison.

FRÉDÉRIC.

Cela ne me regarde pas, j'ai votre promesse.

REYNOLDS.

Eh bien! monsieur, je n'aurais jamais osé le dire; mais puisque vous m'y forcez... il faut donc vous avouer que je suis amoureux... oui, moi, amoureux!... j'aime Hélène, et je ne la céderai ni à vous, ni à personne.

FRÉDÉRIC.

C'est ce qui vous trompe; car vous allez renoncer à sa main, ou vous vous battrez.

REYNOLDS.

Ni l'un ni l'autre; je ne renoncerai pas à Hélène, parce que c'est contraire à mon bonheur; et je ne me battrai pas, parce que c'est contraire à mes principes et à mes habitudes.

FRÉDÉRIC.

Ah! vous ne vous battrez pas!... eh bien! attendez-vous à me trouver partout sur vos pas, vous flétrissant du nom de lâche, d'infâme... déclarant que tous vos savants ne sont qu'un tas de poltrons.

REYNOLDS, furieux à son tour.

Les savants! qu'est-ce que vous dites des savants?... M'insulter, passe, je n'y prendrais pas garde... mais s'attaquer à la faculté, à la science!... voilà un outrage qui passe les bornes, et dont moi-même je vous demanderai raison.

FRÉDÉRIC.

Soit! je suis tout prêt; votre arme?

REYNOLDS.

Ce que vous voudrez.

FRÉDÉRIC.

Le pistolet.

REYNOLDS.

Je l'aime autant : il n'y a qu'une gâchette à tirer.

FRÉDÉRIC.

A cinq heures, dans l'allée au bord de l'eau.

REYNOLDS.

J'y serai.

FRÉDÉRIC.

Votre témoin?

REYNOLDS.

Mon médecin.

FRÉDÉRIC.

C'est plus prudent.

REYNOLDS.

Au revoir.

FRÉDÉRIC.

Au revoir.

(Il sort.)

SCÈNE X.

REYNOLDS, seul.

S'attaquer à l'Université !... il croit donc que parce qu'on est savant, parce qu'on sait le grec et le latin, on n'a ni àme, ni courage !... à cette idée seule, le sang m'est remonté vers le cœur et me bout dans les veines, comme à dix-huit ans... jamais je n'ai eu plus de force, plus d'existence... Le docteur a raison; j'avais besoin de distractions... un mariage... un duel... cela m'était nécessaire ; et puis me battre pour elle, comme un jeune homme, c'est bien... ça fait plaisir... je combattrai *pro aris et focis*, pour mes foyers, pour ma femme, pour mes enfants. (S'arrêtant et réfléchissant.) Ah ! diable !... mes enfants, je n'en ai pas encore... et ma femme, cette chère Hélène !... si j'étais tué, je ne pourrais pas l'épouser !... et mes travaux commencés, et mon grand ouvrage, il ne sera donc pas terminé... Ah ! je sens toute ma résolution qui m'abandonne... et ce pauvre docteur qui m'avait ordonné tout cela pour ma santé !... Allons, allons, chassons ces idées-là... et comme il faut tout prévoir, ne sortons pas de ce monde comme un étourdi, et sans mettre un peu d'ordre dans mes affaires.

(Il va s'asseoir à la table et écrit.)

SCÈNE XI.

HANTZ, REYNOLDS, qui écrit.

HANTZ.

Monsieur, j'ai remis vos **deux lettres**; celle du jeune officier, je la lui ai donnée à lui-même.

REYNOLDS, écrivant toujours.

Je le sais.

HANTZ.

Pour madame de Wurtzbourg, elle venait de sortir; mais on a mis le billet sur sa cheminée, et elle va le trouver en rentrant... Vous m'entendez?

REYNOLDS.

Oui.

HANTZ.

C'est que quand vous êtes à écrire... J'ai aussi à vous dire de ne pas oublier qu'on dîne à cinq heures et demie.

REYNOLDS.

C'est bon; j'irai auparavant me promener au bord de la rivière.

HANTZ.

Cela fera bien, cela vous donnera de l'appétit... Voilà ce que vous devriez faire plus souvent.

REYNOLDS.

Va me chercher des pistolets.

HANTZ.

Pour vous promener?

REYNOLDS.

Oui.

HANTZ.

Et où voulez-vous que j'en trouve?

REYNOLDS.

Dans la galerie de monsieur le conseiller... j'en ai vu.

HANTZ.

Ah! oui, des armures antiques... C'est comme objets d'art... Je comprends, quelque dissertation qu'il veut faire...

(Il sort.)

REYNOLDS, écrivant toujours.

Comme cela ils ne m'oublieront pas... Cachetons ce papier, et laissons-le sur cette table, à l'adresse du conseiller; et s'il m'arrive quelque malheur, ce qui est probable, car ce jeune homme doit être plus habile que moi pour... (Il fait le geste de tirer le pistolet.) Ah! s'il m'avait défié... (Il fait le geste d'écrire.) en grec ou en latin...

HANTZ, rentrant avec deux énormes pistolets.

Voilà.. ils sont fameux.

REYNOLDS, se lève, et prend les pistolets.

C'est bien. (Les regardant.) Millésime de 1638... Cela a servi peut-être au siège de Vienne, ou à la bataille de Nuremberg.

(Il les met dans sa poche.)

HANTZ, à part.

Dans ce cas-là, ils n'ont pas été nettoyés depuis. (Haut à Reynolds.) Eh bien! vous les mettez dans votre poche?

REYNOLDS.

Oui: dès que le docteur rentrera, tu lui diras que j'ai besoin de lui, et que je l'attends à cinq heures, dans l'allée au bord de l'eau, où je vais de ce pas.

HANTZ.

Oui, monsieur; mais vous aurez le temps de l'attendre, car il n'est encore que quatre heures.

REYNOLDS.

Tu as raison; qu'est-ce que je ferai d'ici-là, à me promener en long et en large?... Ah! je travaillerai à mon grand ouvrage; il ne faut jamais perdre de temps. Donne-moi ces livres que j'ai vus sur la table... Les trois premiers sont les campagnes de Gustave-Adolphe; et j'aurai besoin de les consulter. (Hantz les lui apporte, et il les met dans sa poche.) J'ai vu aussi là-bas les guerres des Hussites et des Anabaptistes, donne-les moi; cela me sera nécessaire. (Hantz les lui apporte, il en met dans les poches de son habit, et il en tient un de chaque main.)

Ah! et puis j'oubliais ces deux *in-folio*, le procès de Jean Hus devant le concile de Constance; cela m'est indispensable.

HANTZ.

Et votre Tacite que j'avais là...

REYNOLDS.

Donne toujours, ça ne peut jamais nuire.

AIR : Amis, voici la riante semaine. (*Le Carnaval.*)

Jusqu'à la fin il faut qu'on étudie...
Pour moi, la fin peut-être n'est pas loin.
(Réfléchissant.)
Livre chéri, compagnon de ma vie,
Dans ce combat tu seras mon témoin!
J'ai près de toi l'habitude de vivre,
Et si le sort vient à trahir mon bras,
Jusqu'au tombeau c'est à toi de me suivre ;
Mon vieil ami, ne nous séparons pas.

(Il sort, tenant des in-folio sous chaque bras, des livres dans les mains et plein les poches.)

SCÈNE XII.

HANTZ, HÉLÈNE et M. DE WURTZBOURG, qui entrent par la droite.

HÉLÈNE, en entrant.

Moi! sa femme!... moi comtesse! est-il possible!

M. DE WURTZBOURG, à Hantz.

Mon ami, où donc est votre maitre?

HANTZ.

Il sort à l'instant.

M. DE WURTZBOURG, allant à la porte et le voyant partir.

Monsieur le comte... monsieur le comte!... Il ne m'entend pas... où va-t-il donc?

HANTZ.

Il va se promener.

M. DE WURTZBOURG.

Ainsi chargé!

HÉLÈNE, regardant aussi par la porte.

On dirait d'une bibliothèque ambulante.

M. DE WURTZBOURG.

C'est que je lui apportais, selon son désir, cet acte tout dressé, et qu'il voulait avoir, disait-il, et vite, et vite...

HANTZ.

Si monsieur veut, je le lui porterai, car je sais où il va.. au bord de la rivière, où il attend le docteur.

AIR : Plus on est de fous, plus on rit.

Pour des recherch' scientifiques
Il est parti : car sous son bras
Il a des pistolets antiques,
Et des livres du haut en bas.
Il en a deux ou trois douzaines,
Et Dieu sait comme il s' divertit.
Car de savants il a ses poches pleines ;
Plus on est de fous, plus on rit !

(Il sort.)

M. DE WURTZBOURG.

A-t-on jamais vu une pareille originalité?

HÉLÈNE.

C'est son caractère... Aussi, mon oncle, il faut le laisser faire, et ne jamais le contrarier. Mais rassurez-vous, il n'est pas toujours ainsi, il ne lit pas toujours, il parle quelquefois... le tout est de le faire parler... et si vous aviez vu tout à l'heure...

M. DE WURTZBOURG.

Oh! je ne doute pas que près de toi il ne s'anime. Mais à propos de paroles, voilà ma femme, et je ne serai pas fâché de jouir de son dépit, en voyant le contrat signé.

SCÈNE XIII.

Les mêmes; Mme DE WURTZBOURG, SCHULTZ, FRÉDÉRIC.

Mme DE WURTZBOURG, entrant en causant avec Schultz.

Oui, docteur, voici un billet qu'il vient de m'envoyer, et par lequel il renonce de lui-même à la main de ma nièce.

HÉLÈNE.

Lui !

M. DE WURTZBOURG.

Je ne puis le croire.

FRÉDÉRIC, bas à madame de Wurtzbourg.

Et moi, je m'en doutais; mes menaces ont fait de l'effet... le savant a eu peur.

SCHULTZ.

Un refus... une rupture! après le mal que je me suis donné !... Comment, le mariage était conclu, convenu et arrangé, je le quitte pour une heure seulement... et à mon retour, tout est brouillé, tout est rompu !... C'est ce que nous verrons.

HÉLÈNE.

Tout est fini !... il n'y a plus d'espoir.

SCHULTZ.

Pour nous autres médecins, il y en a toujours... Mais qu'est devenu le malade?... qu'on le voie, qu'on s'explique... Où est-il ?

M. DE WURTZBOURG.

Au bord de la rivière, avec des livres.

HÉLÈNE.

Et des pistolets.

SCHULTZ.

Lui? des pistolets !

FRÉDÉRIC.

Ah! mon Dieu ! est-ce qu'il m'attendrait?...J'y cours.

SCHULTZ.

Et pourquoi faire ?

FRÉDÉRIC.

Pour nous battre... il m'a donné rendez-vous. Et si, comme je l'espérais, il ne renonce pas à la main de mademoiselle, nous allons voir...

SCHULTZ.

Nous allons voir.

FRÉDÉRIC, passant entre madame de Wurtzbourg et Schultz.

Oui, docteur, car c'est vous qu'il a choisi pour son témoin.

SCHULTZ.

Moi son témoin, et vous son meurtrier!... Vous le fils de son ancien ami! vous qu'il a comblé de ses bienfaits.

FRÉDÉRIC.

Moi, monsieur ? je vous assure que j'ignore...

SCHULTZ.

Oh! sans doute; il ne fait pas de bruit de ses bonnes actions, il les cache à tous ceux qui en sont l'objet... Mais moi je les sais, je sais les vingt mille florins déposés chez un notaire pour le fils de son vieux professeur...

FRÉDÉRIC et LES AUTRES.

Que dites-vous?

SCHULTZ.

Que c'est moi qui les ai portés, que c'est moi qu'il en avait chargé ; car ce jour-là aussi, j'étais son témoin.

FRÉDÉRIC.

Ah! monsieur!... comment reconnaître?...

SCHULTZ.

En venant avec moi lui demander pardon... Venez, courons!

SCÈNE XIV.

Les mêmes ; HANTZ, paraissant au fond du théâtre, pâle et défait ; il porte le chapeau de son maître, ses pistolets, et les deux volumes des Anabaptistes.

HANTZ.

Il est trop tard, monsieur le docteur, il n'est plus temps ; mon pauvre maître !...

SCHULTZ.

Qu'est-ce que cela signifie ?

HANTZ.

Un moment de désespoir, il s'est jeté à l'eau.

HÉLÈNE.

Grand Dieu !

SCHULTZ.

Calmez-vous, ce n'est pas possible ; c'est cet imbécile-là qui ne sait pas ce qu'il dit.

HANTZ.

Imbécile... je voudrais bien l'être... Mais tout à l'heure, en arrivant à la promenade, au bord de la rivière, plusieurs groupes s'entretenaient d'un homme qui venait de s'y jeter... J'approche, et qu'est-ce que je vois au bord ?... le chapeau de mon maître, que j'ai brossé assez de fois pour le reconnaître, puis deux volumes des Anabaptistes.

M. DE WURTZBOURG.

Une édition à moi.

(Il prend les deux volumes et les porte sur la table.)

HANTZ.

Et ces pistolets, qu'il avait emportés pour se promener.

Mais lui, où est-il?... où le trouver?... Disparu... englouti!

SCHULTZ.

Quelle idée

HANTZ.

Oui, monsieur; ce sont vos idées de mariage qui lui ont troublé le cerveau, et il se sera tué pour ne pas se marier.

SCHULTZ.

Lui qui a fait un traité sur le suicide!... je vous répète que ce n'est pas possible, et que je vais savoir la vérité.

M. DE WURTZBOURG, regardant sur la table.

Ah! mon Dieu! une lettre à mon adresse.

HÉLÈNE.

C'est son écriture; donnez, mon oncle, donnez vite. (Lisant.) « Ceci est mon testament. » Ah! mon Dieu!
(Elle s'arrête accablée, pleurant, et la tête appuyée sur la poitrine de son oncle; elle a laissé tomber le papier, et reste dans sa position, tournant à peu près le dos au public. Schultz ramasse le papier, et lit.)

HANTZ.

Plus de doute, il s'est détruit.

SCHULTZ, lisant.

« Je laisse à ma bien-aimée Hélène toute ma fortune, en
« lui demandant pardon de l'événement qui fait manquer
« notre mariage. »

M. DE WURTZBOURG et LES AUTRES.

Quel malheur affreux!

SCHULTZ continue à lire, et s'émeut peu à peu.

« Et comme je ne veux pas que ce jeune homme reste
« sans épouse, et s'éteigne comme moi, sans rien laisser
« après lui, je lui donne quatre-vingt mille francs, pour
« choisir une femme à son gré, et donner de beaux enfants
« à la patrie... ce que je regrette bien sincèrement de n'a-
« voir pas fait moi-même. »

TOUS.

Ah ! quel homme ! quel excellent homme !

(Hélène lève la tête, voit Reynolds, pousse un cri, tout le monde en fait autant.)

SCÈNE XV.

Les mêmes; REYNOLDS, sortant de la porte à droite, en robe de chambre, un livre à la main, et continuant à lire; tout le monde se précipite vers lui.

SCHULTZ, lui sautant au cou.

Mon ami !

HÉLÈNE.

Monsieur Reynolds !

M. DE WURTZBOURG.

Mon neveu !

HANTZ.

Mon maitre !

FRÉDÉRIC.

Mon bienfaiteur !

REYNOLDS, froidement.

Qu'est-ce que vous avez donc ?... Est-ce qu'il y a quelque événement ?

HÉLÈNE.

Mais vous ?

REYNOLDS.

Ah ! ma promenade... je vous remercie... fort agréable !... seulement je l'avais commencée sur terre, et je l'ai finie...

SCHULTZ.

Dans l'eau.

REYNOLDS.

Oui; c'est prodigieux !... je lisais loin du bord... et tout à coup, je me suis trouvé... Heureusement mon manuscrit n'a pas été mouillé; je l'ai sauvé à la nage, comme le Camoëns... et on m'a ramené par la petite porte du parc, dans votre chambre à coucher, où je me suis permis de prendre les pantoufles et la robe de chambre de l'amitié. (A M. de Wurtzbourg.) Vous ne m'en voulez pas, mon cher oncle?

M. DE WURTZBOURG, avec joie.

Vous êtes donc toujours mon neveu?

REYNOLDS, prenant la main d'Hélène.

Certainement, toute la vie... (Apercevant Frédéric.) C'est-à-dire... je n'y pensais plus... Je suis à vous... monsieur. (Fouillant dans ses poches.) Où, diable! ai-je mis mes pistolets?

FRÉDÉRIC.

Vous n'en avez plus besoin, monsieur; je suis déjà trop coupable envers vous, envers mon bienfaiteur.

REYNOLDS.

Comment! vous savez?...

FRÉDÉRIC.

Je sais que je ne puis vous faire trop d'excuses.

REYNOLDS.

Aucune, aucune; votre main, cela suffit. (Il lui donne une poignée de main.) Seulement par égard pour votre père qui m'a montré le latin, ne dites plus du mal des savants; et ne les empêchez pas de se marier, car ils ont déjà assez de peine sans cela; n'est-ce pas, docteur?

SCHULTZ.

J'ai cru que nous n'en viendrions jamais à bout... Mais enfin mon malade est sauvé.

REYNOLDS, prenant la main d'Hélène.

Grâce à l'ordonnance.

Ensemble.

AIR de la Galope.

REYNOLDS.

Fidèle à l'ordonnance
Et soumis au docteur,
Je borne ma science
A goûter le bonheur.

TOUS.

Fidèle à l'ordonnance
Et soumis au docteur,
Bornez votre science
A goûter le bonheur!

REYNOLDS, au public.

AIR : L'hymen est un lien charmant.

Je ne suis qu'un pauvre savant ;
J'ignore, en fait de mariage,
L'étiquette et le moindre usage...
Et je ne sais pas trop comment
Vous inviter en ce moment.
Lors, sans façon, je vous engage :
Venez tous, j'en serai ravi :
Et, quoiqu'ennemi du tapage,
Quoique je sois ennemi du tapage...
Je voudrais bien, ce soir, entendre ainsi
(Faisant le geste d'applaudir.)
Un peu de bruit dans mon ménage.

SHACHABAHAM II

ou

LES CAPRICES D'UN AUTOCRATE

FOLIE-VAUDEVILLE EN UN ACTE

EN SOCIÉTÉ AVEC M. X.-B. SAINTINE.

Théatre du Gymnase. — 2 Mars 1832.

PERSONNAGES.	ACTEURS.
SCHAHABAHAM II	MM. Legrand.
MARTIN, son favori	Bouffé.
MARÉCOT, visir	Numa.
COLIBRI, empailleur du sérail	Klein.
MANETTE, sultane	Mme Jenny Vertpré.

Courtisans. — Eunuques noirs. — Femmes de la suite de la sultane.

Dans le sérail de Schahabaham.

SCHAHABAHAM II

ou

LES CAPRICES D'UN AUTOCRATE

Une partie des jardins du sérail. Le jour commence à paraître.

SCÈNE PREMIÈRE.

COLIBRI, debout à droite, tient à la main plusieurs oiseaux empaillés, MARTIN paraît au fond.

MARTIN.

Tout dort, dans le sérail, excepté toi, ô Martin, que l'inquiétude et l'amour rendent somnambule.

COLIBRI.

C'est le seigneur Martin... cet Européen... le favori du pacha.

MARTIN.

Je ne vois rien, je n'entends rien... et quand je resterais là comme une bête!... (Apercevant Colibri.) Qui va là?

COLIBRI.

C'est moi, seigneur... Je suis Sidi-Colibri, eunuque, premier empailleur de la ménagerie et du sérail, et qui viens présenter ces oiseaux au pacha... Si mes petits services pouvaient vous être utiles... c'est vous qui m'avez fait nommer à cette place...

MARTIN.

Encore un de mes bienfaits.

COLIBRI.

Moyennant deux cents pièces d'or que je vous ai comptées... Vous ne vous rappelez pas?

MARTIN.

C'est possible... les services que je rends... sont les premières choses que j'oublie.

(Le jour paraît tout-à-fait.)

COLIBRI.

En avez-vous rendu des services comme ça! et depuis deux mois seulement que vous êtes débarqué dans ce pays... quelle fortune vous avez faite!... favori du pacha, vous devez être bien heureux.

MARTIN, avec un sourire mélancolique.

Heureux!... quand je suis ici, et que mon âme est ailleurs!... quand je végète solitaire... ou plutôt, il n'y a plus de végétation possible pour l'arbuste parisien desséché par le vent d'Afrique... O mon beau quartier du Jardin des Plantes!... ô mon ciel gris! ô mes arbres jaunes et mes rues noires!... Tu me diras que nous avons ici le sable du désert... mais si tu connaissais la crotte de la rue Mouffetard, tu ne pourrais pas en sortir... quand on y est une fois, mon ami, il n'y a pas moyen de s'en retirer.

COLIBRI.

Et pourquoi alors en êtes-vous sorti?

MARTIN.

Pourquoi?... parce que j'étais Jeune-France... parce que je ne pouvais rester en place... parce que mon cœur battait violemment à la poitrine... ou, pour te parler plus clairement, j'avais une passion au cœur... des idées à la tête, des démangeaisons aux pieds... et tu ne sais pas ce que c'est qu'un cœur d'homme, une tête d'homme... des pieds d'homme... tu ne sais pas où ça peut vous mener... ça m'avait mené d'abord au Jardin des Plantes... où j'obtins, par M. Cuvier, un emploi dans la ménagerie ! ce fut alors qu'un cousin à moi, M. Martin, un homme de mérite, vint à Paris, avec une ménagerie qui fit l'admiration universelle... Il y avait des perroquets, des lions, des tigres... toutes sortes de bêtes qui jouaient la comédie... Il voulut bien m'engager dans sa troupe... mais plusieurs premiers sujets moururent... enfin il fallait les remplacer, faire aussi d'autres engagements dont la troupe avait besoin, et je partis pour l'Afrique comme commis voyageur dramatique chargé d'enrôler les sujets sans emploi que je pourrais rencontrer dans le désert... J'avais autrefois entendu parler du puissant Schahabaham Ier par un de mes amis qui est figurant aux Variétés... je me fis présenter à son successeur, Schahabaham II, dont la ménagerie a une réputation si grande...

COLIBRI.

Et si méritée...

MARTIN.

Je lui plus... je le séduisis... J'aime les bêtes, lui aussi... et maintenant nous ne pouvons plus nous quitter... et rien ne manquerait à mon bonheur, si ce n'était l'amour du pays... et d'autres amours encore.

COLIBRI.

Et comment cela ?

MARTIN.

O toi qui es mon ami et ma créature... je peux te l'avouer... il y avait à Paris une petite fille... l'ange des premières amours.

COLIBRI.

Une jeune odalisque.

MARTIN.

Nommée Manette... elle était fruitière, quartier du Pont-aux-Choux... et quand je t'ai dit tout-à-l'heure... je crois t'avoir dit du moins que le cœur me battait violemment à la poitrine... c'était pour elle... c'était pour faire fortune et l'épouser que j'ai quitté la civilisation, et que je suis venu au désert... Et vois ce que c'est que l'illusion de l'amour... partout je crois la retrouver et l'entendre... l'autre semaine notre souverain Schahabaham m'a dit qu'il venait d'acheter une nouvelle esclave, la sultane Manette.

COLIBRI.

Vraiment !

MARTIN.

Ce nom m'a fait tressaillir... et Dieu sait cependant s'il y a des Manettes dans le monde, autant que de Martins pour le moins... Hier le sultan fredonnait *la Codaqui*...

COLIBRI.

Qu'est-ce que c'est ?

MARTIN.

Une romance française qu'il avait entendu chanter à la sultane... et Manette ne chantait que ça... Tu me diras que d'autres que Manette possèdent *la Codaqui*... Mais tout cela me jette dans un trouble, dans une perplexité !... L'as-tu vue, cette sultane ?

COLIBRI.

De loin... couverte d'un voile.

MARTIN.

Est-ce une grande ?

COLIBRI.

Du tout... une demi-sultane, tout au plus.

MARTIN.

Encore comme Manette !

COLIBRI.

AIR du vaudeville de Voltaire chez Ninon.

Elle a des talents, de l'esprit.

MARTIN.

Comme Manette...

COLIBRI.

Et dans sa tête
Quand elle a mis quelqu' chose, on dit
Que rien n'y fait.

MARTIN.

Comme Manette !
Serait-ce celle que j'aimais ?
Ou, par une rare merveille,
Seraient-ell's deux ?... moi qui croyais
Qu'on n' pouvait trouver sa pareille !

COLIBRI.

Silence... c'est le sultan qui se lève.

MARTIN.

Non... ce n'est que Marécot, l'intendant-général du palais, et l'ancien ministre du dernier pacha.

SCÈNE II.

COLIBRI, MARTIN, MARÉCOT, suivi de PLUSIEURS COURTISANS qui se rangent le long de la coulisse à gauche.

MARÉCOT.

Seigneur européen, le pacha vous fait demander à son petit lever, pour achever ce conte des *Mille et un Jours* que vous avez commencé hier.

MARTIN.

Lequel ?

MARÉCOT.

Celui du Prince et de la Biche.

MARTIN.

Ah ! oui, la biche morte qu'un derviche ressuscite avec trois mots magiques... Illustre Marécot, homme des anciens âges, soleil du conseil... soleil couchant! je te donne le salut du matin... et me rends aux ordres de Sa Hautesse.

(Il sort.)

MARÉCOT, à part.

Et toi, soleil levant, devant qui tout se prosterne, puisses-tu bientôt t'aller coucher dans l'océan de la disgrâce! (Aux courtisans.) Vous le voyez, messieurs, toujours des préférences pour les étrangers! Depuis que notre illustre maître Schahabaham II a succédé à son père, mon illustre maître, Schahabaham Ier, tout a bien dégénéré... le pacha n'aime que ce qui vient d'Europe... il lui faut un favori européen dans son palais... une sultane européenne dans son harem, des bêtes européennes dans sa ménagerie!... c'est un grand malheur...

COLIBRI.

Cependant, seigneur Marécot, c'est vous qui avez été chargé de l'éducation de notre pacha.

MARÉCOT.

C'est vrai... j'ai été son gouverneur, son instituteur... et s'il avait profité de mes instructions, il ignorerait bien des choses qu'il sait pour son malheur... Les Européens m'ont gâté là un beau naturel de pacha... Qu'il était aimable dans son enfance!... vif, espiègle, et adroit... je le vois encore avec son petit sabre dans les moments de récréation... il vous abattait une oreille à un esclave... le nez à un autre... quelquefois, quand il était trop petit, il montait sur une chaise... il annonçait bien des dispositions... pas une idée à lui!... mais l'amour des innovations est venu... nous sommes envahis par la civilisation.

COLIBRI.

On vient.

MARÉCOT.

C'est le pacha lui-même... silence, messieurs, prosternons-nous devant le soleil des soleils.

SCÈNE III.

Les mêmes; SCHAHABAHAM appuyé sur **MARTIN, Officiers,** et **Eunuques** de la suite de Schahabaham, qui entrent les premiers et se prosternent lorsque le pacha entre en scène.

SCHAHABAHAM.

Oui, seigneur Martin, je le veux... vous venez de me lire vous-même dans ce livre du prophète qu'avec trois mots magiques, on pouvait ressusciter les morts.

MARTIN.

Permettez...

SCHAHABAHAM.

C'est imprimé... c'est donc vrai... et je veux avoir ces trois mots.

MARTIN, à part.

C'te bêtise!...

SCHAHABAHAM.

Ou je vous fais empaler...

MARTIN.

Vous les aurez.

SCHAHABAHAM.

Est-il vrai!... ah! mon ami, mon cher ami!... je te nomme aga... je te nomme émir... je te nomme mon premier visir...

MARÉCOT.

Mon premier...

SCHAHABAHAM, avec force.

Visir.

MARÉCOT.

O rage!

SCHAHABAHAM.

Hein! (A Martin.) Dis vite ces trois mots... tu sais ce que c'est?

MARTIN.

Oui, auguste pacha... ce sont trois mots latins.

SCHAHABAHAM.

Et tu connais le latin?

MARTIN.

Pas personnellement; mais j'en ai beaucoup entendu parler... et il faut, avant tout, que vous et moi nous l'apprenions, (A part.) et avec son intelligence ordinaire... j'ai du temps devant moi.

SCHAHABAHAM.

L'apprendre?... à la bonne heure! pourvu que ce soit tout de suite... Allons, dépêchons-nous... vite, au latin... il faut que je le sache dès demain.

MARTIN.

Mais je ne le sais pas.

SCHAHABAHAM.

Ça m'est égal, apprends-le-moi, je le veux... j'ai besoin de mes trois mots.

MARÉCOT.

Pour vos sujets?

SCHAHABAHAM.

Non, pour ma ménagerie, où il y a dans ce moment une épidémie... Je suis un pacha bien malheureux, mes chers amis... (Il tire son mouchoir.) nous avons perdu hier deux singes et ma belle panthère royale.

MARÉCOT, tirant aussi son mouchoir.

La panthère royale!

SCHAHABAHAM, aux personnes de sa suite.

La cour prendra le deuil, messieurs... (Tous les courtisans font une inclination profonde.) D'autres malheurs nous menacent encore... jusqu'à mon jeune ours qui est indisposé!

COLIBRI.

L'ours Martin?

SCHAHABAHAM.

Et si je perdais cet ours-là, messieurs!...

MARÉCOT.

Un ours magnifique!

MARTIN.

Qui descend de celui du Jardin des Plantes par les femmes.

SCHAHABAHAM, pleurant.

Si je le perdais, je ne sais pas ce que nous deviendrions tous... car ce sont les amours de la sultane Manette... elle en raffole.

MARTIN.

Vraiment!

SCHAHABAHAM.

Son nom seul lui rappelle, à ce qu'elle dit, quelqu'un qui lui est bien cher... un cousin, sans doute.

MARTIN, à part, avec émotion.

O océan de doutes et d'inquiétudes!... suis-je assez battu par tes vagues!

SCHAHABAHAM.

Et je les aime tant tous les deux, que je ne sais pas lequel m'est plus cher... quelle grâce! quelle légèreté! si tu l'avais vu danser...

MARÉCOT.

L'ours?

SCHAHABAHAM.

Non, Manette... mais, par malheur, c'est une cruauté... c'est le caractère le plus féroce!...

MARÉCOT.

Votre ours!

SCHAHABAHAM.

Eh non!... il est doux comme un mouton... C'est de Manette que je te parle.

####### MARTIN.
Alors, convenons-en... Voulez-vous commencer par l'ours?

####### SCHAHABAHAM.
Oui.

####### MARÉCOT.
Voulez-vous commencer par la sultane?

####### SCHAHABAHAM.
Oui, commençons par tous les deux.

####### MARÉCOT.
Alors nous n'en finirons pas... et si vous les mêlez toujours, impossible de nous entendre.

####### SCHAHABAHAM.
Et pourquoi veux-tu m'entendre?... tu es curieux... Je te trouve bien hardi de vouloir m'entendre... est-ce que je m'entends moi-même? Il faut aimer pour me comprendre.

####### MARTIN, avec sentiment.
Aussi, je vous ai compris.

####### SCHAHABAHAM.
A la bonne heure!

####### MARÉCOT, à part.
Est-il intrigant!... (Haut.) Eh bien! si ce n'est que ça, moi aussi, j'ai compris.

####### SCHAHABAHAM.
Toi!... tu m'as compris? (A Martin.) Il m'a compris... nous allons voir... (A Marécot.) Eh bien! qu'est-ce que j'ai dit!...

####### MARÉCOT.
Le respect m'empêche de répéter... je craindrais de vous ennuyer.

####### SCHAHABAHAM.
C'est bien... parce que tu sais que quand on m'ennuie... Allons voir mon ours... ou ma sultane... Par où commencer?... commençons par mon ours... (A Martin.) Toi, songe aux trois mots que tu m'as promis, et qu'il me faut pour demain... Quant à toi, Colibri...

AIR de la valse de *Robin des Bois.*

A ma sultane, en serviteur fidèle,
Va présenter ces aimables oiseaux.

MARTIN, à part.

Dieu! quel moyen pour me rapprocher d'elle!
(Caressant les oiseaux.)
Qu'ils sont jolis, et qu'ils me semblent beaux!
(Il passe un anneau au cou du plus petit oiseau.
Que cet anneau, que je tiens d'elle-même,
Lui dise ici que je sais son danger;
Et d'mon amour qu'elle trouve l'emblème
Dans cet oiseau qui n'peut plus voltiger.

Ensemble.

SCHAHABAHAM et MARTIN.

A ma sultane, en serviteur fidèle,
Va présenter ces aimables oiseaux;
Plus qu'eux encor, hélas! j'en ai dans l'aile,
Et je nourris des feux toujours nouveaux.

MARÉCOT.

Obéissons au devoir qui m'appelle,
Et malgré l'âge et mes nombreux travaux,
N'oublions pas qu'un ministre fidèle
Doit, avant tout, renverser ses rivaux.

COLIBRI.

A la sultane, en serviteur fidèle,
Je vais porter ces aimables oiseaux;
Je veux prouver mon talent et mon zèle,
Pour arriver à des honneurs nouveaux.

(Schahabaham sort, Marécot, Colibri et tous les courtisans sortent avec lui.)

SCÈNE IV.

MARTIN, seul.

Oui, si c'est la vraie Manette, cet anneau qu'elle reconnaîtra lui fera trouver les moyens de nous revoir... Ah! si le pacha en était instruit... Le moyen est hardi, et passablement romantique... mais c'est qu'il n'y a rien au monde de romantique comme un pacha... Ce n'est plus une absurdité écrite... c'est une absurdité vivante, qui marche, qui se meut... qui digère... et si Manette, qui doit le connaître, m'a su comprendre... (Il regarde vers le fond à droite.) Que vois-je ! les eunuques noirs qui se dirigent de ce côté... O ruse ingénieuse !... elle aura dit qu'elle voulait se promener dans les jardins !...

SCÈNE V.

MARTIN, MANETTE, suivie de ses FEMMES.

MANETTE, à ses femmes.

Fatmé, Roxelane, n'avancez pas plus loin... respectez ma promenade et ma mélancolie...

(Les femmes rentrent; Manette avance seule sur la scène.)

MARTIN, à demi-voix.

C'est elle.

MANETTE, soulevant son voile et reconnaissant Martin.

C'est lui... ah! Martin!...

MARTIN, voulant s'élancer.

Ah! Manette!

MANETTE.

Prends garde.

MARTIN, à voix basse et avec chaleur.

Et le moyen de comprimer un volcan dont la lave impétueuse longtemps retenue... brûle de s'échapper.

MANETTE.

Ne va-t-il pas me faire des phrases et des madrigaux, à présent !...

MARTIN.

C'est vrai, le bonheur rend bête.

MANETTE.

Et l'on dit que tu es si heureux... ministre et favori du pacha... c'est-il possible !

MARTIN.

Oui, Manette, oui, je suis devenu un homme de mérite, par hasard, et par amour... tu sauras comment... Mais toi, vierge parisienne, vierge des premières amours, comment te trouves-tu sous la tente de l'Africain?

MANETTE.

Quelle drôle de manière tu as de parler !...

MARTIN.

C'est une mauvaise habitude que j'ai prise... je vais tâcher de parler français... Comment, toi, qui étais fruitière à Paris, boulevard du Pont-aux-Choux, n° 33, te trouves-tu première sultane du pacha ?

MANETTE.

Oh ! c'est une histoire...

MARTIN.

Un instant... avant de me faire des histoires, ô Manette, m'aimes-tu ?

MANETTE.

Toujours.

MARTIN.

Va... c'est que, s'il en avait été autrement, j'aurais mieux aimé ne rien savoir.

MANETTE.

Et moi ne te rien dire... tu sauras donc que depuis ton départ, ma tante, qui était fruitière en gros à Marseille, m'avait fait venir près d'elle pour tenir sa boutique qui était superbe... des pyramides d'oranges et de citrons... ça embaumait.

MARTIN.

Active les détails... nous sommes pressés.

MANETTE.

Toute la semaine je restais au comptoir... mais le dimanche nous allions faire des promenades en mer... et un jour qu'un coup de vent nous éloigna... nous fûmes enlevées par un corsaire algérien, qui me trouva gentille... il est vrai que ce jour-là, j'avais un chapeau charmant... un bibi.

MARTIN.

J'exècre les bibis... car celui-là lui donna dans l'œil, et fut cause sans doute...

MANETTE.

De rien... il me respecta... parce qu'il avait idée de me vendre à un chef de Bédouins de l'Atlas, qui m'emmena dans ses montagnes.

MARTIN.

J'ai la fièvre.

MANETTE.

Rassure-toi... il m'a respectée.

MARTIN.

Lui aussi !... bien vrai ?

MANETTE.

Puisque je te le dis... et la preuve, c'est que, désespéré de ma vertu, il me vendit à un bey, qui me vendit à un marchand d'esclaves, qui me vendit au pacha.

MARTIN.

Miséricorde !... quelle litanie !... et tous ces gens-là...

MANETTE.

M'ont respectée... Pour qui me prends-tu ? quand on a été élevée comme je l'ai été par ma tante Michelon !...

MARTIN.

C'est juste...

MANETTE.

Une fruitière honnête et vertueuse, qui m'a appris à me défier...

MARTIN.

Du fruit défendu, c'est vrai... et je te demande pardon... Mais le pacha ?...

MANETTE.

J'ai trouvé près de lui le moyen de me rendre...

MARTIN.

Respectable.

MANETTE.

Ou insupportable, comme tu voudras... Quoiqu'il aime les bêtes, j'ai découvert qu'il avait peur des souris.

MARTIN.

Est-il possible!... c'est le seul secret d'État qu'il ne m'ait pas confié.

MANETTE.

Il me l'a dit à moi... on dit tout quand on aime... et lorsque je le vois s'animer un peu dans la conversation, je gratte doucement, ou le canapé, ou mon oreiller... il a peur... et adieu le pacha.

MARTIN.

O ingénieux subterfuge de la pudeur alarmée ! c'est parfait, ma parole d'honneur... pauvre pacha, va !...

MANETTE.

Par ce moyen, j'élude toujours la question.

MARTIN.

Élude-la encore jusqu'à ce soir... et d'ici là, cependant, sois aimable avec lui.

MANETTE.

Et ma vertu !

MARTIN.

Et les souris... c'est pour la sauver, et nous avec elle... Apprends que je suis riche... très-riche... on n'est pas ministre d'un pacha sans qu'il en reste quelque chose... j'ai fait charger tous mes trésors sur un brick qui m'appartient...

et nous embarquerons dès ce soir... car le pacha m'a commandé pour demain trois mots magiques qu'il m'est impossible de lui fournir.

MANETTE.

Est-il possible !

MARTIN.

Silence... voici Marécot.

SCÈNE VI.

MANETTE, MARTIN, MARÉCOT; à l'entrée de Marécot, Manette baisse son voile.

MARÉCOT.

Madame !.. ah! mon cher Européen !

MARTIN, à part.

Qu'est-ce qui lui prend donc ! quel accès de tendresse !

MARÉCOT.

Nous sommes perdus.

MARTIN, de même.

C'est donc ça !

MARÉCOT.

Je ne sais pas quelle nouvelle le sultan a reçue en venant de la ménagerie... mais il crie, il pleure, il va, il vient... il met son turban de travers... il ne faisait que répéter votre nom... et puis le mien.

MARTIN.

Est-il possible !

MARÉCOT.

Il disait : « Puisque j'en perds la tête... ils la perdront aussi... ils y passeront tous; » et il a ajouté en me regardant : « Vous, Marécot, vous le premier ! »

MARTIN.

Ça me fait bien de la peine.

MARÉCOT.

Et à moi donc!... et impossible de savoir ce qui le tourmente... (A Manette.) Il n'y a que vous, madame, qui puissiez l'apaiser.

MARTIN.

Va vite, Manette... (A demi-voix.) N'oublie pas que tu l'aimes... pour aujourd'hui.

MANETTE, de même.

Ça lui fera toujours prendre patience.

MARTIN, de même.

Et ce soir, dans le jardin du sérail, notre enlèvement.

MANETTE, de même.

C'est dit... à ce soir.

(Elle sort.)

SCÈNE VII.

MARTIN, MARÉCOT.

MARTIN, à part.

Oui, ce soir... ce sera bien... mais si d'ici là, le pacha... (A Marécot.) Il est donc bien furieux ?

MARÉCOT.

Dans le délire.

MARTIN.

Contre vous ?

MARÉCOT.

Et vous aussi.

MARTIN, à part.

Et pourquoi ? car il ne peut pas se douter que ce soir... (Haut.) Eh bien ! mon bon, mon respectable ami... formons une ligue offensive et défensive, pour sauver nos têtes et nos places.

MARÉCOT.

J'y consens... d'abord, je vous ai toujours aimé.

MARTIN.

Et moi donc!... je vous ai toujours regardé comme une excellente *ganache*.

MARÉCOT.

Ganache... qu'est-ce que...

MARTIN.

Un mot français qui veut dire un homme respectable.

MARÉCOT.

Alors nous sommes faits pour nous donner la main.

MARTIN.

Soyons amis.

MARÉCOT.

A la vie, et à la mort!

MARTIN.

Voulez-vous me permettre de vous tutoyer?

MARÉCOT.

Volontiers... embrassons-nous.

MARTIN, l'embrassant ; à part.

Est-il jobard !

MARÉCOT, de même.

Est-il Européen !

MARTIN.

C'est convenu... Vous direz toujours du bien de moi... moi aussi... vous me soutiendrez près du pacha... j'en ferai autant... et par ce moyen... C'est lui... je l'entends... je compte sur vous... (A part.) Et vais tout préparer pour notre départ et l'enlèvement de Manette.

(Il sort.)

SCÈNE VIII.

MARÉCOT, SCHAHABAHAM.

MARÉCOT.

Le voilà... seul... il ne dit plus rien... il est sombre et taciturne, et ressemble à un homme qui pense.

SCHAHABAHAM, s'avance lentement, la tête baissée, le regard fixe. Il s'arrête, et après quelques instants de silence, regardant Marécot.

Marécot... ici.

MARÉCOT, s'approchant.

Votre Hautesse n'est plus en colère?

SCHAHABAHAM.

Non... la sultane Manette m'a calmé... Écoute ici, et que mes ordres soient sur-le-champ exécutés... va prendre Martin.

MARÉCOT.

Je viens de le voir.

SCHAHABAHAM.

C'est bien... (Essuyant une larme.) C'est d'un bon serviteur... retournes-y; car je veux et j'ordonne qu'il soit empaillé sur-le-champ.

MARÉCOT.

Comment! empaillé...

SCHAHABAHAM.

Le mieux possible.

MARÉCOT.

Lui!... Martin... empaillé!

SCHAHABAHAM.

Est-ce que je ne m'explique pas clairement?

MARÉCOT.

Si fait... si fait...

SCHAHABAHAM.

Est-ce que tu te permettrais de raisonner, par hasard?

MARÉCOT.

Du tout.

SCHAHABAHAM.

Qu'il soit empaillé d'ici à une demi-heure; ou je te fais empailler toi-même.

MARÉCOT.

Alors, je vais écrire l'ordre pour Colibri, le premier empailleur du sérail, et...

SCHAHABAHAM.

Je le signerai... d'accord!

MARÉCOT, à part.

Ma foi! voilà un nouveau caprice, et un événement bien heureux... que l'Européen s'arrange... j'ai fait ce que j'ai pu.

(Il sort.)

SCÈNE IX.

SCHAHABAHAM, seul.

Je ne puis revenir encore d'une nouvelle si imprévue... si accablante!... Pauvre Martin! un ours de cet âge-là, mourir subitement!... ce que c'est que de nous!... rien ne me consolera... il est vrai que depuis un instant Manette est devenue si aimable, si aimante... je retrouve une maîtresse, oui, mais je perds un ours... dois-je m'affliger ou me réjouir?... et y a-t-il compensation?... Après cela, ce n'est peut-être pas un mal... Manette elle-même avait pour cet animal une affection dont quelquefois j'étais presque jaloux... on ne se méfie pas assez des ours... il y a en eux un genre de séduction, un air mélancolique bien dangereux, surtout depuis que j'ai lu dans l'histoire que mon père Schahabaham Ier avait eu... un ours pour rival... l'astucieux Tristapatte.

MARÉCOT, *revenant avec le firman et une plume qu'il présente à Schahabaham.*

Voici l'ordre.

SCHAHABAHAM.

Donne...

(Il signe sur le dos de Marécot.)

MARÉCOT, *pendant que le pacha signe.*

Il signe... et comme à son ordinaire, sans regarder... encore quelque usage d'Europe!

SCHAHABAHAM.

Eh bien! c'est fini... (Marécot se retire.) Tu réponds de l'exécution de cet ordre... (A part.) Allons voir la sultane... et faisons-lui part de cette galanterie dont elle me saura gré. (En s'en allant, à Marécot.) Qu'il soit empaillé bien proprement... entends-tu... bien proprement.

SCÈNE X.

MARÉCOT, MARTIN, puis des EUNUQUES NOIRS.

MARTIN, *regardant le pacha qui s'éloigne; à Marécot.*

Eh bien?

MARÉCOT.

Eh bien?

MARTIN.

Auquel de nous deux en voulait-il?

MARÉCOT.

Devinez.

MARTIN.

A vous?

MARÉCOT.

Non.

MARTIN.

Alors, c'est donc à moi... et était-il bien en colère?

MARÉCOT.

Mais non.

MARTIN.

Et qu'en résulte-t-il ?

MARÉCOT.

Un désagrément pour vous.

MARTIN.

Lequel ?

MARÉCOT.

Devinez.

MARTIN.

Ah !... il faut toujours deviner... Voyons, je suis disgracié.

MARÉCOT.

Mieux que ça.

MARTIN.

Mieux que ça... (A part.) Ça m'est égal, le brick est là, prêt à partir. (A Marécot.) Je suis exilé ?

MARÉCOT.

Mieux que ça.

MARTIN.

Est-il possible !... Mais je ne vois rien de mieux que ça dans les châtiments administratifs.

MARÉCOT.

Allez toujours.

MARTIN.

Bâtonné ?

MARÉCOT.

Allez encore.

MARTIN.

Pendu ?

MARÉCOT.

Vous brûlez... Allez encore.

MARTIN.

Mais je vais prodigieusement... j'en ai la sueur froide... Vous n'avez donc pas pris ma défense... après ce que nous nous étions promis !

MARÉCOT.

Moi !... ah ! pouvez-vous le croire... d'un ami, d'un collègue ?... J'ai dit qu'il fallait respecter les lois de l'empire, les anciens usages... et j'ai supplié qu'on vous étranglât purement et comme on étranglait nos pères... je n'ai pu rien obtenir.

MARTIN.

Tant mieux... je respire.

MARÉCOT.

Oui, respirez... ça ne sera pas pour longtemps. Lisez. (Il lui donne le firman. Appelant.) Holà ! eunuques noirs ! (Quatre eunuques noirs paraissent.) Restez ici... (A l'un d'eux.) Et toi, avertis le seigneur Colibri.

MARTIN, regardant le firman.

Voyons... c'est étonnant, je vois trouble... on dirait que j'ai quelque chose dans l'œil... (Lisant.) « Moi, Schahabaham II, « fils et successeur de mon père, Schahabaham Ier... » (Parlant.) C'te bêtise !... (Lisant.) « Pacha par la grâce de Mahomet... » (Parlant.) C'est bien rococo ça... (Lisant.) « ordonnons « qu'à l'instant même, sans retard, sans délai, sans obser« vations... » (Parlant.) Oh ! est-il pressé... (Lisant.) « Notre « conseiller intime Martin-bey soit empalé vif. »

MARÉCOT.

Empaillé.

MARTIN.

Empaillé !... ah ! quelle atroce plaisanterie !... ce n'est pas tant pour la chose, mais c'est humiliant !... il confond son conseil d'État avec sa ménagerie... ça ne s'est jamais fait.

MARÉCOT.

Que voulez-vous?... vous lui avez fourré dans la tête une foule d'idées nouvelles... il ne sait plus quoi s'imaginer pour faire du neuf.

MARTIN, furieux.

Empaillé!... mais pour donner un ordre pareil, pour proférer une absurdité comme celle-là, il faut être bête à manger du foin... (Avec emportement à Marécot.) Ah çà! réponds à la fin, ministre d'un despote... mais il devient donc stupide, ton pacha?

MARÉCOT.

Vous vous emportez, mon ami.

MARTIN.

Je m'emporte... il est étonnant, lui!... il n'y a pas de quoi... Avec ça que faire empailler son favori... c'est du joli... c'est spirituel!

AIR de *Marianne*. (DALAYRAC.)

C'est impossible, et quand j'y pense,
Il ne peut pousser jusque-là
L'oubli de toute convenance.

MARÉCOT.

Le maître le veut... ce sera.

MARTIN.

Tous les pachas
Sont des ingrats...
Lui, qui c' matin
Encor m' serrait la main!
Oui, comme émir,
Comme visir,
Il me nommait;
Et mêm' du cabinet
Je d' vais, par un' faveur nouvelle,
Faire partie... il le disait.

MARÉCOT.

Alors, ce s'ra du cabinet
D'histoire naturelle.

UN EUNUQUE NOIR à Marécot, se prosternant devant lui.

Le seigneur Colibri est là qui attend vos ordres.

MARÉCOT, à Martin.

Vous l'entendez.

MARTIN.

Colibri!... lui qui me doit sa place!

MARÉCOT, à l'eunuque.

Porte-lui ce firman.

MARTIN.

Un instant... qu'on ait le temps de se reconnaître!

MARÉCOT.

Je ne peux pas, mon cher ami... sans cela, c'est moi qui serais empaillé.

MARTIN.

Et c'est une pareille considération qui peut vous arrêter... quel égoïsme!... Vous, Marécot, un vieillard d'âge, qui tenez si peu à la vie... vous y tenez par un cheveu... et un cheveu blanc encore! Ah! une idée... une idée lumineuse. (A un eunuque noir.) Vous, mon cher ami, qui n'êtes pas mon collègue, et qui ne m'avez rien juré, je vous prie de remettre ces tablettes au pacha... (Il tire de sa poche des petites tablettes en ivoire, sur lesquelles il écrit.) « Je sais les trois mots; « et si vous me faites grâce, vous les saurez dans une heure. » (Haut.) Tiens, qu'il les reçoive sur-le-champ... Je suis sûr qu'il me fera grâce par curiosité... et d'ici-là, je vais trouver Colibri... Il me doit sa place... je peux faire sa fortune... et en lui promettant... Adieu, seigneur Marécot.

(Il fait quelques pas pour s'en aller.)

MARÉCOT.

Au plaisir.

MARTIN, se retournant et s'arrêtant.

Oui, au plaisir... joliment... je voudrais l'y voir... Ah! j'en tomberai malade, ma parole d'honneur!

(Il sort par le fond à droite, les esclaves noirs le suivent.)

18.

SCÈNE XI.

MARÉCOT, un Esclave noir.

MARÉCOT, arrêtant le dernier esclave.

Où vas-tu? reste-là... et attends. Ces tablettes remises au pacha pourraient bien rétablir ses affaires, ce qui gâterait les miennes. Tu ne les remettras au sultan que quand je te le dirai; songes-y bien... sinon! Quoique muet, tu n'es pas sourd... et tu m'entends. (L'esclave noir salue et s'en va.) C'est bien, il m'a entendu... Voici mon auguste maître et sa sultane.

SCÈNE XII.

MARÉCOT, se tenant à l'écart; SCHAHABAHAM, MANETTE, Suite.

SCHAHABAHAM.

Oui, madame, j'espère avant peu vous faire une surprise.

MANETTE.

Et laquelle?

SCHAHABAHAM.

Je vous la devais pour les aveux que je viens de recevoir... vous m'aimez donc, ô Manette! comment avez-vous fait pour ça?

MANETTE, baissant les yeux.

Moi, seigneur pacha?... (vivement.) Et cette surprise?

SCHAHABAHAM.

C'est une idée ingénieuse... parce que pour ces idées-là, je suis fort... fort comme un Turc.

MANETTE, avec impatience.

Eh bien donc?

SCHAHABAHAM, riant.

Est-elle curieuse!... Eh bien! céleste houri, vous avez l'air de regretter mon ours...

MANETTE.

C'est vrai, je l'aimais beaucoup.

SCHAHABAHAM.

Pas plus que moi, cependant... et depuis sa mort?.

MARÉCOT.

Quoi! l'ours est mort?...

MANETTE.

Quel malheur!...

MARÉCOT.

Quelle calamité nationale!

SCHAHABAHAM.

On ne vous demande pas votre avis, et vous n'avez pas besoin, Marécot, de vous mêler d'une conversation amoureuse, où j'ai déjà assez de peine à me retrouver... où en étais-je?

MANETTE.

A votre ours qui est mort.

SCHAHABAHAM.

Il n'est que trop vrai... et si vous ne pouvez plus l'entendre, du moins vous pourrez toujours le voir... Il va être empaillé.

MARÉCOT, à part.

Comment! lui aussi?

MANETTE.

Ah! ce n'est pas absolument la même chose.

SCHAHABAHAM.

Ce n'est pas absolument la même chose... Cependant, s'il était bien empaillé... (A Marécot.) Est-ce fait ?

MARÉCOT.

Plaît-il ?

SCHAHABAHAM.

Plaît-il ?... A-t-il un air bête, celui-là ?

MANETTE.

C'est un homme d'âge.

SCHAHABAHAM.

Alors il y a plus longtemps qu'il est... Ne t'ai-je pas signé un ordre pour que Martin soit empaillé à l'instant ?

MARÉCOT.

Par la sainte Caaba !... l'ordre signé de vous portait Marin le conseiller, et non pas l'ours Martin.

SCHAHABAHAM.

O ciel ! empailler mon favori !

MANETTE.

Dieu ! celui que j'aimais.

SCHAHABAHAM.

Que vous aimiez ?...

MANETTE.

Oui, que j'aime encore, que j'aimerai toujours.

SCHAHABAHAM.

Me faire un pareil aveu !... à moi, pacha !

MANETTE.

Il n'y a pas de pacha qui tienne !

SCHAHABAHAM.

Perfide !... Eh bien ! j'en apprends de belles ! Est-il possible de voir un pacha plus malheureux que moi !... Perdre, dans le même jour, mon ours, ma maîtresse et mon conseiller... ou plutôt un traître qui m'a mis dedans... (A Manette.) Parlez, madame.

MANETTE.

Ce n'est pas une raison pour qu'on l'empaille.

SCHAHABAHAM.

Si, madame; afin de le conserver... de le conserver en exemple à tous mes courtisans.

MANETTE.

Courez! suspendez l'arrêt! je vous en supplie, et s'il en est temps encore...

SCÈNE XIII.

Les mêmes; COLIBRI; puis MARTIN.

COLIBRI.

Seigneur Marécot, Martin-bey, favori de son vivant...

MANETTE.

De son vivant... il est donc mort?

COLIBRI.

Et empaillé.

SCHAHABAHAM.

Tant pis... j'en suis fâché maintenant... Je voudrais qu'il fût encore plein d'existence, pour avoir le plaisir de lui trancher la tête.

COLIBRI, à part.

Ah! mon Dieu!

SCHAHABAHAM.

Jusqu'à cette satisfaction même qui m'est refusée!... (Pleurant.) Comme je le disais tout à l'heure, j'ai bien du malheur aujourd'hui!

MANETTE.

Tigre de pacha!...

SCHAHABAHAM.

Est-elle susceptible!... Ne se plaint-elle pas encore de ma clémence?... Les femmes passionnées sont d'une injustice... Eh bien! est-ce qu'elle se trouve mal? Secourez-la donc!

COLIBRI, allant à elle, et lui faisant respirer un flacon, tandis qu'il lui parle à voix basse.

Rassurez-vous, madame, il n'est pas mort.

MANETTE, de même.

Ciel!

COLIBRI.

La reconnaissance, la générosité... six cents pièces d'or qu'il m'a données... Nous partirons ce soir tous les trois, car je l'ai empaillé vivant.

MANETTE.

O Providence! je te rends grâce...

SCHAHABAHAM.

Elle revient à elle... et ma colère aussi... Quand je pense qu'ils s'entendaient ensemble, et que là, sous mes yeux!... Je m'en vengerai... et tout mort qu'il est, il sera témoin du bonheur de son rival... Qu'on me l'apporte.

COLIBRI.

Eh quoi! seigneur!...

SCHAHABAHAM.

Qu'on me l'apporte... je le veux... (Colibri sort.) en même temps que mon souper... (A Manette.) Car nous souperons ici, en tête-à-tête, madame, en tête-à-tête avec lui, à sa barbe... ce sera ma vengeance... elle ne se bornera pas là... car maintenant, que vous m'aimiez ou non, il n'y a plus moyen de m'en faire accroire.

MANETTE.

Et moi, j'aime mieux mourir.

SCHAHABAHAM.

Vous n'êtes pas dégoûtée, ma chère... Mais c'est justement pour ça que je ne le veux pas.

MANETTE.

Est-il contrariant!

SCHAHABAHAM, *apercevant les esclaves qui entrent par la gauche, et allant au-devant d'eux.*

A merveille! Voilà mon souper.

MANETTE, *apercevant Martin qui entre par la droite.*

Et voilà mon époux.

(*Martin, comme un mannequin empaillé, et placé sur un petit piédestal, arrive poussé par un esclave, et escorté par Colibri qui le fait placer à droite, un peu sur le devant du théâtre, pendant que Schahabaham et Marécot sont au fond, à gauche, à préparer le souper.*)

MANETTE, *courant à Martin, et embrassant ses genoux.*

Ah! cher amant que la mort me ravit!

MARTIN, *à demi-voix.*

Ça ne sera rien... le vaisseau est prêt... et si ce soir on peut m'y porter...

MANETTE.

Je vais tâcher.

MARTIN.

Prends garde... tu peux me déranger quelque chose.

COLIBRI.

Le tout est de vous tenir droit et ferme.

MARTIN.

Les jambes me manquent... je n'ai rien pris d'aujourd'hui.

MANETTE.

Est-il possible!

MARTIN.

J'étais à jeun quand l'arrêt est arrivé... et je n'ai rien sur l'estomac que la filasse que tu m'as mise... Ce n'est pas ça qui me soutiendra.

MANETTE.

Silence... c'est le pacha.

(*Pendant cet aparté, qui a été dit rapidement et à voix basse, Schahabaham redescend le théâtre. On porte la table sur le devant à gauche.*)

SCHAHABAHAM, regardant le mannequin avec un lorgnon.

Ah! ah! le voilà donc, cet astucieux favori!... Et quoique j'aie la vue basse, je le reconnais parfaitement. Ça ne le change pas beaucoup... (A Manette, qui est auprès du mannequin.) n'est-il pas vrai?

MANETTE.

Laissez-moi.

SCHAHABAHAM, à Marécot qui est à sa gauche.

Vengeance à part... et comme objet d'art, c'est curieux, c'est fort bien exécuté. (Il se retourne du côté du mannequin, et témoigne sa surprise en voyant qu'il a le bras gauche élevé, tandis qu'avant c'était le droit.) Mais comment se fait-il?

COLIBRI.

Ah! seigneur... il est mécanique... Voyez...
(Il prend le bras du mannequin et le ploie en tout sens. Il lui fait tourner la tête, à droite, à gauche.)

SCHAHABAHAM.

La tête aussi... Peut-on ôter la tête?... Voyons, ôtez-lui la tête.

COLIBRI, se fouillant avec empressement.

Pardon, seigneur... je n'ai pas sur moi le...

SCHAHABAHAM.

C'est bien, c'est bien... dans un autre moment... Je vous en fais compliment, seigneur Colibri...

COLIBRI, s'inclinant.

Vous êtes trop bon.

SCHAHABAHAM.

Comme objet d'art, ça meublerait bien un jardin... mais il en faudrait un autre pour faire pendant... (En regardant Marécot.) J'y songerai.

MARÉCOT, à part.

O triomphe! mon rival est empaillé... Je crois que maintenant je puis envoyer ses tablettes... Je vais les faire remettre dans la chambre du pacha.

(Il sort.)

SCHAHABAHAM.

Il me semble seulement que tout ça n'est pas bien garni.
(Il frappe sur le ventre du mannequin.)

MARTIN, laissant échapper un cri.

Oh!...

SCHAHABAHAM, à Colibri.

Hein ?...

COLIBRI.

Je dis : Oh!

MANETTE, vivement.

C'est le seigneur Colibri qui a dit : Oh!

SCHAHABAHAM.

J'ai bien entendu... Mais pourquoi a-t-il dit : Oh!

COLIBRI.

J'ai dit : Oh!... comme j'aurais dit : Ah!

SCHAHABAHAM.

C'est juste; et dès qu'on me donne de bonnes raisons... (A Colibri, et s'appuyant sur son épaule.) Mais j'avoue que j'ai une curiosité; et je voudrais bien voir, ingénieux artiste, comment ça est là-dedans.

MANETTE, effrayée.

Ah! mon Dieu!

SCHAHABAHAM.

Je sais bien que, d'ordinaire, un ministre a du foin dans ses bottes... mais de la paille comme ça, du haut en bas... c'est bien plus étonnant... N'y a-t-il que de la paille?

COLIBRI.

En grande partie... Mais nous employons aussi la bourre et la filasse.

SCHAHABAHAM, *allant prendre un couteau sur la table.*

Par Mahomet! je veux voir ça.

AIR : Ton, ton, ton, ton, tontaine, ton, ton.

Je veux lui faire en la bedaine
Une légère incision,
Ton, ton, ton, ton, tontaine,
Ton ton,
Afin qu'au juste ici j'apprenne
Si c'est d' la laine
Ou du coton,
Ton, ton, tontaine,
Ton ton.

MARTIN, *à part.*

Je sens une sueur froide.

MANETTE.

Y pensez-vous... gâter un pareil ouvrage!... un objet d'art!

SCHAHABAHAM, *montrant Colibri.*

Il le r'arrangera... c'est seulement pour voir.

COLIBRI.

N'est-ce que cela?... pour vous plaire, nous allons en découdre. (*Il donne avec ses ciseaux un coup à l'endroit du gilet, et il en sort de la filasse, que Schahabaham tire pendant quelque temps.*)

SCHAHABAHAM.

La belle chose que les arts!...

MANETTE.

Oui... mais votre souper...

(*Lui montrant la table qui est servie.*)

SCHAHABAHAM.

Mais j'aime encore mieux le souper... qu'on me serve!... Manette à côté de moi... son cher amant debout, à côté de nous. (*Il s'assied sur les carreaux, Manette est à sa gauche. On roule e mannequin derrière eux.*) Mangeons, car je meurs de faim.

MARTIN, à part.

Et moi donc!

(En ce moment des esclaves viennent offrir, dans des corbeilles, des mets au pacha et à la sultane; ils passent près de Martin qui les voyant à sa portée prend une brioche, et va la porter à sa bouche.)

SCHAHABAHAM, ôte son turban et après avoir regardé plusieurs fois en quel endroit il pourra le placer, il le met sur le bras de Martin par dessus la main dont il tient la brioche, puis parlant à la sultane qui regarde toujours Martin.

Manette, eh bien! qu'avez-vous donc à regarder toujours de ce côté?... c'est moi qu'il faut regarder.

MANETTE.

C'est que depuis sa mort, je l'aime encore plus.

SCHAHABAHAM.

Vous me préférez un homme de paille!... eh bien! puisque sa vue nourrit votre amour, aussitôt après le souper, j'y fais mettre le feu... un feu de joie.

MARTIN, à part.

Je suis flambé!

MANETTE.

O ciel!... moi à qui il ne reste que son image!

SCHAHABAHAM.

Ah! cela vous effraie... eh bien, je vous la laisserai son image... je la ferai même transporter dès ce soir dans votre appartement.

MANETTE.

O bonheur!

SCHAHABAHAM.

Mais c'est à des conditions.

MARTIN, bas.

Pourvu qu'elle les accepte!

MANETTE.

Et lesquelles?

COUPLETS.

SCHAHABAHAM.

AIR : Ah! si madame me voyait. (ROMAGNÉSI.)

Premier couplet.

Viens, ornement de mon sérail,
Qu'il soit témoin de ma vengeance ;
Et quoique, par la circonstance,
Il n'ait plus que des yeux d'émail...

MARTIN, à part.

Les t'nir ouverts... Dieu! quel travail!

SCHAHABAHAM.

Je veux qu'il en crève d'envie,
Et même à sa barbe, je veux
Presser cette main si jolie.

MARTIN, à part.

Et ne pouvoir fermer les yeux!

Deuxième couplet.

SCHAHABAHAM.

Ah! grand Dieu! quel transport soudain!
Manette, et pour seconde grâce,
Manette, il faut que je t'embrasse.

MANETTE.

Mais dois-je, hélas!...

MARTIN, à part.

                Ah! quel destin
Et quel état que celui de mann'quin!

SCHAHABAHAM.

Oui, pour achever ma conquête...

MARTIN, à part.

Que va-t-il faire?

SCHAHABAHAM, se levant, aux esclaves qui sont au fond du théâtre.

Esclaves curieux,
A l'instant mém' tournez la tête.

MARTIN, à part.

Et ne pouvoir fermer les yeux!

SCHAHABAHAM, aux esclaves.

Quoi qu'il arrive, quoi que vous entendiez... si un seul de vous détourne la tête, il ne la portera pas en paradis... (Revenant auprès de Manette.) Allons, Manette, il faut que ça finisse... je suis volcanisé.

MARTIN, à part.

C'est fait de moi.

MANETTE, à Schahabaham.

Y pensez-vous? (A part.) O ma vertu!... il n'y a que les souris qui puissent me sauver...

(Elle gratte.)

SCHAHABAHAM, s'arrêtant tout court.

Hein! n'avez-vous rien entendu?

MANETTE.

Quoi donc?... une souris?... ça vous trotte toujours dans la tête!

(Elle gratte.)

SCHAHABAHAM.

C'en est une!... j'en suis sûr... la v'là... au secours... au secours!... Eh bien!... ils ne bougent pas... ils sont tous là... et pas un chat... pas un chat ici... il faut aller le chercher soi-même... Marécot!... Marécot!...

(Il s'en va en courant, par la gauche.)

SCÈNE XIV.

Les mêmes; excepté Schahabaham.

MARTIN, prenant aussitôt la place du pacha sur le canapé, mangeant avec vivacité, et embrassant Manette en même temps.

O dévouement de la vertu!... Manette, je meurs d'amour... je meurs de faim!

MANETTE.

Quelle imprudence!

MARTIN.

J'allais tomber en faiblesse... et pour soutenir mes forces... (Il mange.) et pour soutenir mon courage...

(Il embrasse Manette.)

COLIBRI.

Modérez-vous... songez que dans votre état de mannequin, une indigestion peut tous nous compromettre.

SCÈNE XV.

Les mêmes; MARÉCOT.

MARÉCOT, entrant et voyant le mannequin à table.

Par Mahomet! que vois-je! un mannequin qui mange, qui embrasse la sultane... Courons prévenir le pacha.

(Il sort par le fond.)

SCÈNE XVI.

MARTIN, MANETTE, COLIBRI, puis SCHAHABAHAM.

COLIBRI, à Martin.

Marécot vous a vu.

MARTIN, la bouche pleine.

C'est égal... avec de l'aplomb, il n'y a pas de danger.

MANETTE.

Dieu! v'là le pacha!

COLIBRI, à Martin qui a la bouche pleine et qui remonte sur son piédestal, en lui tapant sur la joue.

Renfoncez-donc ça.

SCHAHABAHAM, entrant et portant un chat sur son bras.

Ah! par Allah! par Mahomet! quelle bêtise j'ai faite là... une lettre de mon ex-favori... une lettre posthume que je viens de trouver dans ma chambre à coucher, où j'étais allé chercher Almanzor, le premier chat du sérail... Lisez, madame, lisez... une lettre de lui, qui m'avait promis pour ressusciter les morts...

(Il lui donne les tablettes de Martin.)

MANETTE, lisant.

« Je sais les trois mots; et si vous me faites grâce, vous « les saurez dans une heure. »

SCHAHABAHAM.

Et moi qui l'ai fait empailler avant... quand il m'était si facile...

MANETTE.

De quoi donc?

SCHAHABAHAM.

De le faire empailler après.

MARTIN, bas.

C'est rassurant.

MANETTE, de même.

Nous sommes sauvés... (Haut.) N'est-ce que cela, seigneur pacha?... Calmez-vous... votre conseiller Martin m'avait confié ces trois mots magiques... et je les connais.

SCHAHABAHAM.

Est-il possible!... dites-les vite...

MANETTE.

D'abord, débarrassez-vous de votre chat.

SCHAHABAHAM.

Colibri... prends mon chat. (Colibri s'avance et prend le chat.) Je te le confie... ne va pas l'empailler au moins... (A Manette.) Voyons, ces trois mots.

MANETTE, écrivant sur les tablettes.

Les voici... mais à mon tour je ferai mes conditions.

SCHAHABAHAM.

C'est trop juste... je les accepte toutes.

MANETTE.

Vous me permettrez de retourner en France sur le brick qui est appareillé dans le port.

SCHAHABAHAM.

Vous, Manette?

MANETTE.

Et d'emmener avec moi le seigneur Colibri... et votre ex-favori.

SCHAHABAHAM.

Et vous me donnerez les trois mots?

MANETTE.

Oui; mais je dois vous prévenir qu'ils ne peuvent servir qu'une fois par jour.

SCHAHABAHAM.

Vraiment!

MANETTE.

Et qu'on ne peut, avec eux, ressusciter qu'une seule personne dans la journée.

SCHAHABAHAM.

Pourquoi cela?

MANETTE.

Parce que cela deviendrait un abus, et que si tous les morts revenaient, il n'y aurait plus de place pour les vivants.

SCHAHABAHAM.

C'est juste... Et vous êtes sûre au moins que l'effet en est infaillible?... car je ne suis pas homme maintenant à me laisser tromper.

MANETTE, lui remettant les tablettes.

Voyez plutôt... faites-en l'essai sur qui vous voudrez... sur votre conseiller, par exemple.

SCHAHABAHAM.

Sur mon conseiller!... non, j'aime mieux que ce soit sur mon ours.

MANETTE, effrayée.

Ah! mon Dieu! (A part.) C'est fait de nous.

SCHAHABAHAM.

Pauvre ours! je lui dois bien ça.

MANETTE.

Y pensez-vous!... ne pas préférer rendre la vie à votre favori... à votre ministre?

SCHAHABAHAM.

Permettez donc... je peux faire des ministres quand je veux... et je ne fais pas des ours. (A sa suite.) Qu'à l'instant même on m'apporte mon ours... Voyons si c'est lisible... et tâchons d'épeler... (Regardant Martin.) MICROC-SALEM HIPOCRATA... (Apercevant Martin qui remue les bras et les jambes.) Mon favori qui gesticule!

MANETTE.

L'effet des trois mots.

SCHAHABAHAM.

C'est vrai.

LE CHŒUR.

AIR : Dès le matin quand je m'éveille.

Grand Dieu! quelle étrange aventure!
Des trois mots quel est le pouvoir!

SCHAHABAHAM, parlant aux esclaves.

Et mon pauvre ours... qu'on ne l'apporte pas... ce sera pour demain.

LE CHŒUR.

Rien qu'en en faisant la lecture,
Il ressuscit' sans le savoir.

SCÈNE XVII.

Les mêmes; MARÉCOT.

MARÉCOT.

Ah! seigneur pacha!... un complot affreux... épouvantable!

SCHAHABAHAM.

Qu'y a-t-il?

MARÉCOT.

Le mannequin est ressuscité.

SCHAHABAHAM.

C'te nouvelle!...

MARÉCOT.

Il est vivant.

SCHAHABAHAM.

Grâce à moi.

MARÉCOT.

Il a embrassé la sultane...

SCHAHABAHAM.

Je le sais bien... (Lui montrant Martin qui embrasse Manette.) Il l'embrasse encore... toujours à cause de moi... puisque c'est moi qui l'ai ressuscité avec trois mots...

MANETTE et COLIBRI.

Puisque c'est le pacha qui l'a ressuscité.

SCHAHABAHAM.

Eh! oui, c'est moi. Est-il bête!... il ne comprend rien... pas même les choses les plus naturelles!

MARTIN.

C'est cependant bien facile à comprendre... Pardon, pacha, de venir ainsi à propos de bottes, de bottes de paille, vous rappeler vos promesses.

SCHAHABAHAM.

C'est juste... un pacha n'a que sa parole. Allons... adieu, mes amis, bon voyage.

MARÉCOT.

Comment! ils partent!... je ne comprends plus rien aux intrigues de cour.

SCHAHABAHAM.

Je suis cependant fâché qu'il s'en aille ce soir... car décidément je l'aurais fait ouvrir, rien que pour voir... (Regardant Marécot.) Mais ça peut se retrouver avec un autre.

LE CHOEUR.

Grand Dieu! quelle étrange aventure!
Des trois mots quel est le pouvoir!

MANETTE, au public.

AIR du vaudeville des Frères de lait.

Sur cette scène, où d'austères critiques
Blâment souvent nos tableaux de salon,
Nos vers musqués, nos amours platoniques,
Nous v'nons ce soir abjurer le bon ton;
En carnaval on s' déguise, dit-on;
Et, loin d' vouloir, gens d'esprit que vous êtes,
Tuer l'ouvrag' qu'on vient de r'présenter,
Comm' not' pacha, laissant vivre les bêtes,
V'nez chaque soir, le fair' ressusciter.

L'APOLLON DU RÉVERBÈRE

ou

LES CONJECTURES DÊ CARREFOUR

TABLEAU POPULAIRE EN UN ACTE

EN SOCIÉTÉ AVEC M'M. MÉLESVILLE ET X. B. SAINTINE

Théatre des Variétés. — 24 Mars 1832.

PERSONNAGES. ACTEURS.

M. PATOULET, commissaire . . . . MM. Cazot.
CHOUCHOU SÉRAPHIN . . . . Adrien.
FLAMÈCHE, allumeur . . . . Vernet.
FILOSELLE, marchand bonnetier . . . . Charlet.
UN CAPORAL de la garde nationale. . . . . . Lebel.
UN SOLDAT . . . . George.

SUZETTE, servante de Patoulet . . . . Mlle Augustine.

Un cocher. — Soldats.

A Paris.

L'APOLLON DU RÉVERBÈRE

ou

LES CONJECTURES DE CARREFOUR

Une rue. — A droite, un hôtel garni avec un écriteau au-dessus de la porte, sur lequel on lit : *Madame Dufour. Jolis petits appartements meublés de garçon.* Derrière cet hôtel une petite cour avec une autre porte donnant aussi sur la rue. Le mur de cette course prolonge jusqu'au quatrième ou cinquième plan, un réverbère est contre le mur. A gauche, la maison de Patoulet, avec un balcon au premier; un deuxième réverbère est contre le balcon et dressé près de la maison de Patoulet; une boîte en fer est pratiquée dans le poteau pour renfermer la corde du réverbère.

SCÈNE PREMIÈRE.

SÉRAPHIN, SUZETTE.

(Suzette porte une petite corbeille, avec une demi-tasse de café, le sucre, etc. Séraphin une canne à la main, une casquette, un paquet sous le bras.)

SÉRAPHIN.

C'est toi!... ma chère Suzette, ah Dieu! que je suis content !

SUZETTE.

Et moi donc, mon pauvre petit Chouchou Séraphin... J'étais si impatiente, que j'avais envoyé aux Messageries pour s'informer adroitement si tu étais arrivé.

SÉRAPHIN.

C'est-il heureux de t'avoir rencontrée comme ça, juste à mon débotté de la diligence de Pithiviers, d'où je suis parti hier soir, sur l'impériale, entre un sac de nuit et un pâté de mauviettes.

AIR : De sommeiller encor, ma chère. (*Arlequin Joseph.*)

Aussi, tu vois quelle est ma mise !
Le vent m'enleva mon chapeau ;
A la Douane est ma valise,
Et tout mon argent au bureau ;
Et, craignant des fraudes secrètes,
Les commis d' la barrière, hélas !
Ont mangé d'vant moi mes mauviettes,
En me disant qu' ça n' passait pas !

Et tout d'même elles y ont passé... un pâté superbe que j'apportais à mon oncle Filoselle, le bonnetier... que je porte dans mon cœur, avec une croûte dorée !... Enfin je te revois et j'oublie tout.

SUZETTE.

Moi aussi, mais va-t'en.

SÉRAPHIN.

Comment !... va-t'en! C'est ainsi que tu revois un pays ? un amant qui vient de faire vingt lieues en plein soleil pour se rapprocher de toi, et pour acheter son fourniment ; car tu ne sais pas, aux élections d'officiers, j'ai été nommé caporal dans la garde nationale de Pithiviers.

SUZETTE.

A la bonne heure... mais mon maître, M. Patoulet, vient d'être nommé commissaire de police... Lui, il est défiant par état, il n'aime pas que je cause avec les jeunes gens, et s'il m'apercevait... justement qu'il attend son café... Va-t'en vite.

SÉRAPHIN.

Comment! quand j'arrive... (La regardant.) Suzette, est-ce que vous auriez renoncé au projet enchanteur de m'épouser?... Ah! pas de farces là-dessus, je vous en prie... j'ai payé ma place à la diligence Laffitte et Caillard, 7 fr. 50 c. à cause du rabais... Je ne les regrette pas, si vous êtes fidèle... mais vous sentez que s'il faut encore payer le retour, et m'en aller tête-à-tête avec mon fourniment...

SUZETTE.

Eh! mon Dieu! tu sais bien que je t'aime toujours... mais je dépends de ma marraine, madame Patoulet, la meilleure femme du monde, qui ne fait qu'les volontés de M. Patoulet, et M. Patoulet ne veut pas que je me marie.

SÉRAPHIN.

A cause?

SUZETTE.

Dame! il dit que, quand on est marié, on n'est plus bon à rien... Voilà ses principes.

SÉRAPHIN.

Il faut qu'il y ait quelque autre raison... et je soupçonne... Eh bien! mam'zelle, vous rougissez... qu'est-ce qu'il y a donc?... Je veux tout savoir; je ne quitte plus ce quartier-ci.

SUZETTE.

Et M. Filoselle?

SÉRAPHIN.

J'irai le voir demain!... l'amour avant les bonnets de coton... D'ailleurs, ce n'est pas lui qui m'attend, c'est madame Filoselle, ma tante, qu'est venue me chercher à Pithiviers, pour être leur garçon de boutique... une surprise qu'elle ménage à son mari pour sa fête... elle veut voir s'il me reconnaîtra... il ne m'a pas vu depuis l'âge de deux ans... Je suis parti de Pithiviers avant elle; ainsi j'ai le temps... D'ailleurs s'ils me tenaient une fois, ils ne me lâcheraient plus... et je veux veiller sur toi, me loger près d'ici... (Il lève les yeux.) Tiens! justement... madame Dufour, jolis petits appartements meublés de garçon... madame Dufour... madame Dufour?

SUZETTE.

Oui, une veuve de Pithiviers.

SÉRAPHIN.

Ah! je la connais... comme ça se rencontre! Elle pourra me rendre service... Vous, Suzette, signifiez à votre bourgeois que vous avez trouvé un parti sortable, un jeune homme bien élevé, d'un physique analogue, et que vous voulez vous marier.

SUZETTE.

Mais...

SÉRAPHIN.

Où est votre chambre?

SUZETTE, montrant le balcon à droite.

Au-dessus de ce balcon.

SÉRAPHIN.

Je serai dessous, à la nuit tombante... et s'il refuse, je vous enlève.

SUZETTE.

Mais écoutez donc!

SÉRAPHIN.

Je n'écoute rien, je renverse tous les obstacles...

(Il l'embrasse.)

SUZETTE, se débattant.

Eh! mon Dieu! il renverse le café de not' maître... Et le voici lui-même.

SÉRAPHIN, s'élançant dans l'hôtel garni.

Ouf!... je me sauve.

SCÈNE II.

SUZETTE, puis PATOULET.

PATOULET, à la cantonade.

Suzette, Suzette!

SUZETTE, dans la position où Séraphin l'a laissée, et n'osant bouger de peur de renverser le reste du café.

Là, il y en a au moins la moitié par terre.

PATOULET, sa serviette à la boutonnière.

Suzette!... Cette petite fille est inconcevable!... Me faire prendre mon café une heure après le dessert!

SUZETTE, sans bouger.

Eh bien! v'là que j'ai tout renversé!... c'que c'est que d'me presser!

PATOULET.

Te presser!... quand c'est moi qui attends.

SUZETTE.

Dame!... ces garçons n'en finissent pas!... ça n'est jamais assez chaud.

PATOULET.

C'est pour cela qu'il est à la glace!... (Lui pinçant le bras.) Petit lutin, tu abuses de ma bonté... Au moins as-tu envoyé chez la frangière, pour mon écharpe tricolore?

SUZETTE.

Oui, monsieur... j'y ai envoyé Flamèche.

PATOULET.

L'allumeur du quartier... ton commissionnaire ordinaire?... il va nous faire encore quelque gaucherie.

SUZETTE.

Ah! c'est un si brave homme!

PATOULET.

Oui, mais il a la rage de vouloir tout deviner, et il devine toujours de travers... Allons, décidément ce café n'est pas prenable... Rentre tout cela, je m'en passerai aujourd'hui. (Donnant sa serviette à Suzette, qui entre dans la maison à gauche.) Tiens, et apporte-moi mon chapeau. (Lorgnant les fenêtres en face.) Eh mais! ma jolie voisine, la maîtresse de l'hôtel garni, tarde bien à paraître à sa croisée... ce matin encore, je lui ai lancé une œillade qui certainement n'est pas tombée par terre... J'espère qu'elle répondra à mon épître... je sollicitais une audience particulière... C'est qu'elle est vraiment charmante, très-bien conservée... on voit qu'elle a dû être très-jolie, cette femme-là !...

SUZETTE, rentrant avec le chapeau de Patoulet, à part.

Eh bien! qu'est-ce qu'il a donc à faire des mines à la maison de madame Dufour?... Est-ce qu'il lui en conte aussi?... Tant mieux alors, il ne me refusera pas son consentement à mon mariage... et voilà le bon moment. (Haut.) Dites donc, monsieur?

PATOULET, se retournant brusquement.

Qu'est-ce que c'est?... (A part.) Dieu!... cette petite qui m'a remarqué... quelle imprudence!... (Haut.) Qu'est-ce que tu veux, mon petit loup?

SUZETTE.

A présent que vous v'là une espèce de magistrat, vous devez le bon exemple.

PATOULET.

C'est vrai.

SUZETTE.

Vous ne ferez plus la cour à toutes vos voisines, car ça ferait de jolis escandales.

(Elle lui donne son chapeau.)

PATOULET, à part.

Diable!... elle a raison; je ne peux plus me permettre d'intriguer dans mon arrondissement.

(Regardant la croisée.)

AIR du Pot de Fleurs.

Dépêchons-nous, avec ma belle hôtesse
Il faut, morbleu! terminer en ce jour;
D'un magistrat la sévère rudesse
   Ne doit point céder à l'amour.
Des bonnes mœurs nous sommes les apôtres,
  Et je serai, pour tout concilier,
    Impassible dans mon quartier
    Et sensible dans tous les autres.

(Haut.) J'ai des visites à faire, pour mon entrée en fonctions... le juge de paix, rue des Francs-Bourgeois... d'autres autorités... Je ne sais pas quand je serai libre. (Regardant la fenêtre de madame Dufour.) Mais s'il venait quelque lettre, quelque lettre d'affaires... car je n'en attends pas d'autres... tu ne la remettrais qu'à moi seul... entends-tu?... Adieu, Suzette.

                                                    (Il sort.)

            VOIX, dans la coulisse.

V'là l'Apollon du Réverbère!

SCÈNE III.

SUZETTE, puis FLAMÈCHE.

          SUZETTE.

Ah! mon Dieu! c'est ce pauvre Flamèche, que j'avais envoyé aux Messageries, pour s'informer si Séraphin était arrivé... il ne l'aura pas trouvé... ça lui aura fait faire encore quelque supposition, quelque histoire... C'est vrai... comme il passe sa vie dans la rue, il faut qu'il s'mêle des affaires de tous les passants.

FLAMÈCHE, entrant portant sur sa tête la caisse de fer-blanc, et la petite lanterne à la main.

Voulez-vous ben m'laisser tranquille, avec vot' Apollon!

          SUZETTE.

Ah! vous voilà de retour, monsieur Flamèche?

FLAMÈCHE.

A la bonne heure ! au moins vous ne me donnez pas de sobriquet, vous, mam'zelle... au lieu que les gamins du quartier, ils sont malhonnêtes comme tout... ils sont toujours à crier : *Ah! v'là l'Apollon du Réverbère... v'là l'Apollon!...* C'est bête, voyez-vous... parce qu'on a beau t'être d'un physique agréable, on ne peut pas lutter avec c'cadet-là.

SUZETTE.

Eh bien !... et vot' commission ?

FLAMÈCHE.

Je m'en suis t'acquitté subito... c'est-à-dire, sitôt que mon arrondissement z'a été nettoyé... Me v'là libre maintenant, p'tite mère, et je n'ai plus que ces deux réverbères à allumer, vu que je loge à deux pas d'ici.

SUZETTE.

Voyons, voyons, au fait !

FLAMÈCHE, posant sa lanterne.

Attendez-donc que je mette là mon atelier... (Il pose sa boîte et sa lanterne.) J'ai d'abord été chercher l'écharpe de la part de M. Patoulet... et je l'ai portée à la petite danseuse.

SUZETTE.

Quelle danseuse donc ?

FLAMÈCHE.

Eh bien! mam'zelle Aglaé, de la Porte-Saint-Martin, à qui on a pris la sienne hier et qui s'est plaint à M. le commissaire... J'ai dit : « Tout d'même, pour son entrée en fonctions, il n'a pas été long à la retrouver. »

SUZETTE, à part.

Allons, qu'est-ce que je disais ! voilà que ça commence.

FLAMÈCHE.

De là je suis été à la Messagerie, rue du Bouloir, comme vous m'aviez dit, pour savoir si ce petit bonhomme que votre maître attendait de Pithiviers était arrivé.

SUZETTE.

Le petit bonhomme?

FLAMÈCHE.

Faites donc la mystérieuse! comme si vous ne le saviez pas, eh oui! le petit garçon de M. Patoulet, un gros pâté qui arrive de Pithiviers avec sa nourrice, ce n'est pas une mauviette.

SUZETTE.

Eh! il a dix-huit ans.

FLAMÈCHE.

Il a tant qu' ça! alors ce n'était pas lui, il fallait donc me dire qu'il était sevré.

SUZETTE.

Ça ne regarde même pas M. Patoulet, car c'est...

FLAMÈCHE.

C'est?

SUZETTE.

C'est sa femme qui m'avait chargée de vous envoyer.

FLAMÈCHE.

Oui, oui, j' sais ben, c'est ça qu' vot' maître n'est pas connu dans ses fredaines, je l'ai encore rencontré ce matin sur son trente et un, il gagnait la rue des Francs-Bourgeois dare! dare!

SUZETTE.

Pour faire une visite au juge de paix.

FLAMÈCHE.

J'sais ben, j'sais ben, j'n'en dirai rien, ça n'me regarde pas; mais pourquoi qu'il vous empêche de faire une petite établissement, car j'avais des vues sur vous...

SUZETTE.

Vous... monsieur Flamèche?... c'est ça qu'vous avez encore un bel état pour parler d'mariage...

FLAMÈCHE.

Ah! l'état est assez brillante par elle-même... et si ce n'était que les drogènes nous galopent joliment...

SUZETTE.

Des drogènes?

FLAMÈCHE.

Oui, ils veulent nous enfoncer... mais ça ne prend pas... c'est comme leurs lampes australes... à quoi que ça sert? c'n'est bon qu'à vous éblouir la vue... mais je leurs y dis : Est-ce que le but de la nature a été qu'il fasse plus clair à minuit qu'en plein jour?... si ça avait été là son idée à la nature, nous aurions eu le soleil pendant la nuit... mais elle a ben senti que ça nuisait à l'ordre des choses et que ça enfonçait les allumeurs, c'te bonne nature! elle nous a simplement gratifiés de la lune... qu'a une petite lumière douce, pâlotte, agréable à l'œil... analogue avec celle des réverbères... à la bonne heure, vive la lune!... C'est pas que je dise du mal du soleil... l'un et l'autre sont les doyens de tous les luminaires possibles, et je les respecte... par droit d'ancienneté!... mais n'me parlez pas de vos nouvelles inventions.

SUZETTE.

Mais si c'est économique!

FLAMÈCHE.

Ah ben oui! je sais bien, les uns vous disent qu'ça économise l'huile, les autres la bougie... tout ça c'est des économies de bouts d'chandelles...

SUZETTE.

Ah! mon Dieu! et moi qui m'amuse à jaser et je n'ai pas ôté mon couvert... Sans adieu, monsieur Flamèche... je vous paierai ces commissions-là avec autre chose, quoique vous les ayez faites tout de travers.

(Elle rentre.)

SCÈNE IV.

FLAMÈCHE, seul.

C'est ça, v'là toujours ce qu'ils vous disent quand ils veulent vous rabattre quelque chose ! car enfin qu'est-ce que c'était que ce petit jeune homme qu'on attendait ? elle veut me faire croire que ça regarde madame Patoulet... mais madame Patoulet est une femme respectable... Je sais ben que vous me direz qu'il y a des femmes respectables... eh ! eh !... mais moi j'en crois rien ! Voyez pourtant comme on est compromis par ses domestiques... elle ne l'a pas fait à mauvaise intention, car elle est gentille, cette petite... douce, propre. (Il descend son réverbère de droite et le nettoie.) Et moi qui aime la propreté par-dessus tout... mais ce n'est pas encore ce qui me conviendrait... ça n'est pas assez calé pour moi.

(Il nettoie le verre avec un chiffon.)

COUPLETS.

AIR : Fa fa lironfa.

Premier couplet.

Je sais que sa prunelle,
Comme un astre étincelle,
    Mais le feu
    D'un œil bleu
Fr'a-t-il bouillir le pot-au-feu ?
    Lironfa
    Fa fa,
Ça n' prend pas comme ça,
Faut d'autre huile que ça,
    Lironfa !

Deuxième couplet.

Ses dents sont blanch's comm' plâtre,
Mais fuss't-elles d'albâtre,

Qu' font d' bell's dents, entre nous,
Quand on a rien à mettre d'ssous ?

(Même jeu en descendant le deuxième réverbère qu'il nettoie.)

Lironfa,
Fa fa,
Ça n' prend pas comm' ça,
Faut d'autre huile que ça,
Lironfa.

UNE VOIX, en dehors.

Ohé! Ohé! l'allumeur, range-toi donc!

FLAMÈCHE, sans se déranger.

Tiens! le cabriolet jaune... fait-il ses embarras!... on voit bien qu'il n'est pas à l'heure!

LE COCHER, en dehors.

Allons donc, animal... tu barres le passage!

FLAMÈCHE.

Animal! eh bien! tu ne passeras pas... j'suis à mon devoir, entends-tu...

LE COCHER, faisant claquer son fouet.

Gare donc!

FLAMÈCHE.

Ah! n'fais pas claquer ton fouet... il est six heures... tes lanternes n' sont pas allumées... t'es fautif, et tu peux t'être à l'amende, j n'ai qu'à appeler le corps-de-garde.

FILOSELLE, en dehors.

Cocher, cocher! je veux descendre; voilà votre course.

FLAMÈCHE.

C'est bien fait, v'là son bourgeois qui le plante là. C'est que si on n'avait pas du caractère, c'te canaille-là vous passerait sur l'corps d'un fonctionnaire public comme sur une borne!...

SCÈNE V.

FLAMÈCHE, FILOSELLE.

FILOSELLE, se heurtant le pied à la boîte de Flamèche.

Diable! vous barrez la rue avec votre boîte.

FLAMÈCHE, laissant son réverbère à moitié nettoyé.

Eh! c'est M. Filoselle, le bonnetier de la rue des Francs-Bourgeois!... Comment! c'est vous qui étiez dans le cabriolet jaune?

FILOSELLE.

Oui, mon ami... et c'était bien la peine! je l'avais pris pour ne pas me crotter... et en s'en allant, il vient de m'éclabousser de la tête aux pieds.

FLAMÈCHE.

Ah! mon Dieu! c'est vrai... comme il vous a arrangé; jusqu'à votre cravate... Et où couriez-vous donc comme ça?

FILOSELLE.

Ah! mon ami!... un événement... imagine-toi que j'étais parti il y a quatre jours, pour une affaire de commerce, une pacotille de faux mollets, qu'on m'offre à cinquante pour cent de diminution... ça m'allait très-bien... Je reviens chez moi, et je m'aperçois que j'ai été volé.

FLAMÈCHE.

Sur vos mollets?...

FILOSELLE.

Non, non... d'abord ma montre que je ne trouve plus.

FLAMÈCHE.

Diable!

FILOSELLE.

Une répétition...

FLAMÈCHE.

Comment! c'est la seconde fois qu'on vous la vole!

FILOSELLE.

Non, je te dis... une montre à répétition!... et puis encore un autre désagrément... j'ai perdu ma femme.

FLAMÈCHE.

Madame Filoselle serait morte?

FILOSELLE.

Non, je me flatte qu'elle n'est qu'égarée.

FLAMÈCHE.

Est-ce qu'on vous l'aurait volée aussi?

FILOSELLE.

Ma foi! je le croirais.

AIR : Qu'il est flatteur d'épouser celle. (*Le Jaloux malade.*)

Grand Dieu! moi qui l'ai tant aimée!
Je trouve, ô funeste destin!
Visag' de bois, porte fermée,
Pas plus d' femme que sur ma main;
Sans rien dire ell' s'est mise en route,
Je te le demande, pourquoi?

FLAMÈCHE.

Pour vous faire enrager, sans doute.

FILOSELLE.

Ell' n'avait qu'à rester chez moi.

FLAMÈCHE.

Il est sûr que deux vols comme ceux-là doivent éveiller l'attention de la justice... Et comment vous êtes-vous aperçu que vot' femme?...

FILOSELLE.

Je m'en suis aperçu... que ça m'a crevé les yeux, quand je suis arrivé ce matin... Elle n'y était pas... je me suis informé... la fruitière m'a dit que le jour de mon départ je n'avais pas eu plus tôt le dos tourné, qu'elle avait fait venir une citadine, et qu'elle avait dit au cocher : « Aux Messageries royales. »

FLAMÈCHE.

Elle est donc partie?

FILOSELLE.

J'en ai peur.

FLAMÈCHE.

Diable!... on dit qu'elle est jolie, votre femme?

FILOSELLE.

Elle est agréable.

FLAMÈCHE, secouant la tête.

Hein!... quatre jours d'absence du domicile conjugal.

FILOSELLE, de même.

Hein!...

FLAMÈCHE, à part.

Oh! quelle idée!... M. Patoulet que j'ai vu justement ce jour-là en citadine, et que j'ai rencontré aujourd'hui rôdant dans la rue des Francs-Bourgeois...

FILOSELLE.

Qu'est-ce que tu dis?

FLAMÈCHE.

Rien.

FILOSELLE.

Est-ce que tu aurais quelque idée?

FLAMÈCHE.

Du tout.

FILOSELLE.

Et te douterais-tu de la personne?

FLAMÈCHE.

Pas le moins du monde.

FILOSELLE.

Eh bien! mon ami, nous sommes d'accord sur tous les points; heureusement que M. Patoulet est mon ami intime, et...

FLAMÈCHE.

Votre ami intime?... (A part.) Plus de doute!... c'est lui qui a fait le coup.

FILOSELLE.

Et puisqu'il est commissaire, je vais lui porter ma plainte...
(Il fait un mouvement pour entrer chez Patoulet.)

FLAMÈCHE.

Ne vous donnez pas la peine... il n'y est pas. (A part.) Et c'est à lui qu'il allait conter... (Regardant Filoselle.) Malheureux individu!... fatal aveuglement!

FILOSELLE.

Il n'y est pas... c'est égal, je vais mettre toute la justice sur pied... et si je suis volé, si ma femme m'a trompé... je veux qu'on le sache... parce que je n'entends pas qu'on me montre au doigt.

AIR : Allons aux Prés Saint-Gervais.

Chez le juge et l' procureur,
Je cours dans l'ardeur qui m'enflamme,
Je fais prendre le voleur,
Et punirai le séducteur!
Oui, d'une pareille trame
Mon amour se vengera,
Et puisqu'il a pris ma femme,
Il la gard'ra.

Ensemble.

FILOSELLE.

Chez le juge et l' procureur, etc.

FLAMÈCHE.

Chez le juge et l' procureur
Courez dans l' zèle qui vous enflamme,

Faites prendre le voleur
Et renfermer le séducteur.

(Filoselle sort.)

SCÈNE VI.

FLAMÈCHE, seul.

Quelle affaire!... quelle affaire!.... Une montre, une femme... y n'y a donc plus rien de sacré?... La montre, je ne dis pas, c'est sujet à se déranger... Mais une femme, une mère de famille!... Tiens, à propos, est-ce une mère de famille?... Je n'y ai pas demandé si elle avait des enfants... Oh! ça doit être... Quelle horreur!... abandonner de pauvres innocents!... Et dire que c'est un commissaire de police qui met lui-même le trouble dans les familles!... Dieu de Dieu! je ne veux rien dire... mais ça n'est pas beau, et ça peut le mener loin.

(Il achève de nettoyer son réverbère.)

SCÈNE VII.

FLAMÈCHE, SÉRAPHIN, sortant de la petite cour de l'hôtel garni.

SÉRAPHIN, une lettre à la main et à la cantonade.

Eh bien! vous me ferez plaisir de garder mon sabre en attendant le reste.

FLAMÈCHE, à part.

Son sabre!... qu'est-ce que c'est que cette petite individu?

SÉRAPHIN, à part.

Comme ça se trouve!... Cette madame Dufour... quelle brave femme! elle m'en a appris plus que je n'en voulais savoir... Il paraît que ce M. Patoulet est un séducteur de profession... Il lui en contait à elle-même... Heureusement qu'il attend une réponse de madame Dufour... la v'là, avec la clef de c'te petite porte, et si M. le commissaire peut mordre à l'hameçon, je verrai Suzette tout à mon aise.

FLAMÈCHE, à part.

Il m'semble qu'il a parlé de M. le commissaire.

SÉRAPHIN, à part.

Mais comment nous y prendre?

FLAMÈCHE, à part.

Il se promène, il observe... Il a dit : « Gardez mon sabre... » C'est un gendarme déguisé, je vois ce que c'est... la justice est déjà saisitte de l'affaire... on guette le voleur de la montre... et le commissaire qui ne va pas se trouver à son poste... ça va faire du propre.

SÉRAPHIN, à part.

Il s'agit de lui faire remettre ce billet que je viens d'écrire... Si j'en chargeais la boîte aux mèches. (Haut.) Dites donc, l'ami, sauf votre respect, n'est-ce pas ici que demeure la maison de M. Patoulet?

FLAMÈCHE, à part.

Nous y v'là... (Haut.) Oui, monsieur le gendarme.

SÉRAPHIN.

Monsieur l'gendarme!...

FLAMÈCHE.

Ah! pardon, j'voulais dire... monsieur le garde municipal... l'habitude... vous voudriez parler à M. l'commissaire?

SÉRAPHIN.

Non, c'est un papier à lui remettre.

FLAMÈCHE.

J'entends... le signalement de l'individu.

SÉRAPHIN.

C'est tout bonnement une lettre pour M. Patoulet... vous chargez-vous de la lui remettre en secret?

FLAMÈCHE.

En secret?... est-ce que ça serait...

SÉRAPHIN.

D'une femme?... oui.

FLAMÈCHE.

D'une femme?... tiens!... est-ce que la gendarmerie fait ce service-là à présent?... Donnez, il l'aura... (A part.) Ah! mon Dieu! c'est d' madame Filoselle... (Haut.) Mais dites à la personne qu'elle se tienne bien cachée... on la cherche.

SÉRAPHIN, effrayé.

Comment! on la cherche?

FLAMÈCHE, à part. Il lui passe la lanterne devant la figure en prenant la lettre.

Il n'a pas seulement de barbe au menton... Oh! quel soupçon!... (Haut.) Dites donc... dites donc... (A demi-voix.) J'ai eu tout-à-l'heure l'honneur de voir M. Filoselle.

SÉRAPHIN, troublé.

M. Filoselle?... est-ce qu'il est encore par ici?... je ne veux pas qu'il me voie.

FLAMÈCHE, à part.

Je le crois bien... (Haut.) Vous le connaissez?...

SÉRAPHIN.

M. Filoselle le bonnetier?... pardi! c'est mon...

FLAMÈCHE.

Silence!... imprudent!... vous vous perdez!...

SÉRAPHIN.

Eh bien!...

FLAMÈCHE, à part.

Elle s'est trahie!... C'est madame Filoselle déguisée en homme... Dieu! la passion!

SÉRAPHIN, à part.

Ah çà! il est fou, l'allumeur... (Haut, et lui donnant de l'argent.)

Il faut faire un sacrifice... tenez, v'là dix sous... mais au moins je puis compter que cette lettre lui sera remise?...

FLAMÈCHE.

Oui, madame...

SÉRAPHIN, à part.

Madame! gendarme!... est-ce qu'il se moque de moi?

FLAMÈCHE, d'un air intelligent.

Ne craignez rien; je suis au courant de l'affaire... vous sentez ben qu'il n'm'a fallu qu'un coup-d'œil... (A part.) Elle n'est pas mal du tout, cette petite femme-là... (Haut.) Au reste, vous pouvez compter que la discrétion... la prudence et l'obscurité la plus profonde... c'est mon fort.

AIR du *Calife de Bagdad*.

Vot' époux peut monter sa garde,
Toujours motus sur ce qui l'r'garde;
Assez d' gens qui peign't tout en noir,
Bavard'nt sur tout, croy'nt tout savoir;
Jaser n'est pas mon ordinaire,
Je m' renferm' dans mon réverbère;
C'est mon métier, chacun le sien;
Moi, j'éclaire, et je ne vois rien.

SÉRAPHIN, à part.

Si je sais ce qu'il veut dire... mais n'importe, le bourgeois aura ma lettre... Allons nous mettre en sentinelle, et dès qu'il sera pincé... à l'escalade!

(Il sort.)

FLAMÈCHE, seul.

Elle porte très-bien l'habit d'homme!... et une jolie tournure... il paraît qu'elle s'est logée dans les environs pour être plus près du commissaire... Oh! sexe enchanteur et volage, va!... et c'pauvre Filoselle qui la cherche aux Messageries royales... tandis que... Ah bien! ce M. Patoulet en fait trop, aussi il en fait trop... Justement... le v'là lui-même.

SCÈNE VIII.

FLAMÈCHE, PATOULET.

PATOULET.

Là ! je viens de faire mes visites... et puisque madame Dufour ne me répond pas, faisons le fier aussi, et tâchons de décider cette petite Suzette à renoncer à ses idées ridicules de mariage.

FLAMÈCHE, au moment où il va descendre le réverbère.

Pst, pst... dites donc, monsieur le commissaire.

PATOULET.

Ah ! c'est toi... qu'y a-t-il donc ?

FLAMÈCHE.

Une lettre pour vous, qu'on m'a dit de vous remettre en secret... Vous vous doutez bien de qu'est-ce ?

PATOULET.

Du tout !... (A part, l'ouvrant.) C'est sûrement de madame Dufour !... oh ! bonheur inattendu !...

FLAMÈCHE, d'un air mystérieux.

Elle me l'a remise elle-même.

PATOULET.

Vraiment ?

FLAMÈCHE.

En mains propres.

PATOULET, lisant bas.

Lisons vite... « Impossible de vous résister... » Aimable femme !.... « Je me flatte que vous n'abuserez pas... » Ah !... « Ce soir... dans la petite cour... près du réverbère, « à la nuit tombante... la porte qui donne sur le carrefour « s'ouvrira pour vous. » Dieux !... Je m'y rends à l'instant, ce n'est point à moi de me faire attendre... Mais j'y songe... la clarté pourrait me trahir... (Haut.) Flamèche !...

FLAMÈCHE.
Monsieur le commissaire?
PATOULET.
Tu n'allumeras pas les réverbères par ici.
FLAMÈCHE.
Bah!... et si l'inspecteur venait à passer?
PATOULET.
Ne crains rien, je prends tout sur moi, et je te donne pleine lune.
FLAMÈCHE.
Merci, monsieur le commissaire... Alors c'est dit... (D'un air entendu.) Vous avez donc besoin de l'oscurité?
PATOULET.
Sans doute... une expédition très-délicate... une saisie à faire dans cette maison.
FLAMÈCHE.
Oui, une saisie!... je sais ce que c'est.
PATOULET.
Et surtout pas un mot!

AIR : Goûtons sans bruit.

> Voici l'instant... près d'une aimable belle
> Je ne crains plus désormais de jaloux;
> Sachons, lorsque l'amour m'appelle,
> Être fidèle au rendez-vous.

Ensemble.

PATOULET.
Voici l'instant, près d'une aimable belle, etc.

SÉRAPHIN, dans le fond.
Voici l'instant, près d'une aimable belle, etc.

FLAMÈCHE, à son réverbère.
Voici l'instant, il va rejoindr' sa belle,

Loin des regards de son époux;
Oh! trop malheureux Filoselle,
Si tu savais le rendez-vous!

(Patoulet entre; Séraphin l'enferme et prend la clef.)

SCÈNE IX.

FLAMÈCHE, SÉRAPHIN.

SÉRAPHIN, à part.

Maintenant je le tiens... il peut se morfondre là toute la nuit.

FLAMÈCHE.

C'est très-joli pour un commissaire!... et puis on dira que la police est mal faite.

(Séraphin se cache derrière une des colonnes qui soutiennent le balcon.)

SCÈNE X.

FLAMÈCHE, FILOSELLE, puis SÉRAPHIN.

FLAMÈCHE.

Qui vive?...

FILOSELLE.

C'est moi... n'ayez pas peur!

FLAMÈCHE.

Ah! c'est vous, monsieur Filoselle... j'allais courir chez vous... Eh bien! dites donc... votre femme n'est pas perdue...

FILOSELLE.

Pardi!... je le sais bien... je viens de la retrouver chez moi.

FLAMÈCHE, étonné.

Chez vous?... vot'femme?

####### FILOSELLE.

Oui.

####### FLAMÈCHE.

Ah! elle est revenue!... Vous avez été bien étonné de la voir en homme?

####### FILOSELLE.

Comment! en homme!...

####### FLAMÈCHE.

Elle était en femme?... (A part.) C'est juste!... elle avait changé... et il ne se doute de rien, le brave homme. (Haut.) Quand je vous disais que vous aviez tort d'accuser madame Filoselle... il y a toujours des gens qui sont prêts à mal penser.

####### FILOSELLE

Ah! mon ami! d'autant plus tort, que cette pauvre femme n'était partie que pour me faire une surprise pour ma fête.

####### FLAMÈCHE.

Ah! elle vous a dit ça... (A part.) Il fallait bien qu'elle dît quelque chose.

####### SÉRAPHIN, à part.

Il faut pourtant que je me décide.

(Il monte au balcon.)

####### FILOSELLE.

Oui, mon cher ami... un neveu à moi qu'elle a été chercher elle-même à Pithiviers... pour être notre garçon de boutique... Une attention!... Elle trouve que je me fais un peu vieux... Mais à présent, ce diable de neveu qui est perdu à son tour!... il est parti avant elle parce qu'il n'y avait qu'une place aux Messageries... Elle, elle est venue par le Petit-Musc, et n'a pas entendu parler de Séraphin.

####### FLAMÈCHE, à part.

Lui en a-t-elle fait des ragots!... et il a cru tout ça... Au fait, ça vaut mieux... j'aime mieux qu'il le croie... (Haut.) Enfin vous v'là tranquille sur vot'femme!...

FILOSELLE.

C'est ce que je venais dire à mon ami Patoulet, en le priant de ne s'occuper que de ma montre.

FLAMÈCHE.

Votre montre?... elle est donc toujours volée?...

FILOSELLE.

Toujours!...

FLAMÈCHE.

Ah! j'y suis maintenant.

FILOSELLE.

Comment?

FLAMÈCHE.

Vous avez envoyé votre plainte au commissaire?

FILOSELLE.

Sans doute.

FLAMÈCHE, à part.

Alors décidément c'était un gendarme... un jeune gendarme... un surnuméraire.

FILOSELLE.

Eh bien?

FLAMÈCHE, montrant l'hôtel garni.

Soyez tranquille... vot' voleur est là!

FILOSELLE.

Bah!

FLAMÈCHE.

M. Patoulet est en train de l'arrêter.

FILOSELLE.

Déjà?

FLAMÈCHE.

Pardi!... il me l'a bien dit... une expédition délicate... une saisie à faire...

FILOSELLE.

Est-ce qu'il est tout seul?

FLAMÈCHE.

Absolument... c'est un lion pour le courage !...

FILOSELLE.

Et si notre homme avait des complices... qu'il fît résistance ?

FLAMÈCHE.

Ils sont capables de l'égorger... ces hôtels garnites sont de vrais antres mal composés... je ne voudrais pas y cohabiter.

(Séraphin éternue.)

FLAMÈCHE.

Dieu vous bénisse !

FILOSELLE.

Tout ce que vous pouvez désirer.

SÉRAPHIN.

Merci.

FLAMÈCHE et FILOSELLE.

Il n'y a pas de quoi.

(Ils écoutent.)

FILOSELLE.

Je n'entends rien.

FLAMÈCHE.

C'est effrayant.

FILOSELLE.

Ah ! mon Dieu !... que faire ?...

FLAMÈCHE.

Il n'y a qu'un moyen... vous ne pouvez pas abandonner ce pauvre M. Patoulet qui se dévoue pour vous... allez vite chercher la garde.

FILOSELLE.

La garde !

FLAMÈCHE.

C'est là, à deux pas d'ici.

FILOSELLE.

C'est dit... j'y cours... faut éclaircir tout ça... et vous, pour commencer, il faut allumer vos réverbères.

FLAMÈCHE.

Mais M. le commissaire me l'a défendu.

FILOSELLE.

Parce qu'il ne savait pas qu'il y aurait du danger.

FLAMÈCHE.

Il suffit... moi, je ne perds pas la maison de vue... comme ça... il ne nous échappera pas.

(Filoselle sort en courant; Flamèche lui montre le chemin de loin.)

SCÈNE XI.

SÉRAPHIN, FLAMÈCHE.

SÉRAPHIN, écoutant.

Hein?... la garde... serait-ce pour moi?... et cette Suzette qui ne m'entend pas... j'ai beau frapper à la fenêtre.

FLAMÈCHE, revenant.

Comme j'ai mené ça chaudement!... M. le préfet n'se doute pas que l'Apollon du Réverbère veille aussi à la salubrité publique... Au fait, M. Filoselle a raison ; pour faire une arrestation, faut y voir clair... parce que quand la justice va à tâtons, elle donne dans le pot au noir... comme un simple particulier!... Allumons vite. (Il allume le réverbère du commissaire.) Il y a des occasions... où il faut que l'intelligence naturelle supplée... et puis ça prouvera mon zèle à M. le commissaire.

(Il remonte le réverbère.)

SÉRAPHIN, à part.

Allons, le v'là qui allume à présent!

FLAMÈCHE.

D'ailleurs... je ne serai pas fâché de voir la figure du voleur...

SÉRAPHIN, à part.

Eh bien! si l'on m'apercevait... non seulement je perds Suzette de réputation, mais je m'expose à quelque aventure plus désagréable encore.

FLAMÈCHE, regardant son réverbère.

Comme ça brille!... j'vous d'mande un peu si tous leurs drogènes peuvent entrer en comparaison... et quand il y en aura deux...

(Il va à l'autre réverbère.)

SÉRAPHIN.

Dieu!... me voilà illuminé de la tête aux pieds... Ma foi!... il n'y a pas à hésiter.

(Il s'avance de côté, ouvre le réverbère qui est à sa portée et le souffle.)

FLAMÈCHE, allumant l'autre en chantant.

Allumons, chaud, chaud, allumons... (Il se retourne et voit son réverbère éteint.) Eh bien!... qu'est-ce que ça veut dire?... le v'là qui expire... c'est pourtant de l'huile épuratif... c'est peut-être un reste de la grande ouragan d'avant-z'hier.

(Il remonte le deuxième réverbère, et retourne au premier qu'il rallume.)

SCÈNE XII.

LES MÊMES; PATOULET, paraissant sur le mur de l'autre côté.

PATOULET, à part.

C'est une mystification... voilà une heure que je me morfonds dans cette petite cour... sans voir paraître madame Dufour; et la porte qui s'est refermée toute seule à double tour!

FLAMÈCHE, remontant son réverbère.

Ah ben!... ah ben!... si les réverbères ne se montrent pas plus que ça... ils sont flambés.

PATOULET, sur le mur.

Ah! mon Dieu! et cet imbécile qui allume malgré mes

ordres; si on me reconnaît... quel scandale !... Il va faire clair comme en plein jour... Il n'y a qu'un moyen.

(Il souffle le réverbère.)

FLAMÈCHE, se retournant.

Là ! encore un... (Séraphin souffle encore le réverbère. — Flamèche se retournant de l'autre côté.) Tiens, en v'là deux à présent... Est-ce qu'il y aurait encore une révolution... c'est vrai, ces malheureux réverbères en est toujours les premières victimes !... (Il aperçoit Séraphin.) Ah ! mon Dieu ! qu'est-ce que je vois là sur le balcon... c'est le voleur de la... qui se sera sauvé par ici... la peur me prend...

SÉRAPHIN, lui faisant signe de se taire.

Chut !... chut donc...

FLAMÈCHE, se retourne et aperçoit Patoulet.

Miséricorde !... encore un !... en...core... un !...

PATOULET, bas.

Tais-toi donc... c'est moi.

FLAMÈCHE, hors de lui et criant.

Ils sont une bande !... au voleur !... au voleur !... à la garde !

SUZETTE, paraissant sur le balcon.

Quel tapage !... qu'est-ce qu'il y a donc ? (Elle aperçoit Séraphin et jette un cri.) Ah !

SCÈNE XIII.

Les mêmes ; SUZETTE, sur le balcon.

SÉRAPHIN, bas à Suzette.

Chut... cache-moi vite, ou je suis perdu...

SUZETTE, tremblante.

Ah ! mon Dieu !

FILOSELLE, derrière le théâtre.

On a crié à la garde... venez vite... ils sont aux prises !

LA PATROUILLE.

Voilà !...

(Suzette fait entrer Séraphin dans la maison.)

PATOULET, sur le mur.

Une patrouille... et mon échelle qui vient de tomber... impossible de descendre d'aucun côté... Dieu ! quelle aventure... pour un magistrat ! et mon jour de début !

SCÈNE XIV.

Les mêmes ; la Patrouille, FILOSELLE.

LE CAPORAL, à deux soldats.

Courez !... courez !... j'ai vu passer un homme de ce côté.

(Deux soldats sortent par le fond.)

FILOSELLE.

Monsieur le caporal !... c'est là... eh ! tenez, je ne me trompe pas... il y a un homme sur ce mur.

PATOULET.

Je suis mort !

LE CAPORAL.

Effectivement ! qui vive ? Qui vive ? en joue !...

PATOULET.

Ne tirez pas !

LE CAPORAL.

Eh bien ! descends, coquin ! descendras-tu !

PATOULET, à demi-voix.

Je ne peux pas.

LE CAPORAL, à deux soldats.

Aidez-le à descendre. En face de la maison du nouveau commissaire ! c'est avoir de l'effronterie.

UN SOLDAT.

Qu'allons-nous en faire ?...

LE CAPORAL.

Il faut le conduire à la Préfecture.

PATOULET, à part.

Je suis perdu!

UN SOLDAT.

Sans aller si loin, il n'y a qu'à le conduire chez le commissaire.

LE CAPORAL, frappant à la porte du commissaire.

Monsieur le commissaire! monsieur le commissaire! ouvrez donc! il faut verbaliser.

SUZETTE, en dedans.

Portier! tirez le cordon.

LE CAPORAL, à Patoulet.

Allons, entre à l'instant chez M. le commissaire.

PATOULET, à part.

Me faire rentrer chez moi, c'est tout ce que je demandais... je suis sauvé.

LE CAPORAL.

Allons, marche, coquin... passe devant... et nous te suivons. (Les soldats forment une haie; Patoulet entre dans la maison, et referme la porte sur le nez du caporal, qui voulait le suivre.) Nous laisser dans la rue... Au secours!... au secours!... à la garde!

FILOSELLE.

Allons, v'là la patrouille qui crie à la garde!

LE CAPORAL.

C'est vrai, je n'y pense pas... (Frappant.) Ouvrez... le voleur est chez le commissaire.

SUZETTE, paraissant sur le balcon.

Mais quel tapage!... que voulez-vous donc?

TOUS.

Le commissaire!

SUZETTE.

Il n'y est pas!

TOUS.

Le greffier du commissaire!

SUZETTE.

Il n'y est pas!

TOUS.

La bonne du commissaire!

SUZETTE.

C'est moi, qui vous dis que monsieur est sorti, et qu'il n'y a personne à la maison.

TOUS.

Il y a un voleur!

SUZETTE.

Ah! mon Dieu!... un voleur... et moi qui suis toute seule... Ouvrez!... ouvrez!

PATOULET, sur le balcon, en robe de chambre et en bonnet de coton.

Qu'est-ce que c'est?... qu'est-ce que c'est? d'où vient ce bruit?

SUZETTE, étonnée en le voyant.

Ah! mon Dieu! d'où sort-il donc?...

LE CAPORAL, à Suzette.

Qu'est-ce que vous disiez?... je savais bien qu'il y était, M. le commissaire... Pardon, excuse, monsieur Patoulet; vous avez passé une bonne nuit, monsieur Patoulet?

PATOULET.

Parbleu! vous me réveillez en sursaut.

LE CAPORAL.

AIR : Je suis un chasseur plein d'adresse.

C'est un voleur que l'on arrête.

PATOULET.

Ne le lâchez pas, caporal...

LE CAPORAL.

Il m'a fait un' bosse à la tête.

PATOULET.

Qu'on la mette au procès-verbal...

LE CAPORAL.

Mais dans vot' maison il s'échappe.

PATOULET.

Il faudra bien qu'on le rattrape.

LE CAPORAL.

Entrez, vous autr's, et qu'on le happe.

PATOULET.

Craignez quelque nouvelle tape...
Avancez à pas mesurés,
Cherchez tant que vous le voudrez,
Cherchez bien, vous le trouverez.

(L'orchestre joue l'air : *Va-t'en voir, etc.*; les soldats entrent, Patoulet disparaît de la fenêtre.)

SCÈNE XV.

LES MÊMES ; FLAMÈCHE, amené par la garde.

LE CAPORAL.

Ah! voilà sans doute le complice ; qui êtes-vous ?

FLAMÈCHE.

Monsieur, je suis connu... c'est moi que je suis Flamèche... l'Apollon du Réverbère.

LE CAPORAL.

Pourquoi te sauvais-tu ?

FLAMÈCHE.

Pour aller chercher du secours !... je suis témoin qu'on a volé à M. Filoselle... une montre à répétition, une montre superbe, garnite en diamants.

SCÈNE XVI.

Les mêmes; PATOULET, entrant en scène.

LE CAPORAL, à Flamèche.

Eh bien! c'est toi qui es cause de tout ce qui arrive ce soir... pourquoi n'as-tu pas allumé? réponds à M. le commissaire.

PATOULET, à part.

Au fait, il faut que je remplisse ma charge. (Haut.) Oui, réponds, coquin! pourquoi n'as-tu pas allumé?

FLAMÈCHE.

Coquin! mais vous savez bien, monsieur le commissaire, que vous m'avez dit...

PATOULET, haut.

Réponds, te dis-je. (Bas, lui mettant un écu de cinq francs dans la main.) Réponds toujours comme moi... voilà cinq francs.

FLAMÈCHE, regardant la pièce.

Oui, monsieur le commissaire.

PATOULET.

Je t'avais ordonné d'éclairer.

FLAMÈCHE.

Oui, monsieur le commissaire.

PATOULET.

Tu as manqué à ton devoir.

FLAMÈCHE.

Oui, monsieur le commissaire.

PATOULET.

Tu es un misérable!...

FLAMÈCHE.

Oui, monsieur le commissaire.

PATOULET.

Tu mériterais que je te fisse passer un mois à l'ombre.

FLAMÈCHE.

Oh! monsieur le commissaire.

PATOULET.

Mais je veux être indulgent; je te pardonne.

FLAMÈCHE.

Ah!

PATOULET.

Et te condamne à cinq francs d'amende, que tu vas payer de suite, et tu allumeras.

LE CAPORAL.

Allume!...

FLAMÈCHE, à part.

Ah bien!... c'est trop fort!...

LE CAPORAL, à part.

AIR du vaudeville de *l'Écu de six francs.*

Ça doit faire un bon commissaire.
(A Flamèche.)
Allons, allons, paie à l'instant.

FLAMÈCHE.

Oui, mais l'amende est par trop chère.

LE CAPORAL, lui prenant les cinq francs de la main.

Voilà qu'il les tient justement.

FLAMÈCHE.

Grand Dieu! quel guignon est le nôtre!
La justic', c'est un fait certain,
Ne donne jamais d'une main
Que quand ell' peut r'prendre de l'autre.

SCÈNE XVII.

Les mêmes; un Soldat, puis SÉRAPHIN, amené par des soldats, et SUZETTE.

LE SOLDAT.

Monsieur le commissaire! monsieur le commissaire!

PATOULET.

Qu'est-ce que c'est?

LE SOLDAT.

Nous le tenons.

PATOULET.

Qui?

LE SOLDAT.

Le fripon que nous cherchions.

PATOULET, à part.

Par exemple, ils sont bien habiles!

LE SOLDAT.

C'est un beau jeune homme; il était caché dans votre cabinet de toilette, près de l'appartement de madame Patoulet.

TOUS.

De sa femme!

FLAMÈCHE, à part.

Et moi qui disais que c'était une femme respectable! avais tort... c'est p't'être pas le premier.

PATOULET, à part.

Ce serait joli pour mon entrée en fonctions...

(On amène Séraphin suivi par Suzette.)

SUZETTE, à part.

Ah! mon Dieu!... qu'est-ce que ça va devenir!

FLAMÈCHE.

Tiens! c'est ce petit rôdeur de tantôt!... qui a voulu se faire passer pour un gendarme. Est-ce que ça serait le voleur?

PATOULET.

Comment! jeune homme! s'introduire la nuit dans une maison honnête!...

SÉRAPHIN.

C'est vous que vous êtes le commissaire; je vais tout vous conter... mais je voudrais que ce fût en particulier; je l'aimerais mieux.

PATOULET, à part.

Et moi aussi... (Haut.) Éloignez-vous un instant... il a des complices à déclarer.

FLAMÈCHE.

Diable! moi qui voulais entendre les aveux! c'est égal... je sais d'avance tout ce qu'il va dire!... un tas de mensonges!

SÉRAPHIN, bas à Patoulet.

Je ne suis point du tout un voleur, mais un amoureux.

PATOULET, à part.

Je m'en doutais.

SÉRAPHIN.

Puisqu'il faut vous l'avouer, mon objet demeure dans cette maison.

PATOULET, à part.

Dieu!

SÉRAPHIN.

J'voulais profiter de l'absence du bourgeois pour faire un p'tit bout de conversation... j'avais grimpé sur le balcon, grâce aux réverbères qui étaient éteints...

PATOULET, à part.

Et c'est moi qui favorisais!... (Haut.) Quoi! jeune séducteur!...

SÉRAPHIN.

Je n'ai que des vues honnêtes.

PATOULET.

Des vues honnêtes!... quand elle a un époux respectable!

SÉRAPHIN.

Qu'est-ce que vous dites? un époux respectable!

PATOULET.

Très-respectable.

SÉRAPHIN.

Comment!... Suzette est mariée?...

PATOULET.

Ah! c'est Suzette... mais encore, qui êtes-vous?

SÉRAPHIN.

J'ai des répondants : M. Filoselle, mon oncle.

PATOULET.

M. Filoselle? parbleu! nous allons bien voir. (Haut.) Monsieur Filoselle?

FILOSELLE.

Qu'est-ce que c'est?

FLAMÈCHE.

On vous appelle pour reconnaître votre montre.

PATOULET, à Séraphin.

Tenez!... voilà M. Filoselle.

SÉRAPHIN.

Comment! c'est vous? pardon si je ne vous reconnais pas... mais il y a si longtemps... mais v'là une lettre de ma mère... la sœur de ma tante.

(Il tire une lettre.)

FILOSELLE, la prenant.

Sa mère!... la sœur de sa tante! qu'est-ce qu'il dit donc?

FLAMÈCHE, à la patrouille.

V'là qu'on lui fait exhumer ses papiers...

FILOSELLE, lisant.

Ah! mon Dieu! c'est lui! (A Flamèche.) C'est bien lui!

FLAMÈCHE, à la patrouille.

Pardi! si c'est lui! je v'là pincé; sans moi pourtant... on le laissait échapper.

FILOSELLE, à Séraphin.

Comment! c'est toi?

(Il l'embrasse.)

FLAMÈCHE, stupéfait.

Eh bien! il embrasse son voleur à présent!... il n'a pas de cœur!

FILOSELLE, à Patoulet.

C'est qu'il faut que je vous dise...

(Il lui parle bas.)

PATOULET.

Mais vous ne savez pas que le gaillard est amoureux de la petite Suzette.

(Il lui parle bas.)

FILOSELLE.

Alors je crois que le plus simple serait de les marier.

(Il lui parle bas.)

PATOULET, à part.

Au fait, pour sauver mon honneur, l'honneur de la magistrature... (Haut.) Suzette!

SUZETTE, s'approchant.

Not' maître?...

FLAMÈCHE, cherchant à écouter.

Voilà qu'ça s'éclaircit... Nous allons tout savoir.

PATOULET.

Pauvres enfants... c'est bien naturel... (A demi-voix.) Ne dis rien, Suzette... Silence!... (Patoulet prend la main de Suzette et la met dans celle de Séraphin. Au caporal.) Monsieur le caporal...! (Il lui parle bas.) Il n'y a pas de quoi fouetter un chat.

LE CAPORAL.

Comment donc! avec plaisir...

(Le caporal parle bas à sa patrouille.)

LA PATROUILLE.

C'est trop juste!...

FLAMÈCHE.

Dites-moi donc, monsieur le caporal, comment ça s'est arrangé.

LE CAPORAL, à sa patrouille.

Demi-tour à droite!... marche!

FLAMÈCHE, retenant le dernier homme de la patrouille.

Croiriez-vous, chasseur, que le caporal n'a pas pu me dire comment ça s'était arrangé... mais vous...

LE CHASSEUR.

Laissez-moi donc tranquille!

FLAMÈCHE.

Il paraît qu'ils sont tous au fait.

PATOULET, bas à Filoselle.

Ah! dites donc, donnez quelque chose à ce bavard de Flamèche, pour qu'il se taise.

FILOSELLE, bas.

J'y pensais. (Haut.) L'allumeur!

FLAMÈCHE, s'approchant.

Monsieur Filoselle?...

FILOSELLE, fouillant dans sa poche.

Je veux reconnaître ton zèle, mon garçon... tu nous as été bien utile dans tout ça...

FLAMÈCHE, tendant la main.

Dame!... j'ai fait ce que j'ai pu... avec le peu de lumières que j'avais... n'y a que vous qui y perdez, monsieur Filoselle, car enfin vot' montre ne s'est pas retrouvée, tout d'même... mais elle n'est pas perdue pour tout le monde.

SÉRAPHIN.

Vot' montre, la v'là... c'est ma tante qui l'avait emportée... elle me l'a donnée pour que je save l'heure.

FILOSELLE.

Comment! c'était ma femme?

FLAMÈCHE, recevant une pièce de monnaie.

Là... ce que c'est que d'avancer sans savoir... Il y a longtemps que j'ai dit qu'il fallait bien prendre garde avant de faire des suppositions... Merci, monsieur Filoselle.

TOUS, excepté Flamèche.

AIR : Contredanse de *Joconde.*

Allons, partons, à demain l'hyménée...
   Plus de soupçons, plus de frayeur!
Oui, chacun dans cette journée,
   En sera quitte pour la peur.

                       (Ils rentrent chez Patoulet.)

FLAMÈCHE.

Comment donc qu'ça s'est arrangé?... ou plutôt comment qu'ça va s'arranger? car enfin... Ah! je devine à présent, celui qu'on a pris pour un voleur, c'est tout bonnement le petit jeune homme que j'ai été attendre aux Messageries... le fruit des erreurs de M. Patoulet... D'abord, il lui ressemble... et Suzette qui passe pour être la filleule de madame Patoulet... Sa filleule!... on sait ce que ça veut dire... ils se seront pardonnés mutuellement les anicroches de leur jeunesse, et dans ce moment ils forment tous ensemble un tableau de famille... V'là c'que c'est, c'est fort touchant!...

PATOULET, à sa fenêtre.

Flamèche!

FLAMÈCHE.

Monsieur le commissaire?...

PATOULET.

Tu peux allumer.

FLAMÈCHE.

Je peux allumer... j'veux bien... mais ça ne m'y fera pas voir plus clair... (Au public.) Si quelqu'un dans le quartier pouvait me dire comment qu'ça s'est arrangé... Mais je m'informerai demain aux amis... Cependant faut encore prendre garde, car...

AIR : Adieu, je vous fuis, bois charmant. (*Sophie.*)

> Parmi les amis y a des Grecs,
>   Et ce soir la critiqu' revêche
>   Pourrait ben souffler sur mes becs,
> Alors, messieurs, n'y aurait plus mèche.
>   Vous qui redoutez les filous,
>   Vous qui protégez les lumières,
>   Vous qui voulez r'tourner chez vous,
>   N' fait's pas tomber les réverbères!

TABLE

	Pages
Le Luthier de Lisbonne, anecdote contemporaine.	1
La Vengeance Italienne, ou le Français a Florence.	75
Le Chaperon	149
Le Savant.	209
Schahabaham II, ou les Caprices d'un autocrate	291
L'Apollon du Réverbère, ou les Conjectures de carrefour.	337

Paris. Soc. d'imp. PAUL DUPONT, 41, rue J.-J.-Rousseau (Cl.) 103.10.82.

www.ingramcontent.com/pod-product-compliance
Lightning Source LLC
Chambersburg PA
CBHW060618170426
43201CB00009B/1057